Ruth E. Van Reken

BRIEFE, DIE ICH NIEMALS SCHRIEB

Ruth E. Van Reken

Briefe, die ich niemals schrieb

FRANCKE
Verlag der Francke-Buchhandlung GmbH

Über die Autorin:
Ruth Ellen Van Reken ist Mitbegründerin von „Families in Global Transition", vielfache Autorin und anerkannte Sprecherin zum Thema „TCK – Third Culture Kids". Sie wurde als Tochter amerikanischer Missionare in Nigeria geboren und lebte später in Liberia, Kenia und den USA. Ruth Ellen Van Reken ist verheiratet, hat drei erwachsene Töchter und sieben Enkel.

edition TCK:
Die edition TCK ist eine Koproduktion von: Verlag der Francke-Buchhandlung, MK-Care Deutschland und Deutsche Fernschule.

Bibliografische Information Der Deutschen Bibliothek
Die Deutsche Bibliothek verzeichnet diese Publikation in der Deutschen Nationalbibliografie; detaillierte bibliografische Daten sind im Internet über http://dnb.ddb.de abrufbar.

ISBN 3-86122-721-5

Originaltitel: Letters Never Sent

35037 Marburg an der Lahn
Deutsch von Andrea Wegener
Umschlaggestaltung: Henri Oetjen, Design Studio Lemgo
Satz: Verlag der Francke-Buchhandlung GmbH
Druck: Oldenbourg Taschenbuch GmbH

www.francke-buch.de

Inhaltsverzeichnis

Persönliches Vorwort zur deutschen Ausgabe

Es war einer jener für Asien typischer heißer Nachmittage, als ich dieses Buch zum ersten Mal in der Hand hatte. Ich habe vor kurzem meinen 21. Geburtstag gefeiert und war nicht besonders glücklich. Sicher, ich hatte Gottes Ruf für einen zweijährigen Missionseinsatz klar und deutlich vernommen. Und natürlich war es wunderbar, wieder in dem Land zu sein, in dem ich meine ersten Teenagerjahre verbracht hatte. Als Missionarskind in Asien geboren und aufgewachsen, fühlte ich mich wie zu Hause. Na ja, nicht ganz. Ich hatte Heimweh nach meinen Eltern, Brüdern und Freunden in Deutschland. Außerdem befand ich mich gerade in der internationalen Missionszentrale und stellte fest, dass ich immer noch Groll hegte gegenüber diesem Missionswerk. Vor einigen Jahren hatte die Missionsleitung eine Entscheidung getroffen, an deren Folgen meine Familie sehr schwer zu tragen hatte. Ich war darüber noch zornig, das merkte ich nun sehr deutlich. Auf diesem Hintergrund begann ich, „Briefe, die ich niemals schrieb" zu lesen.

Was die Autorin da erzählte, rührte an tief verborgene Erinnerungen. Mit vielem, was sie schrieb, konnte ich mich voll und ganz identifizieren. Auch ich war im Internat gewesen. Allerdings hatte ich eine Menge sehr positiver Erfahrungen zu verzeichnen. Aber das Heimweh, das unglaublich schmerzliche Gefühl der Ohnmacht, als 6 ½-Jährige nicht bei meinen Eltern sein zu können, das „Tapfersein" beim Abschied am Flughafen, all das konnte ich Ruth nachempfinden. Ihre Offenheit und schonungslose Konfrontation mit ihren eigenen traurigen Erinnerungen zeugen von großem Mut. Wie sie all ihre schmerzlichen Erlebnisse zu Jesus bringt und wie sie erkennt, dass es in Ordnung und heilsam ist, traurig zu sein, das bewegte mich sehr. Aber am meisten beeindruckte mich die Tatsache, dass Ruth vergeben hat. Sie bleibt nicht stehen, sie klagt nicht an, sie ist nicht verbittert. Wie ein roter Faden zieht sich das Thema „Vergebung" durch das ganze Buch. Könnte diese Haltung auch für mich zu einem Schlüssel werden? Würde daraus ein erneuertes Verhältnis zu meiner Missionsgesellschaft entstehen?

Wie Ruth van Reken beschloss ich, diesen Weg der Vergebung zu gehen. Es war ein schwieriger und leiser Schritt - nur zwischen Gott und mir - aber seine Auswirkungen waren unheimlich befreiend. Von diesem Zeitpunkt an war ich mit ganzem Herzen bei der Sache, und mein Missionseinsatz zählt zu den besten zwei Jahren meines Lebens.

Seither habe ich dieses Buch im Abstand von mehreren Jahren noch zweimal gelesen. Und jedes Mal entdecke ich etwas neues, jedes Mal identifiziere ich mich mit einem anderen Teil aus Ruths Leben. Ihre schonungslose Offenheit lässt in die Tiefe ihrer Seele blicken, aber durch ihren Sinn für Humor und ihre frische Art wird das Schwere leichter.

Ich hatte die Freude, Ruth vor einigen Jahren persönlich kennen zu lernen. Sie war es auch, die mich als Erste dazu ermutigte, meinen Traum von einer Arbeit mit Missionarskindern in Deutschland zu verwirklichen. Meine Geschichte mit diesem Buch und mit Ruth Van Reken hat mein Leben geprägt und bereichert. Ich weiß, dass auch viele andere Menschen – Missionarskinder und Nicht-Missionarskinder – von diesem Buch beeindruckt waren. Deswegen freue ich mich, dass es nun auch auf Deutsch vorliegt. Jedem Leser wünsche ich, dass dieses Buch einen ebenso positiven und segensreichen Eindruck hinterlässt wie in meinem Leben.

Der Arbeitskreis MK-Care *– MK steht für Missionarskinder – gehört zur* AEM *(Arbeitsgemeinschaft Evangelikaler Missionen e.V.). Das Ziel von* MK-Care *ist es, Missionarskinder vor, während und nach ihrem Auslandsaufenthalt zu begleiten. Das bedeutet Unterstützung für Missionarskinder und ihre Eltern, Hilfe bei der Integration in Deutschland und Begleitung von erwachsenen MKs. Das geschieht u.a. durch ein Netzwerk von Kontaktpersonen in Deutschland sowie durch Seminare, Freizeiten und Treffen. Literatur, Material und Informationen werden angeboten. Weitere Informationen finden Sie im Internet:* www.mk-care.org.

Priscilla Elsäßer
Koordinatorin von MK-Care Deutschland

Third Culture Kids (TCKs)* – Warum dieses Buch für sie wichtig ist

Vor einigen Jahren begegnete ich bei einer Veranstaltung, in der das TCK-Profil vorgestellt wurde, einem Vierzigjährigen, der selbst als Missionarskind aufgewachsen war und mittlerweile in einem sehr gesegneten Dienst stand. Zum ersten Mal, so bekannte er verwirrt, verstand er, warum er bestimmte Dinge empfand und auf bestimmte Art und Weise handelte. „Wo waren die Leute, die mir vor zwanzig Jahren hätten helfen können?", fragte er mich mit Tränen in den Augen. Er erwartete keine Antwort, aber ich musste doch denken, dass Gott in seiner Gnade hoffentlich dafür sorgen würde, dass in zwanzig Jahren kein TCK die gleiche Frage mehr stellen muss.

Ruth Van Rekens Buch „Briefe, die ich niemals schrieb" ist ein weiterer Versuch, TCKs in ihrer besonderen Situation zu unterstützen – seien sie die Kinder von Missionaren, Geschäftsleuten, Diplomaten oder Berufssoldaten. Es ist die Geschichte eines TCKs, das Konflikte, Wachstum, Verwirrung und Heilung erfahren hat. Hier wird ein ganzes Leben im Rückblick aufgerollt, und dieses Buch sollte deswegen von Anfang bis Ende gelesen werden. Nur Teile daraus zu lesen, wäre etwa so sinnvoll, wie Josephs Geschichte im Alten Testament nur anhand seiner Erfahrungen im Gefängnis zu rekonstruieren.

Als ich das Manuskript las, fiel mir – wie schon anderen vor

---

* Ein Third Culture Kid (TCK) ist eine Person, die einen bedeutenden Teil ihrer Entwicklungsjahre außerhalb der Kultur ihrer Eltern verbracht hat. Ein TCK baut Beziehungen zu allen Kulturen auf, nimmt aber keine davon völlig für sich in Besitz. Zwar werden Elemente aus jeder Kultur in die Lebenserfahrung des TCKs eingegliedert, aber sein Zugehörigkeitsgefühl bezieht sich auf andere Menschen mit ähnlichem Hintergrund.

mir – auf, dass es sich nicht gegen die Mission richtet, gegen Missionare, Lehrer, Betreuer oder Angehörige; es geht an keiner Stelle um Schuldzuweisungen und Anklagen für das, was in der Vergangenheit geschehen ist. Das Ziel des Buches ist vielmehr, ein Bewusstsein für die speziellen Nöte und Erfahrungen von TCKs zu schaffen, damit wir der Aufforderung unseres Herrn, einander zu lieben, in Zukunft besser nachkommen können. Diejenigen von uns, die ähnliche Wege gegangen sind wie Ruth, werden sich beim Lesen dieses sehr persönlich gehaltenen Rückblicks vermutlich in manchen Punkten wiedererkennen und vieles als befreiend empfinden.

Und wir anderen sollten der Versuchung widerstehen, die Vergangenheit schönzufärben, und uns stattdessen auf die Zukunft konzentrieren – darauf, wie wir TCKs besser verstehen und ihnen besser helfen können. Denn TCKs sind nicht irgendwie merkwürdig oder benachteiligt; sie sind Menschen, deren besondere Erfahrungen ein enormes Potential bieten, das es zu nutzen und weiterzuentwickeln gilt. TCKs sind Menschen wie alle anderen, aber weil sie zwischen den Kulturen aufwachsen – mit allen Anforderungen und Schwierigkeiten, die damit verbunden sind –, weil sie ständige Umbrüche erleben und außerdem meist äußerst engagierte Eltern haben, wachsen sie ganz anders auf als gleichaltrige Nicht-TCKs. Wir tun gut daran, uns dies immer wieder bewusst zu machen und entsprechend darauf einzugehen. Ruths Erfahrungen können uns helfen, einerseits unsere eigene Situation besser zu verstehen und auf manche verwirrenden Fragen eine Antwort zu finden – und andererseits auch anderen in ihren Kämpfen eine wirkliche Hilfe zu sein.

Dr. David C. Pollock

Dr. Pollock war über zwanzig Jahre lang Direktor von Interaction International, *einer Organisation, die mit und für TCKs arbeitet. In dieser Funktion war er weltweit zu Vorträgen und Seminaren in internationalen Schulen, Firmen, Botschaften und Missionswerken unterwegs.*

Über diese Briefe ...

In diesen Briefen geht es um Heilung – nicht um ein körperliches, sondern um ein emotionales Gesundwerden. Ich habe sehr lange gebraucht, um zu merken, dass ich diese Heilung nötig hatte; schließlich war mein Leben – vor allem im Vergleich zu vielem, was andere Menschen so durchmachen – immer unglaublich problemlos verlaufen.

Schon als kleines Kind erfuhr ich, wie sehr Gott mich liebte – und ich erwiderte diese Liebe schon sehr früh. Auch von meinen Eltern wurde ich bedingungslos geliebt und angenommen. Sie lebten mir eine Ehe vor, die ihresgleichen sucht. Und obwohl meine Geschwister und ich uns die üblichen Kabbeleien lieferten, fühlten wir uns doch immer sehr miteinander verbunden. David, mein Mann, ist ein liebevoller Ehemann und ein vorbildlicher Vater unserer drei gesunden, wunderbaren Töchter. Wir hatten es als Familie immer gut – sowohl in den USA als auch im Ausland.

Wie kann jemand, dem so viel Gutes widerfährt, nur irgendetwas anderes empfinden als überschäumendes Glück und Dankbarkeit? Aber genau hier lag immer mein Problem: Hinter der makellosen Fassade versteckte sich eine Frau, die ihre Depressionen, ihren Ärger und ihre Kritiksucht nur mühsam – wenn überhaupt – unter Kontrolle halten konnte. Ich konnte beten, so viel ich wollte – es half alles nichts. Manchmal ging es mir eine Weile etwas besser, aber schon bald war alles wie zuvor.

Ich konnte einfach nicht verstehen, warum mein Herz, das sich ernsthaft nach Hilfe sehnte, nie zu wirklicher Veränderung imstande war. Wo lag der Schlüssel? Unsere Hoffnung lag doch in Gott, und er konnte uns zum Ziel bringen! Galten all diese frommen Antworten, mit denen ich andere so großzügig versorgte, mir etwa nicht? Stimmte mit mir etwas nicht? Warum konnte ich denn kein „siegreiches Leben“ führen, wo ich doch mit so vielem gesegnet war?

Nach jahrelangen Kämpfen brach ich total zusammen. Ich hatte einfach keine Kraft mehr, meine Fassade so mühsam aufrechtzuerhalten. Ich konnte nur noch zu Gott rennen und rufen: „Hier bin ich. Ich pack's einfach nicht. Ich habe keine Ahnung, warum bei mir außen alles so ansehnlich und innen alles so widerlich ist, aber ich weiß, dass ich das alleine nicht in Ordnung bringen kann. Ich habe es doch immer und immer wieder versucht. Wenn du mir keinen Ausweg zeigst, weiß ich auch nicht mehr weiter. Ich gebe auf.“

Und irgendwie beugte sich Gott zu mir herunter, nahm mich auf und sagte freundlich: „Ruth, ich habe die ganze Zeit darauf gewartet, dass du endlich aufhörst zu kämpfen und still wirst für das, was ich dir zeigen möchte. Vieles von dem, was du an dir nicht verstehst, geht auf Schmerzen zurück, die du schon vor langer Zeit tief in dir vergraben hast. Jeder Mensch trägt das eine oder andere Leid mit sich herum – und die meisten bemerken es nicht einmal. Ich möchte dich gerne in die Vergangenheit zurückführen, um dir zu zeigen, wo du Verletzungen erlebt hast.

Was du an Qualvollem erlebt hast, muss nicht dein Leben bestimmen. Ich habe versprochen, dass die Wahrheit dich frei machen wird, und ich habe dabei nicht nur von der Wirklichkeit meines Sterbens gesprochen – ich habe jede Art von Wahrheit gemeint, auch die deiner Gefühle und Gedanken.

Du musst keine Angst haben, dich der Vergangenheit zu stellen; ich werde die ganze Zeit deine Hand halten. Ja, du wirst weinen, wenn du dich an manche Ereignisse in deinem Leben zurückerinnerst. Wenn man alte Wunden aufreißt, kann das sehr wehtun. Aber vertrau mir nur. Ich werde ganz vorsichtig sein. Ich möchte doch, dass du heil wirst.“

Diese Briefe sind das Ergebnis meiner Reise. Ich hielt mich an Christus fest und erlebte wieder – oder erlaubte mir vielleicht auch zum ersten Mal überhaupt – im Rückblick all die Gefühle, die ich mir nie eingestanden hatte. Und so schrieb ich sie auf, diese Briefe, die ich niemals schrieb ...

Ruth Van Reken

1. Im Internat

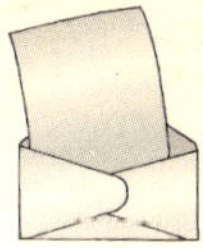

Meine Geschichte beginnt 1951 in Nigeria. Für Missionarskinder war es eine Art Initiationsritus, ins Internat zu gehen – ein Zeichen, dass man nun endlich zu den „Großen" gehörte. Ich war ganz gespannt auf das Abenteuer, das vor mir lag, und konnte kaum erwarten, dass es endlich losging. Aber dann zeigte sich von Anfang an, dass alles doch nicht ganz so einfach war, wie ich es mir vorgestellt hatte.

September 1951

Liebe Mama, lieber Papa,
mir geht es ganz schlecht. Irgendwas drückt mich von innen her so zusammen, dass ich kaum atmen kann.
Ihr habt gesagt, dass es Spaß machen würde, mit dem Flugzeug zu fliegen und aufs Internat zu gehen. Aber bis jetzt tut es das nicht. Ich habe den ganzen Flug über geweint, aber ich wollte nicht, dass die anderen Kinder etwas davon mitbekamen. Ich hab das Gesicht ans Fenster gedrückt, damit sie alle dachten, dass ich mir bloß die Wolken anguckte.
Als ich heute Nachmittag in der Schule ankam, war ich immer noch am Weinen. Ich konnte einfach nicht aufhören. Die Missions-„Tanten", die uns abholen kamen, meinten, dass ich mir Mae Beth zum Vorbild nehmen sollte: „Versuch so groß und mutig zu sein wie deine Schwester", sagten sie, „die weint schließlich auch nicht."
Aber sie wissen natürlich nicht, dass Mae Beth nie weint. Sie hat ja nicht einmal geweint, als Spotty vom Auto überfahren wurde oder als ihr Vogel starb. Wie könnte ich je sein wie sie?

Und wie soll ich ohne euch zurechtkommen? Ich habe das Gefühl, dass mir heute das Herz herausgerissen worden ist.

Liebe Grüße,
Ruth Ellen

September 1951

Liebe Mama, lieber Papa,
ich muss euch unbedingt was erzählen, worüber ihr euch garantiert freut: Ich habe gestern Abend beim Einschlafen nicht am Daumen gelutscht.
Die anderen Kinder haben mir erzählt, dass die Lehrer einem hier eine Woche lang eine Socke an die Hand binden, wenn sie einen beim Daumenlutschen erwischen. Man muss sie immer dranlassen, sogar im Unterricht, und die anderen Kinder machen sich dann über einen lustig. Ich weiß nicht, ob das wirklich stimmt, aber ich habe jedenfalls gehörig Angst bekommen. Ich hatte keine Ahnung, wie ich mir das abgewöhnen sollte, weil ich das ja auch nie bei euch geschafft hatte. Schließlich habe ich mir überlegt, dass ich mein Kissen einfach ans Fußende packe und nicht unter meinen Kopf. So konnte ich die andere Hand nicht unter das Kissen kuscheln, wie ich es sonst immer mache. Es war gar nicht mehr gemütlich, und da war es nicht mehr so schwer, den Daumen draußen zu lassen.
Als Tante Gert, unsere Hausmutter, vorbeikam, fragte sie mich, ob ich das Kissen nicht wollte. Da habe ich gesagt, dass ich immer ohne Kissen schlafe. Es war gar nicht so einfach, ohne Kissen und ohne euch zu schlafen.
Ich will zu Mama und Papa!

Liebe Grüße,
Ruth Ellen

September 1951

Liebe Mama, lieber Papa,
ich habe furchtbare Angst. Ich weiß, dass ich mich hier an alle Regeln halten soll – aber es sind so schrecklich viel mehr als zu Hause. Ich habe immer Angst, dass ich irgendetwas Schlimmes anstelle und dafür bestraft werde.
Eine der schlimmsten Regeln ist, dass wir in der Mittagspause nicht aufs Klo dürfen. Ich weiß nicht warum, aber immer, wenn ich mich für mein Mittagsschläfchen ins Bett lege, muss ich ganz dringend. Ich habe schon alles Mögliche versucht, aber es hilft alles nichts. Ich trinke nur ein winziges bisschen Wasser oder Milch zum Mittagessen, aber sobald ich unter die Decke schlüpfe, muss ich aufs Klo. Bis die Stunde dann vorbei ist, tut mir alles weh.
Da habe ich gestern etwas gemacht, was sich nicht gehört. Ich war mir ganz sicher, dass ich keine halbe Stunde mehr aushalten konnte und ganz bestimmt ins Bett machen würde. Da habe ich in meinen Abfalleimer gemacht. Ich hab das total vergessen, bis ich nach dem Unterricht meinen Eimer geleert habe. Da ist mir etwas davon über die Hand gelaufen!
Hoffentlich findet niemand das heraus. Ich finde den Gedanken schrecklich, dass irgendjemand anderes als ihr mich für etwas bestrafen darf.

Liebe Grüße,
Ruth Ellen

Oktober 1951

Liebe Mama, lieber Papa,
den Tag heute würde ich am liebsten vergessen. Ihr kennt doch meinen Freund Sam. (Hatte ich euch eigentlich erzählt, dass wir heiraten und zwanzig Kinder haben wollten? Aber jetzt glaube ich, er mag mich gar nicht mehr, denn als

wir uns am ersten Tag an den Händen gehalten haben wie zu Hause, haben uns die anderen Kinder ausgelacht. Sie haben gesagt, wir wären ja verliebt. Seitdem haben wir fast kein Wort mehr miteinander geredet.)
Naja, jedenfalls kam Sam mit seinen Hausaufgaben nicht zurecht. Wir mussten Aufgaben in unseren Übungsheften erledigen. Wer damit nicht fertig wurde, durfte nicht in die Pause gehen.
Sam wusste nicht, was er machen sollte, deswegen wollte ich ihm über den Tisch etwas zuflüstern. (Auch wenn er mich nicht mehr heiraten will, würde es mir Leid tun, wenn er die Pause verpasst.)
Die Lehrerin hat uns erwischt. Wenn wir reden, obwohl wir nicht sollen, hat sie gesagt, muss sie uns den Mund zukleben. Sie hat uns dann beiden ein großes X aus Klebeband über den Mund geklebt. Ich habe meinen Kopf auf meine Arme gelegt, damit die anderen nicht sehen, dass ich weine. Es war noch schlimmer, als sie das Klebeband abzog. Es hatte große weiße Streifen auf der Haut hinterlassen. Beim Mittagessen hat uns die ganze Schule ausgelacht, weil wir so ungezogen gewesen waren.
Mama, würdest du mir je Klebeband über den Mund kleben?

Liebe Grüße,
Ruth Ellen

Oktober 1951

Liebe Mama, lieber Papa,
im Moment komme ich ganz gut zurecht, zumindest tagsüber. Nach der Schule spiele ich mit meinen Freunden „Fischer, Fischer, wie tief ist das Wasser?". Wir machen auch Hickelkästchen oder Seilspringen, da fällt uns immer wieder etwas Neues ein. Samstags gehen wir in der Talsperre schwim-

men und machen abends ein Picknick. Und ich komme auf der Schaukel jetzt bis ganz nach oben!
Aber die Nächte sind ganz furchtbar.
Ich weine mich immer noch jeden Abend in den Schlaf. Wenn die anderen Mädchen aus meinem Zimmer mich hören, sagen sie, ich bin eine Heulsuse. Manchmal rufen sie aber auch nach der Tante, die gerade Dienst hat. Die gibt sich dann viel Mühe, mich ein bisschen aufzumuntern, und erzählt mir vom Picknick am Samstag oder vom Spaziergang am Sonntag, wo wir bestimmt viel Spaß haben werden.
Ich frage mich immer, was eigentlich mit mir nicht stimmt. Warum kann ich nicht einfach damit aufhören, euch zu vermissen? Die anderen Kinder schaffen das doch auch! Vielleicht bin ich wirklich irgendwie komisch, aber ich vermisse unser Haus, und ich vermisse mein Bett, meine Brüder, meine Eltern und meine afrikanischen Freunde zu Hause.
Ich habe herausgefunden, wie ich leise weinen kann, so dass mich keiner hört. Aber auf meinem Betttuch sind ganz eklige Flecken, wo mir vom Weinen die Nase läuft.

Liebe Grüße,
Ruth Ellen

Ich sah, dass die anderen Kinder offensichtlich gut zurechtkamen, und schloss daraus, dass das Problem wohl bei mir liegen musste. Aber mit wem sollte ich darüber reden? Ich wurde immer gelobt, wenn ich mich zusammenriss und so tat, als käme ich alleine klar. Die Leute mögen mich, wenn ich mutig und stark bin, überlegte ich, darum mögen sie mich wahrscheinlich nicht so sehr, wenn ich Angst habe oder mich einsam fühle. Also begann um meine wahren Gefühle herum eine Mauer zu wachsen, auf der stand: Ruth passt sich gut an. Und bald war ich hinter dieser Mauer gefangen.

Oktober 1951

Liebe Mama, lieber Papa,
ich geb mir alle Mühe, lieb zu sein. Ich weiß, dass alle wollen, dass ich mich hier wohl fühle, und eigentlich habe ich ja auch allen Grund dazu.

Tante Gert ist ganz lieb zu uns und unternimmt mit uns alles Mögliche. Ganz oft gehen wir am Abend in ihr Wohnzimmer, und wenn sie uns dann eine Gute-Nacht-Geschichte vorliest, ist das sooo gemütlich! Ich spiele auch gerne mit Tessa; sie ist so eine Art Schulhund. Ich habe viele Freunde, und wir machen ganz viele lustige Sachen zusammen. Solange wir etwas unternehmen, geht es mir ganz gut, und ich glaube, ich sehe ziemlich glücklich aus. Aber ganz tief in mir drin ist so eine Traurigkeit, die einfach nicht weggeht.

Ich komme gar nicht dazu, euch alles zu schreiben, was ich hier erlebe. Erstens, weil ich noch nicht so gut schreiben kann – und für manche Sachen braucht man ziemlich schwierige Wörter. Und zweitens, weil man das, was ich empfinde, nur ganz schwer ausdrücken kann.

Die Lehrer wollen es uns etwas einfacher machen, euch zu schreiben, und schreiben deshalb jeden Sonntag einen Brief an die Tafel, den wir abschreiben können.

> *Liebe Mama, lieber Papa,*
> *Wie geht es euch? Mir geht es gut. Diese Woche waren wir (schwimmen, wandern, ein Picknick machen). Das war sehr lustig.*
>
> *Liebe Grüße,*
> *Name*

Das ist besser als gar nichts, aber ich könnte euch so viel mehr erzählen, wenn ich zu Hause wäre. Druckschrift ist schrecklich mühsam. Manchmal sehe ich, dass die Lehrerinnen auf unsere Briefe an euch noch eigene Kommentare schreiben. Da steht immer, dass es uns gut geht.

Das wird wohl stimmen. Aber manchmal frage ich mich doch, woher sie das eigentlich wissen wollen. Niemand kann in einen anderen Menschen hineinsehen, oder?

Liebe Grüße,
Ruth Ellen

Oktober 1951

Liebe Mama, lieber Papa,
ich weine jetzt nicht mehr so viel beim Einschlafen. Die Lehrerinnen denken, dass ich mich besser angepasst habe – sie haben ja keine Ahnung, dass ich einfach aufgegeben habe. Es nützt ja doch nichts.
Die Samstagabende sind immer noch ziemlich schlimm für mich, weil ich an euch alle denke, wie ihr zur Versammlung unter freiem Himmel in die Stadt geht. Ich bin dort selbst immer so gerne hingegangen, und wenn ich mir vorstelle, wie ihr ohne mich hingeht, muss ich weinen.
Aber mittlerweile suche ich mir zum Weinen immer einen Platz, wo ich alleine bin. Die anderen mögen es nicht, wenn ich traurig bin. Ich weiß ja, dass sie alles daransetzen, dass wir es hier im Internat schön haben, aber die eigene Mama und den eigenen Papa kann das alles nicht ersetzen.

Liebe Grüße,
Ruth Ellen

November 1951

Liebe Mama, lieber Papa,
heute habe ich in der Schule zum ersten Mal eine Tracht Prügel gekriegt. Ich hatte meiner Musiklehrerin meinen ersten Wackelzahn gezeigt. Der war wirklich lustig, ich habe

ihn immer mit der Zunge hin und her gewackelt, wenn ich Langeweile hatte. Und niemand hat etwas davon mitbekommen. Ich hätte ihn euch so gerne gezeigt.
Jedenfalls rief mich die Lehrerin in der Musikstunde nach vorne und sagte, dass sie meinen Zahn rausziehen wollte. Sie hat das schon bei ganz vielen Kindern gemacht, und sie waren alle ganz tapfer und hinterher ganz stolz. Aber Mama, ich hatte Angst. Ich habe daran denken müssen, wie der Zahnarzt mir vier Zähne rausgezogen hat, als ich vier war. Damals habe ich eine Narkose bekommen.
Ich konnte einfach nicht zulassen, dass die Musiklehrerin mir den Zahn zog. Sie sagte, dass sie mich übers Knie legen würde, wenn ich mich weigerte, aber ich konnte trotzdem nicht. Es tut mir Leid, dass ich ungehorsam war, Mama, das wollte ich ja gar nicht. Bitte glaub mir das, wenn sie dir sagen, dass ich ungezogen war.
Sie hat mir also eine Tracht Prügel verpasst, und dann musste ich mit dem Gesicht zur Wand in der Ecke stehen. Ich hab mich so geschämt, vor all den anderen Kindern übers Knie gelegt zu werden. Ich glaube, ich habe noch nie so schlimm geweint. In der Ecke zu stehen, hatte wenigstens den Vorteil, dass die anderen Kinder mein Weinen nicht bemerkt haben.
Die ganze Klasse hat ein Lied gesungen, das ging so: „Oh, weine nicht um mich, Susanna." Die Lehrerin hat die Worte umgeändert in: „Oh, weine nicht um mich, Ruth Ellen."
Als die erste und zweite Klasse in ihren Klassenraum zurückgingen und die dritte und vierte zur Musikstunde kamen, fand die Musiklehrerin, dass ich immer noch zu verweint aussah, um mit den anderen zu gehen. Sie hat mich weiter in der Ecke stehen lassen, während all die Großen da waren.
Diesen Tag vergesse ich bestimmt nie im Leben.

Liebe Grüße,
Ruth Ellen

November 1951

Liebe Mama, lieber Papa,
ich war ein paar Tage auf der Krankenstation. Ich finde es doof, krank zu sein, wenn ihr nicht da seid.
Bei einem Abendessen dort habe ich gemerkt, dass mein Zahn ganz locker war. Ich hätte nicht so ein Angsthase sein und die Lehrerin meinen Zahn doch ziehen lassen sollen. Als ich wieder in die Schule kam und meine Musiklehrerin sah, sagte ich ihr, dass ich im Unrecht gewesen war und dass sie jetzt meinen Zahn ziehen durfte. Sie holte ein Papiertaschentuch und es ging ganz schnell. Jetzt ist sie nicht mehr böse auf mich. Ich mag es nicht, wenn eine Lehrerin böse auf mich ist.
Ich wünschte, hier in der Schule gäbe es auch eine Zahnfee, die einem Geld für den ersten Zahn unters Kopfkissen legt!

Liebe Grüße,
Ruth Ellen

Januar 1952

Liebe Mama, lieber Papa,
danke für die schönen Weihnachtsferien. Es war wunderschön, euch wiederzusehen. Ich wollte euch eigentlich so viel erzählen, aber als ihr mich dann fragtet, wie die Schule war, sagte ich bloß: „Gut." Warum nur habe ich das gesagt? Vielleicht wollte ich nur so wenig wie möglich an die Schule denken, solange ich bei euch war.
Vielleicht habe ich mich auch einfach damit abgefunden, dass ich dorthin zurückmuss – ob es mir dort gefällt oder nicht. Es hätte auch nichts gebracht, euch die Wahrheit zu erzählen.
Vielleicht wollte ich auch einfach nicht, dass ihr euch schlecht fühlt. Ich weiß ja, dass wir Jesus als Familie dienen wollen und dass jeder seinen Teil dazu beitragen muss.
Vielleicht hatte ich aber auch Angst, dass ihr euch auf die

Seite der Lehrerinnen stellen und mir sagen würdet, dass ich mich besser fühlen und bloß nicht so anstellen solle. Oder aber in mir ist so viel, was ich euch erzählen müsste, dass ich überhaupt nicht wüsste, wo ich anfangen sollte. Ich kann es nicht erklären. Ich weiß nur, dass ich einfach nichts anderes herausbrachte als „gut". Gott weiß, dass das eine Lüge war.

Liebe Grüße,
Ruth Ellen

März 1952

Liebe Mama, lieber Papa,
ich bin ganz aufgeregt, dass ihr eure Ferien in der Nähe der Schule verbringen wollt. Ich würde mir wünschen, dass ihr viel öfter kommen könntet, aber ich weiß ja, dass es schrecklich weit ist. Und die Lehrerinnen sagen, dass es nicht gut ist, wenn die Eltern zu oft kommen; sie sagen, dass das die Kinder zu sehr durcheinander bringt.
Ich glaube, ich verstehe, was sie damit meinen. Inzwischen weinen die meisten von uns nicht mehr so viel wie am Anfang. Und darüber sind alle sehr froh. Aber vielleicht tut es wieder genauso weh, wenn ihr geht, und ich muss dann wieder weinen.
Eigentlich habe ich sogar Angst davor, dass ihr kommt. Wenn ich die Augen zumache, kann ich mich nicht einmal mehr erinnern, wie ihr ausseht. Und wenn ich mich nun so sehr verändert habe, dass ihr mich nicht mehr wiedererkennt? Erkenne ich euch überhaupt, wenn ihr mir über den Weg lauft? Was ist, wenn wir uns überhaupt nicht finden können?
Ich mache mir darüber ziemlich viele Gedanken, aber

vielleicht kennt Tante Gert euch ja. Ich kann sie ja fragen, und sie zeigt mir dann, wer ihr seid.
Ich habe Angst ... aber trotzdem zähle ich die Tage bis dahin.

Liebe Grüße,
Ruth Ellen

April 1952

Liebe Mama, lieber Papa,
vielen Dank, dass ihr einen Tag früher angereist seid als angekündigt. Die Überraschung ist wirklich gelungen! Tante Gert hat uns aus der Vorlese-Stunde gerufen und gesagt, dass da jemand draußen auf uns wartet. Sie hat uns aber nicht verraten, wer. Ich habe es nicht zu hoffen gewagt – aber da wart ihr beide und Chuck und Tom, und ich habe euch alle wieder erkannt! Ihr habt euch doch nicht verändert!
Und ihr habt uns auch wieder erkannt. Es ist so schön, eine Weile als Familie zusammenzuleben. Ich finde es wunderbar, nach der Schule nach Hause zu gehen und nicht ins Internat. Es gibt jetzt auch nicht mehr so viele Regeln. Ich habe trotzdem immer noch Angst, dass ich eine vergesse und irgendetwas Schlimmes mache, ohne es überhaupt zu wollen.
Im Moment kommt es mir so vor, als wäre in meinem Herzen wieder ein bisschen Platz.

Liebe Grüße,
Ruth Ellen

Mai 1952

Liebe Mama, lieber Papa,
es ist wirklich schade, dass ihr nur einen Monat Urlaub hattet. Ich war ganz traurig, als ihr wieder abgereist seid. Aber wenigstens sind bald Sommerferien.
Ich warte ganz gespannt auf den Plan mit unseren Flügen nach Hause. Letztes Mal waren wir in der letzten Gruppe. Ich wünschte, es gäbe genug Flugzeuge, dass wir alle am ersten Ferientag nach Hause könnten. Ich hoffe, wenn ich schon mit der letzten Gruppe abfliege, dass ich wenigstens auch mit der letzten Gruppe *zurück*fliege.
Ich kann kaum erwarten, dass die nächsten Tage vorbei sind. Drei volle Monate mit euch – das ist ja eine Ewigkeit!

Liebe Grüße,
Ruth Ellen

2. Das zweite Schuljahr

Ich verstand mich selbst nicht in diesen Sommerferien. Warum verhielt ich mich nur so? Ich konnte kaum erwarten, in den Ferien nach Hause zu kommen, und am Anfang vergaß ich glatt alles, was mit der Schule zu tun hatte. Drei Monate lagen vor mir – eine endlose Zeit, und warum sollte ich mir da Sorgen wegen der Schule machen? Ich genoss es einfach, wieder bei meiner Familie zu sein.

Aber um die Mitte der Sommerferien herum begannen all die anderen Kinder wieder an die Schule zu denken und an alles, was dort so toll war. Sie behaupteten, dass sie es kaum erwarten konnten, wieder dorthin zu gehen, und nach einer Weile sprachen sie über nichts anderes mehr.

Ich beobachtete, wie die Erwachsenen einander zulächelten und mit den Achseln zuckten. „Schaut mal, wie gerne sie zur Schule gehen“, sagten sie, „sie vermissen uns nicht einmal.“ Und sie klangen erleichtert. Ich merkte, dass es ihnen lieber war, wenn wir sagten, dass wir die Schule gerne mochten, als wenn wir zugaben, dass wir schreckliches Heimweh hatten.

Ein paar Mal sagte ich: „Ich würde lieber zu Hause bleiben, als zurück ins Internat gehen.“ Aber dann war immer ein netter Erwachsener in der Nähe, der mich zu beschwichtigen versuchte: „Das meinst du doch nicht wirklich. In der Schule ist es so lustig. Ich möchte wetten, dass du eigentlich viel lieber dorthin zurückmöchtest. Oder?“

Also stimmte ich bald in den Chor der anderen ein und behauptete: „Ich kann es kaum erwarten, wieder zur Schule zu gehen.“ Aber als dann der Abschied kam, wollte ich am liebsten zurück in die Arme meiner Eltern rennen. Warum nur hatte ich die ganze Zeit etwas gesagt, das nicht stimmte? Es gehörte mit zu der Mauer, die um mich und meine Gefühle herum immer dicker wuchs. Ich durfte die anderen bloß nicht zu nahe an mich herankommen lassen, wenn der Abschied doch unvermeidlich war. Das hätte den Schmerz nur noch schlimmer gemacht.

September 1952

Liebe Mama, lieber Papa,
ich bin dieses Jahr in Zimmer 16, im neuen Flügel. Das ist sehr hübsch und liegt direkt neben dem Bad. Manchmal schleiche ich während der Mittagsruhe hinüber.
Es ist toll, dass Barbie im Zimmer gegenüber wohnt. Jetzt sind wir fast wieder Nachbarn, wie zu Hause. Ich glaube, für sie ist es auch sehr schwer, zum ersten Mal von zu Hause weg zu sein – so wie es für mich letztes Jahr war. Sie sieht sehr traurig aus.
Ich weine immer noch, aber nicht so viel wie letztes Jahr. Vielleicht habe ich mich besser dran gewöhnt – aber vielleicht habe ich auch einfach aufgegeben, weil es sowieso nichts nützt.

Liebe Grüße,
Ruth Ellen

September 1952

Liebe Mama, lieber Papa,
Miss Crown ist eine tolle Lehrerin. Sie ist so nett und freundlich. Und sie hat so eine wunderschöne Handschrift. Wir lernen jetzt Schreibschrift, und ich hoffe, dass ich eines Tages so schreiben kann wie sie.
Ich schreibe immer kleine nette Bemerkungen für sie auf diesen kleinen Block mit den bunten Blättern, den ihr mir

geschenkt habt. Die Zettel stecke ich dann in mein Arbeitsheft, wenn ich es abgebe. Ich hoffe, sie freut sich darüber.

Liebe Grüße,
Ruth Ellen

Oktober 1952

Liebe Mama, lieber Papa,
heute kam eine andere Lehrerin auf dem Schulhof auf mich zu und zog mich auf, dass ich meine neue Lehrerin ja anscheinend sehr gerne hätte. Und dann sagte sie mir das Gedicht auf, das ich Miss Crown heute Morgen geschickt hatte!
Ich habe versucht, so zu tun, als wäre es nicht von mir gewesen. Ich wollte am liebsten weglaufen und weinen. Mama, warum hat Miss Crown mein Gedicht anderen Leuten gezeigt? Ich hab es doch nur für *sie* geschrieben! Sie findet die Zettel bestimmt total blöd – und mich auch. Ich werde nie wieder solche netten Zettelchen schreiben, so lange ich lebe.

Liebe Grüße,
Ruth Ellen

Oktober 1952

Liebe Mama, lieber Papa,
jetzt habe ich Mumps. Ich bin schon in der zweiten Gruppe, die ihn bekommt. Wir müssen alle in einem Zimmer bleiben, um die anderen nicht anzustecken. Sie bringen uns sogar das Essen her. Ich komme mir vor wie im Gefängnis. Heute ist Mae Beth ans Fenster gekommen, um zu sehen, wie es mir geht. Sie fand, dass ich eigentlich Glück habe, weil ich so lange nicht zur Schule muss. Wir dachten, dass es lustig wäre, wenn sie auch krank würde, und da hab ich ihr gesagt, sie soll ganz nah ans Fenster kommen, damit ich

ihr durch die Scheibe einen dicken Kuss geben kann. Wir haben gelacht, weil wir das so lustig fanden, aber irgendjemand hat uns verpetzt.
Später ist Tante Gert gekommen und hat gesagt, dass wir den Mumps auf diese Weise in der ganzen Schule ausbreiten würden. Deswegen hatten sie uns ja schließlich von den anderen getrennt. Wahrscheinlich war es doch nicht besonders schlau, was Mae Beth und ich gemacht haben.
Ich bin ganz besonders einsam, wenn ich krank bin und nicht bei euch sein kann. Niemand versorgt mich so gut wie du, Mama, wenn ich krank bin.

Liebe Grüße,
Ruth Ellen

November 1952

Liebe Mama, lieber Papa,
Barbie ist tot. Ich kann das nicht glauben. Warum hat Jesus das netteste von den Mädchen weggenommen?
Als sie vor ein paar Tagen krank wurde, haben wir alle uns nichts weiter dabei gedacht. Der Mumps geht immer noch um. Dann wurde sie ins Krankenhaus nach Jos gebracht, und uns wurde gesagt, dass wir alle ganz fest für sie beten sollen. Das haben wir gemacht, aber sie ist trotzdem gestorben.
Ich fand das zuerst gar nicht so schlimm, weil ich wusste, dass Gott sie wieder auferwecken würde. Sie haben uns doch hier alle immer wieder erzählt, wie Jesus ein Mädchen wieder lebendig gemacht hat, und dass wir Berge versetzen können, wenn wir nur genug Glauben haben. (Ich habe den Mount Sanderson hinter unserer Schule auf diese Weise zu verschieben versucht, aber bis jetzt habe ich noch keine Veränderung bemerkt.) Naja, ich dachte jedenfalls, dass ich genug Glauben hätte. Ich wusste einfach, dass Gott Barbie

auferwecken würde. Ich habe gebetet und gebetet und die ganze Beerdigung über nur darauf gewartet, dass Barbie aus dieser Kiste herauskommt. Ich wollte zu ihren Eltern rennen und ihnen sagen, dass sie nicht so schlimm weinen sollten, weil alles wieder gut werden würde. Ich dachte immer noch, dass sie zurückkommen würde, als sie Dreck über sie zu schaufeln begannen. Und als wir wieder in der Schule waren, habe ich immer noch Ausschau nach ihr gehalten, weil ich wusste, dass sie bald auftauchen musste.
In der Bibel steht doch, dass wir bitten können, was wir wollen, und wenn wir genug Glauben haben, wird es uns gegeben. Ich kann mir nicht vorstellen, dass Gott nicht Wort gehalten hat, aber im Moment sieht es ganz so aus. Ich habe nämlich *wirklich* viel Glauben gehabt.

Liebe Grüße,
Ruth Ellen

Dezember 1952

Liebe Mama, lieber Papa,
ich habe heute deinen Brief bekommen, Mama, in dem du schreibst, dass ich mich in diesen Weihnachtsferien hoffentlich besser benehmen würde als in den letzten Sommerferien.
Ich weiß, dass ich ganz schön miesepetrig war. Jedes Mal, wenn ich nach Hause komme, finde ich es schwerer, euch in den Arm zu nehmen oder mich von euch in den Arm nehmen zu lassen. Solange ich auf alle Leute um mich herum sauer bin, tut es mir nicht so weh, zur Schule zurückzumüssen.
Ich versuche, mich in diesen Ferien zusammenzureißen, aber versprechen kann ich nichts. Ich habe euch doch eigentlich wirklich lieb.

Liebe Grüße,
Ruth Ellen

Januar 1953

Liebe Mama, lieber Papa,
ich habe in den letzten Ferien ganz feste versucht, lieb zu sein. Habe ich es gut hingekriegt?
Ich habe etwas herausgefunden: Anstatt wütend zu werden oder mich zurückzuziehen, kann ich auch ganz lustig sein und so tun, als wäre mir alles egal. Wenn ich mich über Situationen in der Schule oder zu Hause lustig mache, kann ich alles, was mir wehtut, vor euch verstecken. Ich glaube, so habt ihr mich lieber.
Aber trotzdem kommt es mir so vor, als würde ich etwas verlieren, wenn ich wieder gehen muss. Ich freue mich so, dass wir nächstes Jahr alle nach Amerika gehen. Vielleicht kann ich euch dann mehr erzählen.

Liebe Grüße,
Ruth Ellen

Januar 1953

Liebe Mama, lieber Papa,
jetzt bin ich ganz verwirrt. In der Abendandacht vor ein paar Tagen hat Tante Lucy gesagt, dass Gott unsere Gebete nicht hört, wenn Sünde in unserem Herzen ist. Ich glaube deshalb, dass ich gar nicht gerettet bin.
Ich habe Jesus gebeten, in mein Herz zu kommen, als ich viereinhalb war. Da war Sünde in meinem Herzen, weil ich ja noch kein Christ war. Das heißt, Gott hat mich nicht gehört. Jetzt bitte ich ihn jeden Abend mindestens zehnmal, mir alle meine Sünden zu vergeben, und ich zähle alles auf, was mir einfällt. Vielleicht hört er bei einem Mal ja zufällig hin. Denn wenn ich doch ein Sünder bin, wie kann er dann hören, wenn ich ihn um Vergebung bitte? Und wenn er mir nicht vergibt, wie kann er mich dann retten? Jedenfalls bitte ich ihn, für den Fall, dass er mich gehört und mir

vergeben hat, ganz schnell, dass er in mein Herz kommt. Aber ich weiß nicht, ob er das je gemacht hat oder nicht. Ich wünschte, ihr könntet hier sein, dann könnte ich euch bitten, mir das besser zu erklären. Es macht mir solche Angst.

Liebe Grüße,
Ruth Ellen

Februar 1953

Liebe Mama, lieber Papa,
ich habe Angst, weil sie mir die Mandeln rausnehmen, aber ich freu mich auch, weil Mama extra herfliegt, um bei mir zu sein. Sonst würden wir euch ja erst im Juni sehen.
Ich hoffe, ich sterbe nicht im Krankenhaus wie Barbie.

Liebe Grüße,
Ruth Ellen

Februar 1953

Liebe Mama, lieber Papa,
es tut mir Leid, dass ich bei meiner Operation ein solcher Angsthase war. Ich weiß, dass du dich für mich geschämt hast, Mama, als ich bei den Spritzen geschrien und um mich geschlagen habe, als ich die Narkose bekommen sollte. Ich dachte, dass sie mich ersticken würden, als sie mich festhielten und mir diese schreckliche Maske über den Kopf zu ziehen versuchten. Äther riecht wirklich schlimm. Und in meinem Mund ist jetzt, wo ich wieder wach bin, ein ganz ekliger Geschmack, weil ich ständig Blut spucke.
Eigentlich ist es ziemlich doof, ein Kind zu sein. Alle können alles Mögliche mit einem anstellen, bloß weil sie größer und stärker sind und alles besser wissen. Ich frage mich manchmal, ob sie sich überhaupt noch daran erinnern können, wie es war, klein zu sein.

Es war besonders unfair, die Operation am Valentinstag zu machen. Ich konnte nicht einmal das Zimtherz ganz oben auf dem Kuchen essen.

Liebe Grüße,
Ruth Ellen

Februar 1953

Liebe Mama, lieber Papa,
ich hätte mir so gewünscht, dass du noch ein bisschen länger geblieben wärst, Mama. Ich bin wieder in der Schule, aber mein Hals fühlt sich immer noch nicht gut an. Am schlimmsten tun meine Ohren weh, vor allem, wenn ich esse. Manchmal ist es so schlimm, dass ich weinend vom Essen aufstehe und um die Medizin bitte. Gestern haben die Tanten mir gesagt, dass es nicht so lange wehtun könnte, und jetzt darf ich das nicht mehr.
Ich wäre so gerne zu Hause; ihr würdet mir bestimmt glauben. Meine Ohren tun wirklich ganz schlimm weh, aber ich sage das nicht mehr. Ich versuche einfach, mein Essen so herunterzuschlucken, ohne es zu kauen.
Weil ich jetzt artig bin und keine Umstände mehr mache, denken sie wahrscheinlich, dass sie die ganze Zeit Recht hatten und dass ich ihnen nur etwas vorgespielt habe. Die Großen denken immer, sie wüssten alles.

Liebe Grüße,
Ruth Ellen

April 1953

Liebe Mama, lieber Papa,
wir kriegen hier dreimal in der Woche Post. Die anderen Kinder sind ein bisschen neidisch, weil für Mae Beth und mich immer ein Brief dabei ist.

Heute hat Onkel Quentin wie üblich die Namen auf den Briefumschlägen aufgerufen und die Kinder sind nach vorne gegangen, um ihre Post abzuholen. Ich begann mir langsam Sorgen zu machen, denn unsere Namen wurden und wurden nicht aufgerufen. Ich habe richtig gespürt, wie die anderen Kinder hofften, dass wenigstens dieses eine Mal nichts für uns dabei war. Und dann war er schon am Schluss.
„Das war's für heute", sagte er. Alle fingen schon an, uns aufzuziehen, aber dann sagte Onkel Quentin: „Uups, da ist ja noch einer!" Da haben die anderen Kinder alle aufgestöhnt, weil sie wussten, dass er für uns ist. Onkel Quentin hatte ihn nur aus Spaß zurückbehalten.
Ich weiß, dass nicht alle Eltern so oft schreiben können wie ihr, aber ich war so stolz, diesen Brief zu bekommen. Die ganze Schule hat sehen können, wie lieb meine Eltern mich haben! Danke! Ich bin so froh, dass ihr meine Eltern seid. Und ich habe euch auch lieb.

Liebe Grüße,
Ruth Ellen

3. Ein Jahr in Amerika

Juni 1953

Lieber Gott,
Missionarskind zu sein, hat einen Riesenvorteil: die Reisen nach Amerika und wieder zurück. Du hast so eine große Welt gemacht, und es macht Spaß, so viel davon zu sehen. Ich war vom Schiff ganz begeistert und von den Zugfahrten in Holland (obwohl ich das Kunstmuseum schrecklich langweilig fand – und wer ist überhaupt dieser Rembrandt?). Und ganz toll finde ich auch, dass das Frühstück im Hotel im Zimmerpreis inbegriffen ist. Ich komme mir dann nicht mehr vor wie eine Außenseiterin. Ich mag es nicht, wenn die anderen Leute alle in kleine Cafés und Restaurants gehen, während wir auf einer Bank sitzen und eine Tasche mit Brot, Schinken und Käse auspacken, die wir in einem Laden gekauft haben.
Ich schäme mich wirklich, Gott, dir das hier so zu sagen, weil ich ja weiß, dass wir ganz viel Besonderes erleben – aber manchmal wünsche ich mir doch, dass wir ein bisschen mehr Geld hätten.

Liebe Grüße,
Ruth Ellen

Juni 1953

Lieber Gott,
danke, dass wir heil in Amerika angekommen sind.
Ich war ganz überrascht, als uns diese Dame in New York abholte. Sie trug roten Lippenstift und Nagellack und sogar Ohrringe! In Afrika konnten wir die Christen immer von

den Nichtchristen unterscheiden, weil sie solche Sachen nicht trugen. Hast du hier andere Regeln?

Liebe Grüße,
Ruth Ellen

September 1953

Lieber Gott,
danke, dass du mir heute geholfen hast. Du weißt ja, dass ich Angst hatte, in eine neue Schule zu kommen, aber dort waren alle sehr nett.
Die Kinder fanden es alle ganz toll, dass ich aus Afrika komme, aber sie haben wirklich eine Menge blöder Fragen gestellt, zum Beispiel, wie viele Löwen oder Tiger ich gesehen oder sogar erschossen hätte. Keiner hat mir geglaubt, als ich gesagt habe, überhaupt keinen. Und von Nigeria haben sie noch nie gehört – sie denken alle, ich meine Algerien oder Sibirien. Naja, immerhin sind sie freundlich.

Liebe Grüße,
Ruth Ellen

November 1953

Lieber Gott,
hätten wir doch nicht diese schwere rosa Unterwäsche für den Winter geschenkt bekommen! Ich weiß ja, dass alle denken, dass wir hier frieren, weil wir an Afrika gewöhnt sind, aber ich fände es trotzdem schöner, wenn wir die gleiche Unterwäsche tragen könnten wie alle anderen. Warum sollten wir denn frieren, wenn sie das auch nicht tun?
Mir ist es immer ganz peinlich, wenn wir im Umkleideraum unsere Strumpfhosen ausziehen müssen. Ich versuche

immer alle möglichen Tricks, damit keiner meine Wollunterhose sieht, aber es klappt alles nicht, weil sie mir bis auf die Knie reicht.
Ich möchte doch einfach nur wie die anderen Kinder sein. Jesus, du warst doch irgendwie auch ziemlich arm; hast du dich jemals auch so gefühlt wie ich?

Liebe Grüße,
Ruth Ellen

Im Sportunterricht trugen wir kurze Hosen, und es war schwierig, die Unterhose hoch genug zu ziehen, dass man sie nicht sehen konnte. Einmal war das Gummiband an einem der Hosenbeine ausgeleiert. Ich zerrte ständig daran herum, um es oben zu halten, aber dann musste ich bei einem Spiel um den Kreis herumlaufen – und das Hosenbein fiel mir bis aufs Knie herunter.

Dezember 1953

Lieber Gott,
warum hast du das heute zugelassen? Alle haben gelacht, als das Bein von meiner Unterhose nach unten rutschte, aber ich konnte ja nicht einfach stehen bleiben – sonst hätte meine Mannschaft verloren. Je mehr ich versucht habe, die Hose zu verbergen, desto mehr haben die anderen Kinder gelacht. Ich hab dir doch *gesagt*, dass ich diese Unterwäsche hasse, Gott. Ich wäre fast im Erdboden versunken, weil ich mich so geschämt habe.

Liebe Grüße,
Ruth Ellen

März 1954

Lieber Gott,
ich glaube, heute Abend in der Kirche habe ich Papa ein bisschen enttäuscht. Als er mit seiner Predigt fertig war, bat er alle, die ihr Leben Jesus ganz zur Verfügung stellen wollten, aufzustehen. Ich weiß, dass er erwartet hat, dass ich auch aufstehe, weil ich vor zwei Monaten bei einer anderen Veranstaltung auch schon aufgestanden bin. Vielleicht wollte er auch einfach mal testen, ob es mir ernst war.
Naja, ich habe es damals auch wirklich ernst gemeint. Aber nachher sagten alle meine Freunde, dass Kinder das noch nicht tun sollten; nur Erwachsene könnten eine solche Entscheidung fällen. Sie dachten, dass ich mich nur wichtig mache. Tut mir Leid. Ich habe dich wirklich lieb und ich will alles tun, was du mir aufträgst. Aber ich bin, fürchte ich, noch zu jung, um das zu sagen.
Bitte hilf meinem Papa, Geduld mit mir zu haben. Ich hoffe, du kannst ihm irgendwann mal sagen, dass ich im Herzen Ja gesagt habe – auch wenn ich nicht aufstehen konnte. Danke!

Liebe Grüße,
Ruth Ellen

April 1954

Lieber Gott,
ob meine Eltern sich wohl ernsthaft gefragt haben, was ich antworten würde? Ich habe meinen Ohren kaum getraut, als sie mich fragten, ob ich lieber zu Hause unterrichtet werden würde. Die Antwort konnte nur Ja lauten – hundert- und tausendmal Ja!
Ich kann kaum glauben, dass sie uns selbst unterrichten wollen – dass sie überhaupt auf die Idee gekommen sind. Ich kenne nur eine einzige Familie, die das versucht hat,

aber sie haben das nur ein Jahr lang gemacht. Im Internat haben alle – ich eingeschlossen – gesagt, dass sie Mamakinder und richtige Babys wären. Ich vermute mal, wir waren bloß neidisch. Ich weiß, dass meine Freunde über mich das Gleiche sagen werden. Ich finde das nicht schön, aber wenn ich nur bei meiner Familie bleiben kann, ist es mir das wert.
Ob ich zu Hause bleiben will? Ja! Ja! Ja!

Liebe Grüße,
Ruth Ellen

4. Die Jahre mit den Eltern

Von 1954 bis 1958 behielten unsere Eltern uns auf der Missionsstation, wo wir von meiner Mutter unterrichtet wurden. Meine Eltern machten das nicht aus Trotz oder um irgendjemandem irgendetwas zu beweisen. Sie taten einfach das, von dem sie annahmen, dass es für unsere Familie am besten wäre.

April 1958

Liebe Mama, lieber Papa,
diese Jahre bei euch zu Hause schmelzen in meinem Gedächtnis zu einer einzigen wunderschönen Zeit zusammen. Am besten kann ich mich an die ganz alltäglichen, kleinen Dinge erinnern, zum Beispiel daran, dass wir dreimal am Tag als Familie zusammen aßen. (Obwohl ich es nicht immer so toll fand, ganz früh aufzustehen, damit wir noch mit dir frühstücken konnten, Papa, bevor du zum Unterricht gingst.) Ich war ganz stolz, als in unserer Lokalzeitung berichtet wurde, dass wir weißen Kinder mit den schwarzen zur Schule gingen. Sie haben nur nicht ganz verstanden, warum wir alle unsere Aufgaben ganz hinten im Klassenraum erledigten, während Mama vorne die nigerianischen Schüler unterrichtete, aber das hat mir nichts ausgemacht. Ich fand es immer spannend, das Ungewöhnliche zu tun.
Ich fand es wunderschön, dass ich hingehen konnte, wohin ich wollte, und tun konnte, was ich wollte (solange ihr nichts dagegen hattet, natürlich!). Ich weiß ja, dass man in einer Schule ziemlich viele Regeln braucht, um hundert Kinder unter Kontrolle zu halten, aber ich habe es einfach genossen, dass ich jetzt nicht mehr so viel zu beachten hatte.
Ein ganz besonderes Erlebnis war auch die Augenklinik, wo

ich bei einer Operation zugucken durfte. Wisst ihr noch, dass ich mir einmal die Krankenschwesternhaube aus meiner Spielzeugkiste aufgesetzt habe und der Doktor mir erlaubt hat, dem Patienten nach der Operation die Augentropfen ins Auge zu träufeln? Von dem Moment an war mir klar, dass ich Ärztin werden wollte.

Danke auch, dass ihr mich an den Sonntagen mit den Sprachschülern in die Dörfer gehen ließt. Wenn ich weiter aufs Internat gegangen wäre, hätte ich nie Menschen mit echten Pocken gesehen, oder das kleine Kind, das ins Feuer gerutscht war und sich den Kopf böse verbrannt hatte.

Das einzig Unangenehme, an das ich mich erinnere, war, dass wir unseren Urlaub immer in der Nähe des Internats verbracht haben. Ich hatte immer das Gefühl, dass die anderen Kinder sich über uns lustig machten, weil wir nicht dort hingingen wie alle anderen. Sie machten dumme Bemerkungen über meine hässlichen Haare und erzählten lauter Witze, die man nur versteht, wenn man auch zum Internat gehört.

Als die anderen Kinder von unserer Station über die Ferien nach Hause kamen, haben sie von nichts anderem geredet als vom Internat und wie toll es da wäre. Manchmal habe ich mich schon gefragt, ob ich wirklich ein kleines Baby bin, weil ich lieber zu Hause bleibe. Und manchmal tat es mir sogar Leid, dass wir manche Dinge hier nicht machen konnten, die sie dort ständig machten, große Tagesausflüge zum Beispiel. Aber ich habe nie, nicht eine Minute lang, mit ihnen tauschen wollen.

Ich weiß nicht, ob die anderen Missionare verstanden haben, warum ihr uns zu Hause behieltet. Vielleicht habt ihr deswegen mehr Kritik einstecken müssen, als mir bewusst ist, aber das zählt alles nicht. Was zählt, ist nur, dass wir vier Jahre als Familie zusammen sein konnten – das wären wir nie gewesen, wenn ihr nicht gewagt hättet, zu tun, was euch richtig schien. Danke, danke, dass ihr uns alle zusammengehalten habt. Ich hab euch wirklich lieb.

Liebe Grüße,
Ruth Ellen

Mai 1958

Liebe Mama, lieber Papa,
heute gehen wir von Afrika weg. Ich bin froh, dass wir Heimaturlaub haben und deswegen noch ein Jahr zusammen sein können, aber ich ertrage den Gedanken fast nicht, dass ich das alles, was mir so viel bedeutet, vielleicht nie wiedersehe: unser Haus, meine Freunde oder dieses Land ... Es kommt mir ein bisschen wie Sterben vor – man verliert seine ganze Welt in einem einzigen kurzen Moment.
Natürlich freue ich mich darauf, Oma wiederzusehen. Aber eigentlich kenne ich die Leute hier alle besser als sie; ich habe sie schließlich seit vier Jahren nicht mehr gesehen. Von meinen beinahe vierzehn Jahren habe ich elf hier verbracht. Und jetzt soll ich das alles von einem Moment auf den anderen hinter mir lassen und „nach Hause“ gehen.
Was soll denn dieses „Zuhause“ sein? Ein Haus? Ein Land? Ein Gefühl? Manchmal frage ich mich, ob mein Wunsch, Missionarin zu werden, wirklich von Gott kommt oder ob er mir nur den Abschied ein bisschen leichter machen soll. Ich weiß aber, dass nur die kleine Hoffnung, irgendwann vielleicht doch zurückkommen zu können, mir den Abschiedsschmerz überhaupt erträglich macht.

Liebe Grüße,
Ruth Ellen

Juni 1958

Liebe Mama, lieber Papa,
danke, dass ihr so gute Eltern seid, die ihr Leben auf Prinzipien gründen und nicht auf Regeln.
Ihr habt immer gesagt, dass Kinofilme an sich nicht gut oder schlecht sind, sondern dass es immer darauf ankommt, worum es in einem Film geht. Wir sind nur nie ins Kino gegangen, weil wir den anderen Christen, die das vielleicht anders sehen, kein Anstoß sein wollten.
Aber heute, als wir gefragt haben, ob wir hier auf dem Schiff den Disney-Film ansehen dürften, habt ihr es uns erlaubt. Es war niemand da, der daran hätte Anstoß nehmen können, und der Film war ganz toll!
Ich bin sehr froh, dass ihr nicht einfach andere Gründe vorgeschoben habt, nur um keine Ausnahme von der Regel machen zu müssen. Bei euch kommt mir das Christentum lebendig und zum Greifen nah vor und nicht tot und langweilig.

Liebe Grüße,
Ruth Ellen

5. Ärger in der achten Klasse

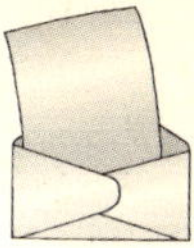

September 1958

Liebe Mama, lieber Papa,
fandet ihr es eigentlich auch so schwer, mit euren Eltern zu reden, als ihr dreizehn wart? Ich würde euch so gerne so vieles sagen, aber obwohl die Gedanken durch mein Gehirn jagen, bekomme ich kein Wort heraus. Manchmal wünschte ich mir, dass ihr einfach raten könntet, was in mir vorgeht.
Ihr wisst ja, dass ich das achte Schuljahr kaum abwarten konnte. An das dritte Schuljahr, das ich ja auch an dieser Schule verbracht habe, erinnere ich mich gerne zurück, und deswegen dachte ich, dass es diesmal ähnlich gut sein würde. War es aber nicht. Die anderen Kinder fanden das gar nicht toll, dass ich aus Afrika komme, sondern total komisch. Ich hatte meine besten Sachen an, aber irgendwie sah ich trotzdem blöd aus.
In der siebten Klasse ist noch ein Mädchen, Roxanne. Sie ist gerade aus einem anderen afrikanischen Land zurückgekommen. Ihr sieht man das richtig an; ihre Haare sind ganz straff zu einem Pferdeschwanz zurückgekämmt und ihre Kleider sind schrecklich langweilig und sitzen nicht gut. Ich bin ganz sicher, dass ich nicht so schlimm aussehe (oder doch?). Sie versucht so sehr, freundlich zu sein, aber die anderen behandeln sie, als käme sie direkt vom Mars.
Es war kein besonders schöner Tag – ich hatte die ganze Zeit das Gefühl, dass eiskalte Finger die Gegend um meinen Magen zusammendrückten. Ich verstehe einfach nicht, wie das hier alles funktioniert. Hoffentlich wird es noch besser.

Liebe Grüße,
Ruth Ellen

Oktober 1958

Liebe Mama, lieber Papa,
die anderen in meiner Klasse halten mich für unglaublich blöd. Jeden Tag mache ich irgendetwas, das sie zum Lachen bringt. Sie lachen mich aus.
Ich mache so dumme Sachen; ich frage zum Beispiel: „Wer ist das?“, wenn irgendein Name fällt, und dann stelle ich fest, dass das ein ganz bekannter Rock-’n’-Roll-Star ist. Und kürzlich habe ich von einem Zeichentrickfilm erzählt, den ich im Fernsehen gesehen hatte, und alle waren total entsetzt. Vielleicht schaut man sich in der achten Klasse keine Zeichentrickfilme mehr an?
Wenn ich erzähle, was ich von Afrika oder Europa gesehen habe, denken sie, ich gebe bloß an. Keiner von ihnen interessiert sich für meine Welt und ich habe keine Ahnung von ihrer. Warum kann ich nicht zurück nach Afrika gehen, wo ich hingehöre?

Liebe Grüße,
Ruth Ellen

November 1958

Liebe Mama, lieber Papa,
so langsam beginne ich zu begreifen, wie unvorstellbar hässlich ich bin. Ich trage meine hübschen, festen Lederschuhe, aber die anderen Mädchen tragen alle weiße Turnschuhe. Meine Röcke sind fast alle aus Baumwolle, die der anderen aus Wolle oder Cord. Ich habe eine Unmenge an kurzärmeligen Baumwollblusen, die anderen tragen wunderschöne Pullover.
Und wenn ich mir doch einmal etwas kaufe, habe ich, fürchte ich, auch keinen besonders guten Geschmack. Ich fand meine neue Brille, das Metallgestell mit den weiten „Flügeln“, hübsch, als ich sie kaufte, aber jetzt weiß ich, dass sie viel zu

auffällig ist. Und ich muss die nächsten Jahre damit herumlaufen!
Meine Zähne sind auch schief. Wenn ich lächle, denken die anderen Kinder, dass mir jemand meine beiden Vorderzähne ausgeschlagen hat. Der Lehrer hat gemeint, dass ich eine Zahnspange bräuchte, aber ich bin sicher, dass wir uns so etwas genauso wenig leisten können wie schicke Klamotten.
Ich bin außerdem ganz schön fett geworden. Es ist nett, wenn die Leute uns alles Mögliche auftischen, was wir seit Jahren nicht gehabt haben: Hawaii-Punsch, Kartoffelchips, Eis, Brezeln ... Das schmeckt alles so lecker – aber ich habe mehr als dreizehn Kilo zugelegt, seit wir im Sommer hier angekommen sind!
Jetzt sehe ich aus wie eine Regentonne. Wahrscheinlich muss ich einfach damit leben, dass ich weder beliebt noch hübsch sein kann, wie ich das früher mal geträumt habe. Vielleicht kann ich wenigstens gut in der Schule sein.
Ich weiß, dass ich nicht so undankbar sein sollte, solange ich alles habe, was ich brauche. Gott hat es jemandem aufs Herz gelegt, mir diese Schuhe zu kaufen. Das war wirklich nett! Und ich habe immerhin was zum Anziehen. Ohne meine Brille könnte ich nicht gut sehen.
Ich weiß, dass ich mehr habe als meine Freunde in Afrika – aber es ist viel, viel weniger als das, was die Jugendlichen um mich herum haben. In Afrika schienen wir sehr reich zu sein. Hier komme ich mir furchtbar arm vor.

Liebe Grüße,
Ruth Ellen

Dezember 1958

Liebe Mama, lieber Papa,
ich weiß, dass ihr nicht begreifen könnt, was aus eurem netten, lieben Missionarskind geworden ist. Ich sitze den ganzen Tag mit dem Ohr am Radio und höre mir die neuesten Rock'-n'-Roll-Hits an. Jeden Nachmittag hänge ich vor dem Fernseher und schaue mir Musiksendungen an. Wenn ihr mich danach fragt, sage ich einfach, dass mir das gefällt.
Aber in Wahrheit ertrage ich es einfach nicht mehr, anders als die anderen zu sein. Ich muss unbedingt herausfinden, was in dieser Welt los ist, damit ich in der Schule mitreden kann. Gestern habe ich mich zum ersten Mal an einem ihrer üblichen Gespräche über die neuesten Lieder und die wichtigsten Stars beteiligt. Ich glaube, sie waren ganz überrascht, dass ich etwas zu sagen hatte! Das tat mir so gut.
Ich weiß, dass euch die Musik nicht gefällt ... Aber danke, dass ich sie nicht vor euch verstecken muss.

Liebe Grüße,
Ruth Ellen

April 1959

Liebe Mama, lieber Papa,
ich mache jetzt eine Diät. Bald feiern wir den Abschluss der achten Klasse, und ich möchte nicht so fett durch den Gang in der Aula stapfen. Wenn ich ein bisschen weniger hässlich bin, wenn ich in die Highschool komme, mögen mich die anderen vielleicht.
Ich weiß ja, dass ich nie so hübsch oder so dünn oder so toll aussehen werde wie die Frauen bei der Miss-Amerika-Wahl. Ich versteh einfach nicht, wie die das mit diesen wunderschönen Frisuren hinkriegen. Vielleicht ist mein Haar einfach nicht dafür geschaffen. Und ich weiß auch, dass meine Kleider nie so gut sein werden wie die

der anderen. Aber etwas kann ich ja doch tun: abnehmen.
Ich vermute mal, dass es nicht besonders geistlich ist, dass ich gerne gut aussehen würde, aber ich kann nichts dafür. Ich finde bestimmt nie einen Mann, weil ich so hässlich bin. Von den Jungs findet mich jedenfalls keiner süß, so viel ist sicher. Zu allem Überfluss bin ich auch noch größer als alle anderen in meiner Klasse, außer Robert. Die denken wahrscheinlich alle, dass in Afrika Riesen wachsen.

Liebe Grüße,
Ruth Ellen

August 1959

Liebe Mama, lieber Papa,
das war ein schöner Sommer. Ich habe zum ersten Mal so richtig Gottes Gegenwart gespürt. Ich habe ja immer gewusst, dass er da ist, und ich habe versucht, regelmäßig zu beten und meine Bibel zu lesen. Aber in der Ferienbibelschule haben wir den Jakobusbrief durchgenommen und mussten Teile davon auswendig lernen.
Wenn ich mir den ganzen Tag über diese Verse ins Gedächtnis rufe, werden sie plötzlich in mir lebendig! Gott hat mir Weisheit versprochen, wenn ich sie brauche. Er verspricht mir, dass die Kämpfe, die ich durchlebe, mich geduldig und stark machen werden. Vielleicht ist der ganze Ärger, den ich im letzten Jahr hatte, ja tatsächlich zu irgendetwas gut.

Liebe Grüße,
Ruth Ellen

6. Auf der Highschool

September 1959

Liebe Mama, lieber Papa,
heute war mein erster Tag in der Highschool. Ich bin in die Kurse mit leistungsstärkeren Schülern gesteckt worden, also hat mich meine komische Bildung in Afrika offenbar nicht im Unterrichtsstoff zurückgeworfen.
Ich hoffe, dass ich an der neuen Schule, wo wir mit vierhundert Schülern in einer Klasse sind, anstatt mit zwanzig, besser zurechtkomme. Wenn mich die anderen fragen, wo ich herkomme, sage ich Chicago. Wenn mir nur die Leute, die mich noch von der achten Klasse her kennen, keinen Strich durch die Rechnung machen und den anderen sagen, dass ich aus Afrika bin! Dann wird vielleicht alles gut.

Liebe Grüße,
Ruth Ellen

Schließlich kam die Zeit, in der meine Eltern sich wieder auf die Ausreise nach Afrika vorbereiteten. Ich begann mich wieder von ihnen zurückzuziehen. Mein Ärger wuchs und machte schließlich dem altvertrauten Schmerz Platz, der so groß war, dass er sich nicht mehr unter anderen Gefühlen verstecken ließ. Ein paar Mal versuchte ich, diesen Schmerz in Worte zu fassen. Aber dann fielen mir sofort all die wichtigen Gründe ein, die eine Trennung unvermeidlich machten, und so verstummte ich schließlich. Gott wollte schließlich, dass meine Eltern nach Afrika zurückgingen – wie hätte ich mich dagegen auflehnen können?
Ich hatte den Eindruck, dass auch meinen Eltern der bevorstehende Abschied mehr zu schaffen machte, als sie zu zeigen

wagten. Jeder hatte mit sich genug zu tun, und wir hatten einfach nicht die Kraft, auch noch den Schmerz der anderen zu tragen.

September 1959

Liebe Mama, lieber Papa,
ich möchte nicht in dieses Wohnheim ziehen, wenn ihr geht. Ich möchte bei Oma wohnen und an der Schule hier bleiben. Aber ich weiß schon, was ihr denkt – Oma kommt mit mir auf Dauer nicht zurecht, weil ich oft so unfreundlich und griesgrämig bin.
Jetzt kommt die Erinnerung an die erste Klasse zurück; ich sehe den gleichen Schmerz wie damals auf mich zurollen wie eine Dampfwalze, und ich möchte am liebsten auf und ab springen und rufen: „Anhalten! Anhalten!" Aber es gibt nichts, was ich tun könnte, um sie von ihrer Bahn abzubringen. Noch während ich schreie, wird sie mich platt walzen.
Mein Verstand sagt mir, dass ich keinen Grund habe, mich zu beschweren. Ich kenne eine Menge Familien, die es schwerer haben als unsere. Manche meiner Klassenkameraden haben Eltern, die geschieden sind, die sie nicht lieb haben oder die sogar tot sind. Aber wenn ich mir das ins Gedächtnis rufe, fühle ich mich auch nicht besser. Wenn ich versuche, über meine Gefühle zu reden, werden mir all die guten Gründe und Erklärungen für das alles vorgehalten, und dann sage ich lieber gar nichts mehr. Tut euch das denn nicht auch schrecklich weh – mehr als ihr zugeben wollt?
Ich habe euch noch nie so gebraucht wie jetzt. Und ich war noch nie so unfähig, es euch zu sagen.

Liebe Grüße,
Ruth Ellen

Oktober 1959

Liebe Mama, lieber Papa,
bis jetzt komme ich an der Highschool viel besser zurecht als in der achten Klasse. Wenigstens habe ich Turnschuhe und Söckchen wie alle anderen auch.
Heute war ein anderes Mädchen aus der Gemeinde so nett, mir zu sagen, dass ich meine Schulbücher falsch trage. Sie müssen übereinander liegen, nicht nebeneinander. Ich komme jetzt zwar kaum noch an die unteren Bücher heran, aber ich bin froh, dass sie es mir gesagt hat. Ich setze alles daran, in diesem Jahr nichts falsch zu machen, aber ich hätte nie gedacht, dass es wichtig sein könnte, wie man seine Bücher trägt!
Nur noch zwei Monate, bis ihr abreist. Ich bete, dass Gott es sich anders überlegt und euch doch nicht zurückschickt.

Liebe Grüße,
Ruth Ellen

Oktober 1959

Lieber Gott,
du musst wohl zumindest eins meiner Gebete gehört haben. Ich weiß gar nicht, ob ich wirklich geglaubt habe, dass du etwas verändern könntest. Alles schien schon so festzustehen. Und jetzt verdanke ich ausgerechnet so etwas Banalem wie Mae Beths Spanischkurs eine Antwort auf meine Gebete. Als sie sich letztes Jahr für diesen Kurs eingetragen hat, wusstest du schon, dass sie in der Schule, zu der wir wechseln sollten, kein Spanisch anbieten. Jedenfalls müssen wir jetzt zumindest noch dieses Halbjahr hier bleiben, damit sie den Kurs zu Ende bringen kann.
Vielleicht erlauben Oma und Tante Mae ja doch, dass wir bei ihnen bleiben, wenn wir uns nicht total danebenbenehmen. Bitte, Gott, mach, dass wir hier bleiben können. Ich

möchte nie wieder, dass jemand anderes mich zu erziehen versucht als meine Familie.

Liebe Grüße,
Ruth Ellen

Dezember 1959

Liebe Mama, lieber Papa,
ich merke, dass ich euch wehtue. Ich sehe die Verwirrung in euren Augen. Jetzt stellt ihr euch darauf ein, für vier Jahre wegzugehen, und ich führe mich so hässlich auf! Ich weiß ja, dass ihr gerne schöne Erinnerungen an diese letzten Tage hättet, die wir noch zusammen sind.
Ich glaube, ich versuche mir selbst einzureden, dass ich euch eigentlich gerne los sein möchte. Wenn ich mich über alles, was ihr macht, ärgere, kann ich ja nur froh sein, wenn ihr geht. Und vielleicht fällt euch der Abschied von mir dann auch nicht so schwer.
Ich weiß, dass mein Verhalten einen Haken hat: Ich versuche, mich für die Zukunft zu wappnen, und verliere dabei das, was ich in der Gegenwart haben könnte. Aber etwas Besseres fällt mir einfach nicht ein. Der Abschiedstag rückt näher, als wäre er mein Hinrichtungstag. Ich kann den Gedanken an das, was kommt, nicht ertragen, und so laufe ich voller Wut und Trotz davor weg.
Es tut mir so Leid!

Liebe Grüße,
Ruth Ellen

Januar 1960

Liebe Mama, lieber Papa,
wer ist eigentlich auf die großartige Idee gekommen, dass Mae Beth und ich bei eurem Aussendungsgottesdienst ein

Duett singen könnten? Und wie konnten wir so blöd sein, zuzusagen? Wie soll ich denn singen, wenn ich mir so vorkomme, als liege ich auf einer Streckbank und würde immer, immer weiter auseinander gezogen? Ich hätte nie gedacht, dass man so viel Schmerz überhaupt überlebt.
Ich bin schrecklich einsam. An wen soll ich mich wenden? Ich habe Angst, dass jeder, der sieht, wie weh mir das alles tut, mich für ungehorsam hält – euch gegenüber und auch Gott. Und von euch kann ich auch keinen Trost erwarten, weil ich ja weiß, dass ihr selber ganz schön zu kämpfen habt. Ich habe die Tränen gesehen, die ihr zu verbergen versucht. Wenn ich mich euch in die Arme werfe und mir die Seele aus dem Leib weine, halte ich euch damit vielleicht davon ab, wieder nach Afrika zu gehen. Und obwohl ich mir genau das wünsche, könnte ich die Verantwortung dafür nie übernehmen. Ich würde immer mit den Schuldgefühlen leben müssen, dass ich diejenige war, die euch davon abgehalten hat, Gottes Willen zu tun. Ich habe mir immer geschworen, dass ich nie eins von „diesen Kindern" sein wollte, über die nur leise geflüstert wird und über die die anderen Missionare traurig den Kopf schütteln. „Die Soundsos konnten nicht aufs Missionsfeld zurück wegen ihrer Kinder." Ich habe mir immer ausgemalt, dass das ziemlich schlimme Kinder sein müssen. Ich will nicht, dass über mich und meine Familie so geredet wird.
Und an Gott kann ich mich mit meinem Kummer auch nicht wenden, weil er ja irgendwie an der ganzen Sache schuld ist. Ich hab mich so gefreut über das Lied, das du mir im Gottesdienst gezeigt hast, Mama, als ich neben dir geweint habe.

Und drücken dunkle Wolken sehr,
ihr Heiligen, fasst neuen Mut!
Sie sind von Gottes Segen schwer,
und regnen sie, ist es euch gut.

Ich kann mir irgendwie nicht vorstellen, wie aus all dem Segen erwachsen kann, aber ich möchte an dieser Hoffnung gerne festhalten. Wenn ich doch nur die Uhr heute um Mitternacht anhalten könnte!

Liebe Grüße,
Ruth Ellen

Januar 1960

Lieber Gott,
sie sind weg. Sie sind alle wirklich richtig weg. Wie konntest du das zulassen?
Es kommt mir so vor, als hätte ich sie eben beerdigt. Ich kann mir nicht vorstellen, dass sie in vier Jahren alle noch am Leben sind. Als sie zum Flugzeug liefen, kam es mir so vor, als wenn sie aus meinem Leben liefen. Mae Beth und ich werden schon auf dem College sein, wenn sie das nächste Mal auf Heimaturlaub kommen. Das Familienleben, wie wir es gekannt haben, ist von heute an für uns unwiederbringlich vorbei.
Wenn ich doch nur die letzten Wochen, in denen ich mich so schlecht benommen habe, rückgängig machen könnte! Bitte schenk doch, dass sie nicht glauben, dass ich wirklich etwas gegen sie hatte! Warum habe ich das nur gemacht? Gott, was kann ich nur tun, damit sie zurückkommen? Oder damit sie ohne schlechtes Gewissen gehen können? Oder damit ich Frieden finde? Das scheint alles selbst für dich zu viel zu sein.
Gott, mir tut alles weh. Hast du dich auch so gefühlt, als du von deinem Sohn getrennt warst?

Liebe Grüße,
Ruth Ellen

Januar 1960

Liebe Mama, lieber Papa,
Tante Jeanette hat auf dem Heimweg vom Flughafen an einem Laden gehalten, in dem ich mir eine Schallplatte gekauft habe, *Teen Angel*. Das ist ein ganz trauriges Lied über einen Jugendlichen, der seine Freundin verliert. Sie geht zu seinem Auto, das auf den Bahngleisen liegen geblieben ist, um seinen Ring herauszuholen. Aber dann kommt ein Zug und überfährt das Auto, und sie schafft es nicht mehr wegzukommen und stirbt. Ich habe das Lied den ganzen Tag über laufen lassen, und ich habe jedes Mal geweint. Ich schäme mich irgendwie ein bisschen weniger, wenn ich um jemand anders weine als um euch.
Wie kann sich die Welt nur für alle anderen weiterdrehen, wenn sie gerade für mich stehen geblieben ist?

Liebe Grüße,
Ruth Ellen

Januar 1960

Liebe Mama, lieber Papa,
weil sich nichts daran ändern lässt, dass ihr weg seid und dass ich allein bin, muss ich euch wohl oder übel aus meinem Leben verbannen. Ich glaube, ich muss euch einfach als für mich gestorben betrachten. Es gibt keine Telefone, über die wir in Kontakt bleiben könnten. Briefe brauchen zu lange. Ich werde mich meinem Leben hier und jetzt zuwenden und euch zu vergessen versuchen.
Wenn ich merke, dass mich der Schmerz zu überwältigen droht, dränge ich ihn zurück. Ich habe in den letzten Tagen genug geweint, dass es für die nächsten vier Jahre reicht, und ich werde alles daransetzen, um nicht wieder zu weinen. Das wird nur gehen, wenn ich erst gar nicht an euch alle zu denken versuche. Wenn meine Gedanken zu dem

wandern, wo ihr seid und was ihr gerade tut, drücke ich das sofort wieder weg und zwinge mich, an etwas anderes zu denken. Afrika ist eine ganz andere Welt. Ich werde keinen Gedanken daran verschwenden. Und an euch auch nicht.

Liebe Grüße,
Ruth Ellen

Meine Rechnung schien aufzugehen: Auf alle negativen Gefühle, die die Abreise meiner Eltern mit sich brachte, setzte ich ein Deckelchen, und so kam ich gut zurecht. Manchmal allerdings, wenn ich nicht aufpasste, brodelte mein Schmerz bis an die Oberfläche, lüftete den Deckel ein wenig und versuchte, nach draußen zu gelangen. Aber ich drückte den Deckel sofort wieder fest zu und häufte so viele Aktivitäten und so viel Lernstoff darauf, wie es brauchte, um ihn zuzuhalten. Wenn ich an meine Eltern dachte, brachte das meine Gefühle wieder zum Brodeln, und sie drohten regelrecht überzukochen. Also setzte ich alles daran, das zu vermeiden. Ich wollte mir nicht die Finger verbrühen.

April 1960

Liebe Mama, lieber Papa,
tut mir Leid, dass ich mich so lange nicht gemeldet habe, obwohl ihr so treu immer wieder schreibt. Ich hab schrecklich viel zu tun, in der Schule und auch außerhalb. Wenn ich mal nichts tue – vor allem dann, wenn ich euch schreiben möchte –, kommen eine Menge Dinge in mir hoch, die ich lieber vergessen möchte.
Tut mir Leid. Ich weiß, dass es euch wehtut, wenn ich mich nicht melde.

Liebe Grüße,
Ruth Ellen

Oma und Tante Mae ließen uns weiter bei sich wohnen, und so blieben wir auf der Highschool in Chicago. Ich hatte auf der Schule in jeder Hinsicht viel Erfolg. Ich arbeitete hart, um nicht aufzufallen. Ich ging in einen christlichen Jugendkreis und engagierte mich in der Schule in allen möglichen Arbeitsgruppen. Ich bekam sogar eine Zahnspange und meine Zähne wurden gerichtet!
Meinen Abschluss machte ich als Neuntbeste von 365 Schülern, und so wurde ich in die National Honor Society aufgenommen. Meine Klassenkameraden wählten mich zur „Erfolgversprechendsten Schülerin" und ich bekam drei Stipendien. Meine Jahre an der Highschool waren gut, eigentlich wunderschön. Aber meine Mama und meinen Papa vermisste ich trotzdem sehr.

Juni 1963

Liebe Mama, lieber Papa,
heute haben wir unseren Schulabschluss gefeiert. Ihr wart nicht da, als ich meine Rede als stellvertretende Klassensprecherin hielt. Mir hat das fast Leid getan, aber ich habe mich ganz gut unter Kontrolle gehabt und behauptet, dass es mir nichts ausmacht: „Ich bin ja daran gewöhnt."
Dass ich bei Oma und Tante Mae leben konnte, war das Beste, das mir passieren konnte, nachdem ihr weg wart. Sie haben euch treu bei jeder Veranstaltung vertreten, wo die Anwesenheit eines Elternteils gefordert war. Sie waren heute bei meiner Verabschiedung dabei. Und sie haben mich immer meine Freunde mit nach Hause bringen lassen, so wie ihr. Ich bin geistlich und körperlich gewachsen.
Aber manchmal frage ich mich, wie es um die Beziehung zwischen euch und mir eigentlich bestellt ist. Wenn meine Freunde über ihre Eltern schimpfen, denke ich von oben herab: *So etwas würden meine Eltern nie tun.* Aber woher will ich das eigentlich wissen? Ihr schreibt mir zwar, wie stolz

ihr auf mich seid – aber würdet ihr mich genauso lieb haben, wenn ihr ständig mit mir ausdiskutieren müsstet, wie lange ich abends ausgehen und wie laut ich das Radio einstellen darf?
Ich habe mich wirklich angestrengt, damit ihr stolz auf mich sein könnt, und ihr habt meinetwegen nicht nach Hause kommen müssen. Aber kennen wir uns eigentlich noch? Ihr habt gewissenhaft eure Briefe geschrieben, wie ich das aus meiner Internatszeit kannte. Ihr schreibt immer, was ihr macht, und ich schreibe euch immer, was ich mache – aber über das, was wir empfinden, schreiben wir nicht.
Ich habe es versucht; ein paarmal habe ich euch geschrieben, wie ich mich verliebt hatte, ohne dass das erwidert wurde, oder wie der eine oder andere Junge, mit dem ich gar nichts anfangen konnte, für mich schwärmte. Ihr habt euch wirklich viel Mühe gegeben, meine Briefe gut zu beantworten, und dafür war ich dankbar, aber wenn sie nach einem Monat ankamen, konnte ich mich kaum noch erinnern, worum es ursprünglich ging. Nach einer Weile kam es mir sinnlos vor, über solche Dinge zu schreiben.
Ich mache mir keine Sorgen mehr, dass ich euch vom Aussehen her nicht wiedererkennen könnte, wie ich es damals in der ersten Klasse getan habe. Aber meine Frage ist eigentlich die gleiche geblieben: Werden wir uns noch kennen?

Liebe Grüße,
Ruth Ellen

7. Ich habe wieder Eltern

September 1963

Jetzt bin ich auf dem College. Die letzten Jahre sind so schnell vergangen; ich finde, ich bin schon ganz schön alt.
Hier im Wohnheim ist es sehr nett, aber ich wundere mich immer, wie viel Heimweh die anderen haben, die gerade mit dem College anfangen. Sie rennen jeden Abend los, um ihre Eltern anzurufen, und sie reden die ganze Zeit davon, wie sehr sie sich nach Hause sehnen. Das kommt mir so albern vor.
Aber manchmal frage ich mich dann doch, was eigentlich komischer ist: Dass man schon achtzehn ist und immer noch Mama und Papa vermisst, oder dass man gerade erst achtzehn ist und überhaupt kein Heimweh hat.

Liebe Grüße,
Ruth Ellen

Oktober 1963

Liebe Mama, lieber Papa,
in ein paar Tagen werdet ihr hier sein. Ich habe ein bisschen Angst. Wie werden wir wohl miteinander klarkommen?
Als Chuck und Tom während des Semesters hier ankamen, haben wir eine ganze Weile gebraucht, um uns aneinander zu gewöhnen. Ich glaube, sie waren nicht gerade begeistert, statt einer Mutter zwei ältere Schwestern zu haben.
Und jetzt werde ich plötzlich eine sechs und eine sieben Jahre alte Schwester haben, die das letzte Mal, als ich sie sah, praktisch noch Babys waren. Ich weiß doch eigentlich überhaupt nicht, wie man mit Sechs- und Siebenjährigen umgeht!
Und wie wird es mit euch sein? Erwartet ihr, dass ich mir von euch wieder sagen lasse, was ich zu tun und zu lassen

habe? Wisst ihr, ich stehe inzwischen ganz gut auf eigenen Beinen, und ich finde das gut. Wie wird es wohl sein, plötzlich wieder Eltern zu haben?
Ob ihr mich überhaupt noch mögen werdet? Ich bin ja keine vierzehn mehr. Wird es euch gefallen, wie ich aussehe, oder werdet ihr euch meinetwegen schämen? Ob euch meine geraden Zähne wohl gefallen? Und ob ihr wohl ausseht wie die typischen „Missionare auf Heimaturlaub"? Werde ich mich vielleicht euretwegen schämen?
Ich kann mir gar nicht richtig vorstellen, wie es mit euch werden wird. Aber ich bin schon ganz aufgeregt und freue mich sehr. Glaube ich jedenfalls.

Liebe Grüße,
Ruth Ellen

Oktober 1963

Liebe Mama, lieber Papa,
ich habe heute kaum das Ende der Soziologievorlesung abwarten können. Ich bin über das Unigelände gerannt, und da wart ihr schon. Meine eigene, richtige Familie aus Fleisch und Blut. „Das sind meine Mama und mein Papa", habe ich euch vorgestellt, und die Leute haben das einfach so hingenommen, als wäre es nichts Besonderes. Aber es ist das erste Mal seit vier Jahren, dass ich das sagen kann!
Ihr habt eigentlich noch ziemlich genauso ausgesehen, wie ich euch in Erinnerung hatte, nicht einmal viel älter. Ich bin froh, dass ihr hier seid, aber ich werde wohl eine Weile brauchen, um mich daran zu gewöhnen, dass ich wieder eine Familie habe.

Liebe Grüße,
Ruth Ellen

November 1963

Liebe Mama, lieber Papa,
vielen Dank, dass ihr die Frage, ob ihr noch einmal ausreist, mit uns besprochen habt. Es war schön, zu sehen, dass ihr unsere Gefühle und Bedürfnisse immer noch mit einbeziehen wolltet.

Nach außen hin war unser Gespräch ruhig und sachlich. Wir konnten alle die ungemein einleuchtenden, absolut wahren Gründe aufzählen, die dafür sprachen, dass Gott euch vielleicht doch noch einmal in Afrika haben möchte. Wir haben uns in Erinnerung rufen können, wie gut uns Gott versorgt hat: Mae Beth und ich hatten ein Zuhause, wir sind in der Schule gut zurechtgekommen und geistlich gewachsen. Und jetzt wohnen wir sowieso nicht mehr zu Hause.

Aber in mir hat alles nur geschrieen: „Nein! Nein! Nein! Gott, das reicht jetzt! Wir haben dir als Familie schon zwanzig Jahre gegeben. Du hast uns so schrecklich viel abverlangt. Reicht es nicht langsam? Wir können dir doch auch hier in Amerika dienen!"

Aber ich konnte – oder wollte – euch nicht erzählen, was ich wirklich empfand. Ich hatte Angst, dass ihr denkt, dass ich euch zurückhalten will, wenn ich euch das sage. Aber ich verstehe ja eure Berufung. Ich stehe voll dahinter – und genau deswegen sage ich mir ja auch immer wieder, dass mir das alles nicht so viel ausmachen sollte. Wenn ich Gott doch liebe und wenn es sein Wille ist, dass ihr wieder geht – sollte ich mich dann nicht einfach freuen?

Als ich später mit meinem Ärger und meinem Kummer zu Gott kam, hat er mich auf den Vers in Matthäus 10 gestoßen: „Wer Vater oder Mutter mehr liebt als mich, der ist meiner nicht wert; und wer Sohn oder Tochter mehr liebt als mich, der ist meiner nicht wert. Und wer nicht sein Kreuz auf sich nimmt und folgt mir nach, der ist meiner nicht

wert. Wer sein Leben findet, der wird's verlieren; und wer sein Leben verliert um meinetwillen, der wird's finden."
Was sollte ich da noch sagen? Es gibt Zeiten, in denen Gott einfach von uns verlangen kann, dass wir um seinetwillen unsere Rechte an der Familie aufgeben. Und dann sichert er uns auch zu, dass er unsere Bedürfnisse hundert- und tausendfach erfüllt, sowohl in diesem Leben als auch im nächsten.
Ich vermute mal, dass er dieses Versprechen gehalten hat. Er hat mir immerhin im erweiterten Familienkreis liebe Menschen an die Seite gestellt, hat mir Freunde im Überfluss gegeben und ein liebevolles Zuhause. Wenn ihr schon zurückmüsst, kann ich mich wohl darauf verlassen, dass er weiterhin treu für mich sorgt.
Aber manchmal wäre es schön, wenn irgendjemand wenigstens zugäbe, dass es ganz schön wehtun kann, seinen Willen zu tun. Es wäre so gut, wenn mich einmal, wenigstens ein einziges Mal jemand in den Arm nehmen und sagen würde: „Ich verstehe, was du durchmachst. Und es ist in Ordnung, wenn du zugibt, dass es dir schwer fällt, was Gott dir abverlangt. Wein dich ruhig aus." (Aber ist es wirklich in Ordnung? Ich werde den Verdacht nicht los, dass mir das alles nicht so wehtun würde, wenn ich nur ein bisschen geistlicher wäre.)
Wenn ich doch nur einen Menschen fände, der meinen Schmerz versteht. Ich möchte nicht, dass irgendjemand schlecht von euch denkt, weil ihr mich im Stich lasst, oder dass jemand mich für ungeistlich hält und glaubt, ich wollte euch zurückhalten. Ich möchte doch nur, dass mal jemand da ist, der mich weinen lässt und nicht gleich versucht, mich wieder aufzumuntern, oder all die Dinge aufzählt, die ich sowieso schon weiß.

Liebe Grüße,
Ruth Ellen

März 1964

Liebe Mama, lieber Papa,
das Undenkbare ist passiert. Gott scheint irgendwie verschwunden zu sein.
Meine ganze Schulzeit hindurch habe ich unseren Bibelkreis geleitet. Ich habe allen möglichen Leuten von Jesus erzählt, voller Inbrunst gebetet und für meinen Glauben stets mutig gekämpft. Und jetzt spüre ich Gott plötzlich nicht mehr. Wo ist er bloß hin?
Das hier ist meine erste Glaubenskrise, seit Barbie damals starb. Ist es nicht paradox, dass das ausgerechnet jetzt passiert, wo ich von einer staatlichen Schule an ein christliches College gewechselt habe? Um mich herum sagen alle die richtigen Dinge, aber es gibt so schrecklich viel Zynismus und Heuchelei unter den Studenten. Und jetzt frage ich mich, ob ich all diese Jahre nur deshalb geglaubt habe, weil ich es so gelernt hatte, oder ob Gott wirklich existiert. Wie soll ich es bloß herausfinden? Selbst meine Bibel, in der ich sonst so viel Trost gefunden habe, sagt mir nichts mehr.
In der Highschool habe ich mich immer auf den Vers gestützt: „Denn mein Vater und meine Mutter verlassen mich, aber der Herr nimmt mich auf." (Psalm 27,10) Wenn er mich jetzt auch noch verlässt, bleibt mir nichts mehr. Aber als ich heute im Gebetsraum war, kamen mir einige Verse aus Hiob 23 in den Sinn: „Aber gehe ich nun vorwärts, so ist er nicht da; gehe ich zurück, so spüre ich ihn nicht. Ist er zur Linken, so schaue ich ihn nicht; verbirgt er sich zur Rechten, so sehe ich ihn nicht. Er aber kennt meinen Weg gut."
Daran halte ich mich im Moment fest: Dass Gott weiß, wo ich bin, selbst wenn ich nicht weiß, wo er ist.

Liebe Grüße,
Ruth Ellen

April 1964

Lieber Papa,
das letzte Wochenende war wirklich großartig. Als ich ankam, hatte ich eigentlich befürchtet, dass du mit meinen tollen neuen Erkenntnissen zum Thema „Vorherbestimmung und freier Wille“ nicht besonders viel würdest anfangen können. Aber du hast gar nicht komisch reagiert, wie ich erwartet hatte. Du hast mir zugehört. Du bist nicht nervös geworden, und offenbar hast du dich auch nicht bedroht gefühlt von meinen Ansichten, die von deiner Meinung abweichen.
Wie ruhig du mir geantwortet hast, als ich fertig war mit meinem Vortrag: „Ja, Ruth, das ist interessant, was du da sagst. Weißt du, es wird immer Themen geben, über die wir Christen uns nie ganz einig sind, aber Gott wird dir helfen, dass du mit den Antworten, die du findest, gut leben kannst. Nur versuche es auszuhalten, dass es vielleicht Christen gibt, die manches anders sehen als du. Werde nicht ungeduldig. Im Himmel werden wir das alles verstehen.“
Ich war wirklich erstaunt. Du hast mir nahe gelegt, meinen Glauben zu durchdenken und zu hinterfragen – und nicht einfach nachzusprechen, was andere sagen. Du hast mir gesagt, dass du Gott vertraust, dass er mir das zeigt, was ich wissen muss und was wirklich wichtig ist. Danke, dass du mir genug Freiheit gibst, mich selbst umzusehen und umzuhören, um den ererbten Glauben zu meinem eigenen zu machen. Ich habe dich sehr lieb.

Liebe Grüße,
Ruth Ellen

Juli 1964

Liebe Mama, lieber Papa,
vielen Dank für den Familienurlaub auf der Weltausstellung. Vielleicht ist es ja, wie ihr sagt, wirklich das letzte Mal, dass wir so zu acht zusammen sind. Wenn ihr das nächste Mal heimkommt, ist vielleicht eine – oder mehrere – von uns verheiratet. Das ist schwer vorzustellen, aber in vier Jahren kann schließlich eine Menge passieren.
Ich weiß, wie sehr euch daran lag, dass wir eine schöne Zeit zusammen hatten. Ich habe es nämlich gemerkt, als wir an diesem kleinen Café hielten und ihr nicht vier Malzkaffees gekauft habt, die wir dann untereinander teilen konnten, sondern einen für jeden von uns. Zwei Dollar und vierzig Cent nur für Malzkaffee! Wir sind vor Schreck fast vom Rücksitz gefallen!
Danke, dass ihr alles dafür getan habt, dass wir uns gerne an unsere Zeit als Familie zurückerinnern.

Liebe Grüße,
Ruth Ellen

August 1964

Liebe Mama,
dieser Sommer war schrecklich verwirrend. Ich hab mir nie träumen lassen, dass es so kompliziert sein kann, mit dem einen oder anderen jungen Mann auszugehen. Wieso finden mich die Jungs toll, die ich nicht leiden kann, während die, die ich mag, mich scheinbar nie so toll finden?
Als John mir gestern eröffnete, dass er nicht so sicher wäre, ob das mit uns beiden etwas werden könnte, war ich total verzweifelt. Er wollte mir die Freiheit lassen, über Paul oder andere nachzudenken – als würde ich eine solche Freiheit wollen! Ich habe mir die Augen ausgeweint und mir das Hirn zermartert, aber um zwei Uhr morgens war ich immer

noch nicht weiter. Und dann fiel mir plötzlich ein, dass du ja im gleichen Haus warst wie ich – und nicht einen Monat Briefweg entfernt.
Ob ich es wagen sollte? Was würde wohl passieren? Als ich endlich den Mut gefasst hatte, dich zu wecken, hast du mich einfach in den Arm genommen, ganz festgehalten und weinen lassen, obwohl du keine Ahnung hattest, worum es überhaupt ging. Genau das habe ich so dringend nötig gehabt! Und als ich dann endlich erklären konnte, was los war, hat deine Antwort sofort den Nebel in meinem Herzen gelichtet: „Schätzchen, wenn du so weinst wegen John, gibst du ihm besser nicht gleich den Laufpass wegen Paul."
So einfach ist das! Ich muss gar nicht heute eine Entscheidung von dieser Tragweite fällen!
Es ist komisch, dass eine Mama einem immer noch auf die Wunde pusten kann und man sich sofort besser fühlt – auch wenn man fast neunzehn ist.

Liebe Grüße,
Ruth Ellen

September 1964

Liebe Mama, lieber Papa,
wieder einmal steht der unvermeidliche Moment an, an dem wir Abschied nehmen müssen.
Mama, ich verstehe nicht, wie du so ruhig bleiben kannst. Den ganzen Heimaturlaub über hast du geweint, wenn du daran dachtest, wieder auszureisen, aber jetzt bist du ganz ruhig. Du sagst, dass das der Friede ist, den Gott schenkt. Du hast ihm gesagt, dass du nur nach Afrika zurückgehen würdest, wenn er dir verspräche, auf deine Kinder aufzupassen, und er hat dir durch sein Wort versichert, dass wir bei ihm gut aufgehoben sind.
Ich finde, dass man eine ganze Menge Vertrauen braucht,

um Gott vier Kinder zu überlassen. Noch dazu, wenn sie in einem Lebensabschnitt stehen, in dem so viele Entscheidungen gefällt werden. Er muss diesmal ziemlich deutlich gesprochen haben!
Aber auf der anderen Seite ist es auch wieder großartig, zu wissen, dass wir uns so auf Gott stützen können. Es ist nicht ganz einfach, das auch praktisch auszuleben, aber es gibt eine enorme Sicherheit.
Ich muss mich immer wieder an meine Verse vom letzten Herbst erinnern, dass selbst die Liebe zu unserer Familie nicht der Berufung im Weg stehen darf, die wir von Gott haben. Ein Teil von mir sieht das ein – es ist einfach so. Ein anderer Teil in mir weint, dass es so ist.
Ich merke auch, dass meine altbewährten Abwehrmechanismen wieder zum Einsatz kommen. Wenn ich an die Zukunft denke, übergehe ich den Gedanken an den Abschied einfach und springe gleich zur Krankenpflegeschule. Die beginnt in der gleichen Woche, in der ihr abfliegt. Wenn ich das Unvermeidliche schon nicht aufhalten kann, wünschte ich mir fast, ihr wärt schon weg. Dann könnte ich mein Leben einfach leben und mich auf das konzentrieren, was hier vor mir liegt.

Liebe Grüße,
Ruth Ellen

8. Viele neue Anfänge

Als meine Eltern wieder nach Afrika ausreisten, war in mir alles taub und leer. Ich konnte sagen: „Oh ja, sie gehen wieder nach Afrika", aber an weitere vier Jahre Trennung wollte ich gar nicht erst denken. Ich ließ nicht zu, dass Gefühle wie Kummer oder Traurigkeit in mir so weit hochkamen, dass ich mich mit ihnen auseinander setzen musste. Ich fuhr direkt vom Flugplatz zur Krankenpflegeschule, und dass meine Mama und mein Papa tatsächlich wieder abgereist waren, erreichte kaum mein Bewusstsein.

September 1964

Liebe Mama, lieber Papa,
ich bin richtig sauer auf eine meiner neuen Freundinnen hier in der Krankenpflegeschule. Sie hat so furchtbares Heimweh nach ihrer Familie; sie weint ständig, ruft ihre Eltern zu jeder Tages- und Nachtzeit an und denkt allen Ernstes darüber nach, die Schule abzubrechen und wieder nach Hause zurückzukehren. Und dabei sieht sie ihre Leute alle in drei Monaten wieder! Was weiß sie schon von Heimweh! So langsam bin ich wirklich stolz darauf, dass wir als Familie so zäh und unverwüstlich sind ...
Oder bin ich vielleicht ein kleines bisschen neidisch, dass sie ihre Familie bis jetzt immer so nah bei sich hatte, dass sie jetzt noch Heimweh bekommen kann?!

Liebe Grüße,
Ruth Ellen

März 1965

Liebe Mama, lieber Papa,
in der letzten Zeit habe ich im Krankenhaus so viele schwierige Situationen erlebt, dass mir immer mehr klar geworden ist, dass ein Leben ohne Gott ein Leben ohne Sinn und Ziel ist. Ich bin sehr dankbar, dass ich seine Gegenwart wieder ganz spürbar erlebe. Ohne das Bewusstsein seiner Nähe ist das Leben so schrecklich freudlos.
Vielleicht bedeutet „im Glauben wandeln“ einfach, dass man weiter „wandelt“, auch wenn die Gefühle sich alle verflüchtigt zu haben scheinen? Vielleicht muss man einfach an dem festhalten, was man *weiß*, und sich nicht von dem aus der Bahn werfen lassen, was man *fühlt*.

Liebe Grüße,
Ruth Ellen

September 1965

Liebe Mama, lieber Papa,
mein erstes Jahr auf der Krankenpflegeschule liegt schon hinter mir. Ich habe gute Noten und werde in meinen Beurteilungen sehr gelobt. Ich habe auch viele Freundinnen und es gab und gibt immer wieder junge Männer, mit denen ich ausgehen kann. Aber obwohl ich nach außen hin so erfolgreich bin, fühle ich mich gar nicht so.
Ich verlange mir immer mehr ab und will immer mehr erreichen. Wem versuche ich damit eigentlich etwas zu beweisen? Mir selbst? Euch? Egal, wie gut das gelingt, was ich mir vornehme – ich fühle mich kein bisschen sicher. Ich mühe mich immer noch ab, anderen zu gefallen, und ich nehme mir immer so zu Herzen, was sie von mir denken. Meine Zähne sind jetzt gerade, ich trage Kontaktlinsen und meine Kleider entsprechen auch dem, was üblich ist – aber wenn jemand behauptet, dass ich hübsch bin, denke ich,

dass er oder sie das nur gesagt hat, um mich aufzumuntern. Tief in mir drin bin ich immer noch das Missionarskind mit den Lederschuhen und der rosa Unterwäsche.
Und es passieren immer noch Dinge, die mich dumm und naiv aussehen lassen. Gespräche über Porzellan und Besteck zum Beispiel. Es geht mir einfach nicht in den Kopf, wie man fünfzig Dollar für ein einziges Kaffeegedeck oder zehn Dollar für eine Gabel ausgeben kann! Aber die anderen freuen sich so und sind ganz versessen auf meine Zustimmung. Ich setze dann mein nettestes Lächeln auf und nicke begeistert, aber manchmal gehen doch die Pferde mit mir durch und ich platze heraus: „Wieso willst du denn so etwas Teures kaufen? Denk mal, wie ärgerlich das ist, wenn da mal ein Teller zerbricht oder eine Gabel verloren geht!"
Dann drehen sich alle zu mir um und starren mich entgeistert an, als wäre ich gerade frisch vom Mars gekommen. Ich fühle mich wieder wie in der achten Klasse, als ich zugab, dass ich Zeichentrickfilme guckte.
Niemand hier ist mit Zementfußböden aufgewachsen oder mit Klos ohne Wasserspülung, bei denen man jeden Tag den Behälter draußen leeren musste, oder mit Geckos, die durchs Kinderzimmer flitzen. Ob ich das unangenehme Gefühl, aus einer anderen Welt zu kommen, wohl je abschütteln kann?

Liebe Grüße,
Ruth Ellen

An Weihnachten dieses Jahr verlobte sich Mae Beth; die Hochzeit wurde für Juni geplant. Im Frühjahr schrieb Mama, dass sie für die Hochzeit in die USA fliegen würde. Und dann schrieb mein Vater, dass er ein Vlies ausgelegt hatte, ob er auch kommen solle oder nicht: Wenn eins von uns Kindern ihm geschrieben und ihn gebeten hätte zu kommen, wäre er mit Mama geflogen. Weil aber keiner von uns das getan hatte, bedeutete das für ihn, dass er in Afrika bleiben würde.

April 1966

Liebe Mama, lieber Papa,
ich habe den Schock meines Lebens bekommen, als ich erfuhr, dass Mama extra für die Hochzeit nach Amerika fliegen wird. Ich hätte nie gedacht, dass der Anlass „geistlich genug“ ist, dass man dafür Gottes Geld verwenden dürfte! Aber Papa, als ich heute deinen Brief bekommen habe, ist mir richtig schlecht geworden. Weil von uns keiner geschrieben und dich gebeten hat, herzukommen, wirst du nicht mit Mama fliegen. Du fragst dich, ob wir uns überhaupt freuen, dass Mama kommt!
Wie konntest du das nur tun!? Mein erster Gedanke, als ich hörte, dass Mama kommt, war: „Wenn Papa und Alice und Marj doch auch kommen könnten!“ Aber es kam mir nie in den Sinn, dass du einen solchen unerhörten Luxus überhaupt in Erwägung ziehen würdest. Und obwohl ich dir deswegen nie einen Vorwurf gemacht hätte, hat mich doch der Kummer darüber, dass du nicht zur Hochzeit hier sein würdest, vom Schreiben abgehalten.
Warum hast du nicht einfach überlegt, dass du gerne kommen wolltest und dass wir dich bestimmt gerne hier haben würden – und dir sofort ein Ticket gekauft? Ich bin wütend, dass du uns die Verantwortung zugeschoben hast. Gott mache ich ja eigentlich auch nicht gerne Vorwürfe, aber ich stoße mal wieder auf mein altes Problem: Wir beten um Gottes Führung. Wir wollen nichts tun, das seinem Willen zuwiderläuft. Wir vertrauen darauf, dass er uns führt, und leben mit den Konsequenzen, die das für uns hat.
Was soll ich also sagen, außer dass ich dir hätte schreiben

und von meinen Überlegungen erzählen sollen. Wenn ich dir jetzt schreibe, ist es zu spät. Du wirst mir sowieso nicht glauben.

Liebe Grüße,
Ruth Ellen

Juni 1966

Liebe Mama,
ich weiß nicht, wie wir die Hochzeit ohne dich durchgezogen hätten. Ich dachte eigentlich, dass das kein größeres Problem für Mae Beth und mich sein würde, wenn wir Oma und Tante Mae mit einspannen. Aber mir war nie klar, wie viel Arbeit in so einer Hochzeit steckt! Du hast so unglaublich viel geleistet, als es ums Nähen, Kochen und Einladungen-Schreiben ging. Ich hatte ganz vergessen, wie organisiert du bist!
Es war so schön, zusammen zu arbeiten. Wir haben wie Freundinnen geredet und doch auch wie Mutter und Tochter, als wir die Säume eingefasst haben. Und wir haben ganz gewöhnliche Dinge zusammen erledigt, Einkäufe und so etwas.
Ich bin auch froh, dass du David kennen lernen konntest, nachdem du schon das ganze Jahr über von ihm gehört hattest. Ein Glück, dass ich mich vor zwei Jahren nicht gleich festgelegt habe! Danke, dass du gekommen bist. Es ist schade, dass du wieder gehen musstest.

Liebe Grüße,
Ruth Ellen

April 1967

Liebe Mama, lieber Papa,
das waren Frühjahrsferien! Erst habe ich mich mit Dave verlobt. Und jetzt, sechzehn Tage später, ist Oma gestorben. Warum nimmt Gott immer die Leute weg, die mir am nächsten stehen? Ich habe Oma so schrecklich lieb, nachdem ich immerhin die letzten sieben Jahre bei ihr gelebt habe. Hätte sie nicht wenigstens meine Hochzeit noch erleben können? Dass sie endgültig fort sein soll, scheint mir unbegreiflich. Ich fühle mich so ähnlich wie an dem Tag, an dem ihr mich das erste Mal für vier Jahre allein zurückgelassen habt. Und doch habe ich heute auch gelernt, wie schön es sein kann, als Christ zu sterben. Tante Mae, Chuck, Tom und ich waren alle bei Oma, als sie in ihrem Zimmer oben im Sterben lag. Sie hat uns gebeten, ihre Arme und Beine ein bisschen zu bewegen, weil sie nicht mehr viel Gefühl darin hatte. Sie kam mir vor wie eine Uhr, die immer langsamer tickt und schließlich ganz verstummt. Schließlich verabschiedete sich Tante Mae: „Bis morgen, Mutter."
Und Oma sagte: „Ja. Wir sehen uns morgen wieder. Gelobt sei Gott." Und sie hörte einfach auf zu atmen.
Als wir wieder nach oben kamen, nachdem wir mit dem Bestattungsinstitut telefoniert hatten, war Omas Gesicht ganz verändert. Die Furchen, die der Schmerz ihr ins Gesicht getrieben hatte, waren geglättet, sie sah dreißig Jahre jünger aus und auf ihrem Gesicht lag ein sanftes Lächeln. Ich glaube, sie hat Gott oder einen seiner Engel gesehen, der sie abholen kam – es war ihr anzusehen, dass man sie herzlich willkommen hieß.
Ich habe an meine Patienten im Krankenhaus denken müssen, bei denen wir oft alles Mögliche unternehmen, um den Tod wenigstens noch ein Weilchen hinauszuzögern, wenn es längst keine Hoffnung mehr gibt. Das hier ist ein viel besserer Weg: dass man Gottes Ruf annimmt und ihm mit

Würde und Freude Folge leistet. Nicht widerwillig und voller Angst.
Ich muss euch unbedingt erzählen, wie ich mein Leben sehe, Mama und Papa. Es findet sich darin eine Menge Schmerz – aber noch viel mehr Schönes.

Liebe Grüße,
Ruth Ellen

Mai 1967

Liebe Mama, lieber Papa,
ich habe gestern etwas ganz Merkwürdiges mit dem Herrn erlebt. In meiner Bibellese kam ich zu Jesaja 61,1-3. Mir kam es so vor, als ob mir diese Verse geradezu ins Gesicht sprangen und Gott direkt zu mir sprach: „Der Geist Gottes des Herrn ist auf mir, weil der Herr mich gesandt hat. Er hat mich gesandt, den Elenden frohe Botschaft zu bringen, die zerbrochenen Herzen zu verbinden, zu verkündigen den Gefangenen die Freiheit, den Gebundenen, dass sie frei und ledig sein sollen" und was diese Verse sonst noch so sagen.
Ich finde, das passt ganz gut zu mir, wo ich doch Krankenschwester werde; schließlich habe ich täglich mit Leuten zu tun, die körperlich, aber auch seelisch Heilung brauchen. Ich war nur überrascht, wie eindeutig mir plötzlich klar wurde, dass hier der Auftrag für mein Leben formuliert war. Ich frage mich, was das alles bedeuten soll. Ist euch so etwas schon mal passiert?

Liebe Grüße,
Ruth Ellen

Mai 1967

Liebe Mama,
ihr seid ja immer für eine Überraschung gut. Ich habe gerade deinen Brief bekommen, in dem du schreibst, dass du jetzt schon nach Hause kommst und nicht erst nächstes Jahr, um Tante Mae mit Chuck und Tom zu helfen. Und Papa wird auch rechtzeitig zu meiner Hochzeit im Sommer kommen. Ich hätte nie gedacht, dass ihr auf so eine Idee kommen würdet oder dass du und Papa nur für uns drei Monate Trennung in Kauf nehmen würdet.
Aber ich bin natürlich begeistert. Ich habe nur mit ein paar kleinen Schuldgefühlen zu kämpfen, dass eure Kinder euch von Gottes Werk abhalten.

Liebe Grüße,
Ruth Ellen

Juli 1967

Liebe Mama, lieber Papa,
je näher meine Hochzeit rückt, desto mehr Angst habe ich. Ich kann mir irgendwie nicht vorstellen, dass Gott mich David behalten lässt. Ich habe fast den Eindruck, dass er Dave an einem Seil vor meinen Augen baumeln und immer näher an mich herankommen lässt. Ich fürchte, dass er im letzten Moment, wenn ich schon die Hand ausstrecke, um nach Dave zu greifen, das Seil zurückreißt und höhnisch lacht: „Ha! Da dachtest du wohl, dass du jetzt jemanden fürs Leben gefunden hättest. Verlass dich mal lieber nicht drauf. Ich werde immer genau das aus deinem Leben wegnehmen, auf das du dich zu stützen versuchst, damit du dich nur noch auf mich verlässt."
Ich liebe David wirklich sehr, aber ganz tief drinnen merke ich, halte ich einen Teil von mir zurück. Wenn ich immer darauf gefasst bin, dass er mir wieder weggenommen wird,

tut es am Ende nicht so weh, wenn es tatsächlich passiert. Und wenn ich mich nicht ganz auf Dave einlasse, merkt Gott vielleicht gar nicht, dass ich fast hundert Prozent glücklich bin – und ich darf ihn behalten.
Ich weiß, dass das eine schreckliche Vorstellung ist, die ich hier von Gott habe. Und ich bezweifle auch, dass es ein besonders gesunder Einstieg in eine Ehe ist. Aber so fühle ich mich nun mal.

Liebe Grüße,
Ruth Ellen

August 1967

Lieber Papa,
ich bin so froh, dass du endlich hier bist. Mein Herz ist mal wieder übervoll mit Dingen, die ich dir gerne erzählen möchte. Wenn ich doch noch einmal ein kleines Mädchen sein, auf deinem Schoß sitzen und dir von all meinen Ängsten und Zukunftsplänen erzählen könnte!
Aber dazu ist es jetzt zu spät, Papa. Die Mauer ist immer noch da. Wir haben gar nicht die Zeit, all das nachzuholen, was in den letzten Jahren nicht zwischen uns besprochen werden konnte, und in drei Tagen gehöre ich zu jemand anderem, nicht mehr zu dir. Ich bleibe lieber auf der sicheren Seite und fange gar nicht erst an.
Ist dir eigentlich bewusst, wie viele wichtige Dinge in den drei Jahren passiert sind, seit ich dich das letzte Mal sah? Meine Krankenpflegeausbildung, Chorkonzerte, meine Auftritte in diesem Trio am McCormick Place, mein Collegeabschluss und die Hochzeit von Mae Beth. Du hast das alles verpasst.
Ich habe mir den Menschen gesucht, mit dem ich mein Leben verbringen möchte, während du weg warst. Du als mein Vater konntest nie etwas anderes tun als auf das einzu-

gehen, was ich über ihn geschrieben hatte. Ich bin dir noch dankbar über das Telegramm, das du mir geschickt hast, als Dave und ich uns gerade befreundet hatten. Du hattest Sorge, dass das alles ein bisschen schnell ging mit uns, und die Bibelverse, die du mir geschickt hast, haben mir auch sehr geholfen, nichts zu überstürzen und einen Schritt nach dem anderen zu gehen.

In einem gewissen Sinn ist es ja eine Ehre, Papa, dass du mir so viel Vertrauen entgegenbringst. Du hast mir viel mit auf den Weg gegeben und vertraust Gott genug, dass du dich nun voll hinter meine Entscheidungen stellst. Ich weiß, dass du David annehmen und lieb haben wirst, einfach schon allein deswegen, weil ich das tue. Aber es wäre schön gewesen, wenn ich ihn *dir* je hätte vorstellen können und nicht nur meiner Tante, meinen Brüdern und meiner Schwester. Wie soll er mich je richtig kennen, ohne dass er dich kennt? Alle sagen, dass ich dir so ähnlich bin. Für David ist es fast so, als hätte ich gar keine Wurzeln. Kann er je verstehen, wer ich bin, wenn er nicht versteht, wo ich herkomme? Vielleicht ist ihm ja gar nicht bewusst, worauf er sich da einlässt!

Sogar mein Name hat sich verändert; obwohl ich Dave hundertmal gesagt habe, dass ich einen Doppelnamen habe, bin ich für ihn immer einfach Ruth oder Ruthie. Es war mir immer wichtig, dass ich mich wenigstens durch den Ellen-Zusatz von all den anderen Ruths in meiner Klasse unterscheide ... aber wahrscheinlich wäre Ruth Ellen Van Reken sowieso zu lang.

Es macht mich traurig, dass die beiden wichtigsten Männer in meinem Leben sich überhaupt nicht kennen.

Liebe Grüße,
Ruth

August 1967

Lieber Papa,
ich habe dich heute Morgen in mein Zimmer kommen hören. Du hast einfach dagestanden, und wahrscheinlich ging es dir durch den Kopf, dass dies der letzte Tag war, an dem ich in erster Linie deine Tochter war und nicht die Ehefrau eines anderen.
Ich habe richtig gespürt, wie lieb du mich hast, und ich wollte die Augen aufmachen und etwas sagen, aber dann hielt mich etwas zurück. Ich wusste einfach nicht, was ich sagen oder tun sollte. Ich hätte dir so gerne einmal alles gesagt, was ich an dir bewundere, aber wenn ich heute einen Durchbruch in meine Mauer gebrochen hätte, wäre es mir vielleicht unmöglich geworden, euch heute Abend gleich wieder zu verlassen. Also habe ich einfach gewartet, was passiert. Ob du mich wohl aufwecken und etwas sagen würdest? Oder sollte ich die Augen öffnen und dir zu verstehen geben, dass ich wusste, dass du da warst?
Ich habe die Augen zubehalten. Du hast mir einen Kuss auf die Stirn gedrückt und bist leise wieder aus dem Zimmer gegangen. Der Moment war für immer verloren. Es tut mir Leid, Papa.

Liebe Grüße,
Ruth Ellen

9. Eine unvollkommene Ehe

September 1967

Liebe Mama, lieber Papa,
Gott hat Dave doch nicht von mir weggerissen! Und darüber bin ich froh, denn ich bin schrecklich gerne mit ihm verheiratet ... Aber die Angst ist immer noch da. Kürzlich habe ich ein Buch gelesen, in dem es um ein junges Paar ging, das gleich nach der Hochzeit in einen schweren Autounfall verwickelt wurde. Die Frau kam dabei ums Leben. Als wir für unsere Flitterwochen hinunter nach Tennessee fuhren, habe ich die ganze Zeit daran denken müssen. Ich war ganz sicher, dass einer von uns umkommen würde. Ich werde einfach das Gefühl nicht los, dass Gott mich die Leute, die ich wirklich liebe, nicht lange behalten lässt.
Wir haben es einfach zu schön hier; wir können tun und lassen, was wir wollen, wenn wir es wollen, und wir genießen die gemeinsame Zeit sehr. Es ist mir fast unheimlich, dass ich so viel Glück erlebe, und es kommt mir nicht besonders geistlich vor.

Liebe Grüße,
Ruth

Februar 1968

Liebe Mama, lieber Papa,
jetzt sind wir schon ein halbes Jahr verheiratet, und bis jetzt ist noch nichts allzu Schlimmes passiert. Nur dass ich jedes Mal, wenn Dave ein paar Minuten zu spät kommt, in Gedanken schon damit beginne, seine Beerdigung zu planen. Ich habe mich sogar schon gefragt, wie lange man eigentlich verheiratet sein muss, dass man die Hochzeitsgeschenke behalten kann, falls einer der Partner stirbt.

Wenn ich diese Angst doch einfach hinter mir lassen könnte! Manchmal hilft mir der Gedanke, wie beharrlich Dave mich liebt, ein bisschen; ich denke dann, dass Gott mich vielleicht doch lieb genug hat, dass er mir etwas so Kostbares wie Dave schenkt. Ich glaube, manchmal stelle ich Dave richtig auf die Probe, einfach nur, um mich zu vergewissern, dass er mich nicht aufgibt oder im Stich lässt. Aber er steht immer da wie ein Fels in der Brandung, und er liebt mich auch dann, wenn ich es überhaupt nicht verdiene. Ich könnte mir vorstellen, dass eure Liebe zueinander ganz ähnlich ist, aber ich habe von euch in den letzten Jahren so wenig mitbekommen, dass ich eure Ehe und euren Umgang miteinander vielleicht im Rückblick ein bisschen verkläre. Ich finde es auch – obwohl ich es mit Dave so gut getroffen habe – schwierig, nicht doch wenigstens ein kleines Mäuerchen um mich herum zu errichten. Wenn ich keins habe, bin ich so schrecklich verletzlich.

Liebe Grüße,
Ruth

August 1968

Liebe Mama, lieber Papa,
ich kann kaum glauben, dass wir schon den ersten Hochzeitstag feiern! Es ist ein so unwahrscheinlich schönes Jahr gewesen – und doch auch ein so hartes.
Ich glaube, am meisten habe ich mit der Feststellung kämpfen müssen, dass ich nicht die perfekte Ehefrau bin, die ich gerne wäre. Ich vermute mal, dass mich das eigentlich nicht weiter hätte überraschen sollen – schließlich war ich ja auch nicht die perfekte Mitbewohnerin im College oder später auf der Krankenpflegeschule –, aber irgendwie hatte ich wohl erwartet, dass in einer Ehe alles anders sein würde. Ich dachte, dass ich zur idealen Ehefrau aufblühen und so sein wür-

de, wie ich dich in Erinnerung habe, Mama. Und ich dachte, dass Dave ein so perfekter Ehemann sein würde wie du, Papa, in meinen Erinnerungen.

Sind in meiner Erinnerung Lücken, weil wir so viele Jahre getrennt waren, oder ist eure Ehe wirklich die absolute Ausnahme? Ich kann mich nur an ein einziges Mal erinnern, wo ihr aufeinander sauer wart, und das war auf dieser Fahrt zur Weltausstellung in New York. Mama hat die Karte gelesen und wir haben uns verfahren. Du bist auf den Seitenstreifen gefahren, Papa, hast Mama ärgerlich die Karte aus der Hand gerissen und gesagt: „Lass *mich* das mal machen!" Wir Kinder haben uns nur erstaunte Blicke zugeworfen, weil wir so etwas noch nie erlebt hatten – und damals war ich immerhin schon *achtzehn*!

Vor ein paar Jahren hat mir Tante Jeanette gesagt, dass ich mich ganz schrecklich fühlen würde, wenn ich erst einmal verheiratet wäre und zum ersten Mal einen handfesten Streit mit meinem Ehemann hätte. Ich habe ihr aus reiner Höflichkeit zugehört, aber ich dachte die ganze Zeit, dass verheiratete Leute doch nicht miteinander streiten. Oder zumindest, dass *ich* nie mit meinem Mann streiten würde! Ganz ohne Zweifel würde meine Ehe genauso perfekt sein wie eure.

Jetzt bin ich nach jeder Meinungsverschiedenheit, die wir auszufechten haben, am Boden zerstört, während sie Dave nie viel auszumachen scheinen. Vielleicht hängt das damit zusammen, dass er von zu Hause her an den Alltag einer Ehe mehr gewöhnt ist. Und je mehr ich darüber nachdenke, desto mehr vermute ich, dass auch ihr in all den Jahren eure Konflikte miteinander hattet ... und doch kann ich mir irgendwie nicht vorstellen, dass ihr über solche Kleinigkeiten gestritten habt wie wir.

Ich habe mein ganzes Leben lang gedacht, dass ich ziemlich hart im Nehmen bin, dass mir die ganze Welt offen steht

und dass ich genau das sein kann, was ich gerne sein möchte. Ihr habt mir wunderbare Briefe darüber geschrieben, was es heißt, eine gute Ehefrau zu sein, und ich war mir immer ganz sicher, dass ich eine werden würde. Aber ich habe mich getäuscht. Ich kann faul sein, egoistisch, gereizt und mürrisch. Manchmal, wenn Dave abends noch lernen muss und ich lieber etwas gemeinsam unternehmen würde, bin ich ganz schön verletzt und alles andere als verständnisvoll.
Ich finde, dass ich total versage. Dave vergibt mir, aber ich kann mir selbst nicht vergeben. Obwohl ich euch im letzten Jahr mehrmals gesehen habe, konnte ich mit euch darüber einfach nicht reden. Es ist ja schon schlimm genug, dass das schöne Bild, das ich von mir selber hatte, zerstört ist – von dem, das der arme Dave von mir hatte, ganz zu schweigen. Ich möchte, dass wenigstens *ihr* gut von mir denkt. Und ihr reist ja auch sowieso bald wieder ab, also warum sollte ich euch damit belästigen?

Liebe Grüße,
Ruth

Am Ende des Sommers kehrten meine Eltern nach Nigeria zurück. Nachdem sie weg waren, merkte ich, dass ich mich an ihre Abreise überhaupt nicht erinnern konnte. Ich wusste einfach nicht mehr, wie, wann oder von wo sie abgeflogen waren. Ich war verwundert, wie gut meine Abwehrmechanismen mittlerweile funktionierten, um den Schmerz für mich erträglich zu halten. Während ich am Anfang noch jedes Mal am Boden zerstört war, wenn ich von meinen Eltern getrennt wurde, war ich nun dazu übergegangen, ihre Abreise total zu verdrängen.

September 1968

Liebe Mama, lieber Papa,

es gibt da noch etwas, über das ich im letzten Jahr mit euch hätte reden sollen: Schwiegereltern. Weil Oma Varnell die Einzige aus eurer Elterngeneration war, die ich je kennen gelernt habe, wusste ich über den Umgang mit Schwiegereltern irgendwie nicht so richtig viel.

Es kann gut sein, dass Daves Eltern die besten Schwiegereltern sind, die man sich wünschen kann. Sie sind nette, großzügige Leute, die sich für uns ein Bein ausreißen würden. Sie wollen, dass wir unser eigenes Leben leben, und geben sich große Mühe, sich nicht einzumischen. Aber ich merke, dass ich nach so vielen Jahren ohne Eltern ziemlich allergisch reagiere, wenn Eltern ganz normal Anteil an meinem Leben nehmen.

Es sind solche Kleinigkeiten – dass sie Dave vorschlagen, eine andere Krawatte zu seinem Anzug zu tragen, dass sie einen losen Knopf an seinem Hemd bemerken, dass sie mit mir Rezepte austauschen wollen, dass sie uns erzählen, welche Versicherungen besser oder schlechter sind ... Manchmal bin ich sogar auf seine Brüder sauer, wenn sie mit ihm Ball spielen wollen, ich aber lieber irgendetwas anderes machen würde.

Ich merke, dass sich in mir alles zusammenzieht. Und ich bin mir sicher, dass sie das mitbekommen – aber sie verstehen nicht, was los ist. Wie sollten sie verstehen, dass mir schon seit der achten Klasse keine Mama mehr sagt, was ich anzuziehen habe, und dass ich schon seit neun Jahren meine eigenen Knöpfe annähe (außer wenn ich Oma breitschlagen konnte, mir das abzunehmen). Ihr wart nicht da, um mir zu raten, und so habe ich gelernt, selbst große Entscheidungen alleine zu treffen. Jetzt weiß ich nicht, wie ich mit den ganz normalen „Einmischungen“, die (Schwieger-Eltern mit sich bringen, umgehen soll, und ich bin wütend

auf mich, weil ich so wütend auf meine Schwiegerfamilie bin.
Vielleicht bin ich aber vor allem deshalb wütend, weil Daves Eltern hier sind, während ich von meinen nur wenig mitbekomme.

Liebe Grüße,
Ruth

Januar 1970

Liebe Mama, lieber Papa,
heute haben wir erfahren, dass die Smith-Kline-French-Gesellschaft uns ein Stipendium bewilligt hat, mit dem wir dieses Jahr sechs Monate nach Jos kommen können. Dann ist Dave mit seinem Studium fast fertig. Ich kann es kaum glauben! Ich werde euch sehen – und nicht nur das: Ich werde nach Hause kommen. Damit erfüllt sich ein lang gehegter Traum für mich.
Wir sollen beide in dem Krankenhaus dort arbeiten, aber ich weiß noch nicht, wie das bei mir aussehen kann; wir haben nämlich diese Woche auch erfahren, dass ich ein Kind bekomme! Das Baby soll einen Monat nach unserer Ankunft geboren werden. Die Leute hier werden mich für verrückt erklären, dass ich mein erstes Baby in Afrika bekommen möchte, aber ich finde das einfach großartig. Ich weiß ja, dass man ohne Bedenken auch außerhalb der USA Kinder bekommen kann – ihr habt das schließlich auch sechsmal hingekriegt. Und ich bin ganz aufgeregt, wenn ich mir vorstelle, dass ihr einen so wichtigen Moment in meinem Leben mitbekommen werdet. Alice und Marj werden sofort richtige Tanten sein!
Wenn ich mir vorstelle, dass ich meine alten Freunde, mein Zuhause, meine Heimat und all das nach so vielen Jahren wiedersehen und das alles auch noch mit Dave teilen darf!

Ich glaube nicht, dass ihm bewusst ist, wie sehr mich mein Leben in Afrika geprägt hat, aber dafür kann er ja nichts. Wie kann man jemandem, der noch nie dort war, klarmachen, was an Afrika so Besonderes ist? Man kann das nicht erklären – nur erleben.

Liebe Grüße,
Ruth Ellen

In den sechs Monaten, nachdem wir unser Stipendium bekamen, warteten wir auf unsere Visa für Nigeria. Sie kamen nie an. Ich war mir ganz sicher, dass Gott, wenn er schon für das Geld sorgte, auch die Visa beschaffen würde. Man kam zu dieser Zeit nur sehr schwer nach Nigeria, also schrieb ich sogar die Regierung von Nigeria an und bat um die Erlaubnis einzureisen, damit ich mein Baby in dem Land bekommen konnte, in dem ich selbst geboren war. Wir bekamen keine Antwort, nicht einmal eine Absage.

August 1970

Liebe Mama, lieber Papa,
na klasse, Gott hat es wieder hingekriegt. Warum? Warum nur? Macht es ihm eigentlich Spaß, so gemein zu mir zu sein?
Bis vor ein paar Wochen hatte ich nicht einmal einen Gedanken daran verschwendet, dass es *nicht* Gottes Wille sein könnte, euch zu treffen. Und dann habe ich einmal gebetet und es kam mir plötzlich so vor, als würde er mich fragen: „Ruth, willst du eigentlich, dass mein Wille geschieht – oder deiner?" Ich war total schockiert. Ich bin schon als Kind immer davon ausgegangen, dass es Gottes Wille für mich war, zurück nach Nigeria zu gehen. Schließlich bestand einer der Gründe, warum ich mir so sicher war, dass Dave der richtige Mann für mich war, darin, dass er schon seit Jahren

geplant hatte, als Missionsarzt nach Nigeria zu gehen. Ich spreche doch sogar die Sprache! Wie kann Gott mit mir irgendetwas anderes vorhaben, als dass ich zurückgehe?
Schließlich sagte ich Gott, dass ich immer seinen Willen tun wolle, auch wenn Nigeria in seinen Plänen für mich nicht vorgesehen war. Ich habe eine Art Vertrag mit ihm geschlossen: Wenn wir unsere Visa bis zum 1. August nicht haben, wissen wir, dass wir unsere Pläne ändern müssen. Dieser 1. August liegt nun hinter uns und wir müssen schließlich irgendetwas mit unserem Stipendium machen. Also schreibe ich euch, um euch mitzuteilen, dass wir nach Liberia gehen und nicht nach Nigeria.
Ich stelle wieder einmal fest, dass die größte Herausforderung des Glaubens darin besteht, gerade auch dann gehorsam zu sein, wenn unsere Gefühle nicht mitziehen.

Liebe Grüße,
Ruth

10. Wieder in Afrika

Ich war zwar enttäuscht, dass wir nicht nach Nigeria konnten, aber dann überraschte es mich doch, wie sehr ich mich in Liberia zu Hause fühlte. Als das Flugzeug zum Auftanken in Dakar einen Zwischenstopp machte, musste ich einfach aussteigen und afrikanischen Boden betreten – obwohl meine Füße so geschwollen waren, dass ich meine Schuhe nicht richtig anziehen konnte. Es ist nicht besonders gut für die Durchblutung, wenn man eine ganze Nacht mit einer Achtmonatsschwangerschaft auf dem Schoß in einem engen Flugzeugsitz verbringt.
Sobald ich aus dem Flugzeug stieg, wusste ich, dass ich wieder zu Hause war! Alles sah so exotisch aus und roch wunderbar, es war schon am frühen Morgen schrecklich heiß, um mich herum redeten die Leute in einem afrikanischen Dialekt wild durcheinander, und selbst die Landung klappte sofort und ohne dass man erst eine Stunde in der Luft kreisen musste!
In Monrovia wurden wir von Tante Lois – einer Schwester meiner Mutter –, Onkel Ell und ihren Kindern abgeholt. Wenn wir schon nicht zu meinen Eltern konnten, war es doch nett, von anderen Verwandten willkommen geheißen zu werden.

September 1970

Liebe Mama, lieber Papa,
Wenn meine Brüder und Schwestern doch bloß hier sein könnten! Ob ihnen auch so vieles sofort vertraut sein würde, das wir schon längst vergessen zu haben glaubten? Gestern kam ein kleines Mädchen vorbei und verkaufte Orangen, und da fiel es mir plötzlich wieder ein: „Na klar, Orangen sind grün in Afrika!“ Es macht mir Freude, den Frauen zuzusehen; sie heben mit einer Leichtigkeit, um die ich sie

beneide, ihre Babys auf den Rücken und rücken ihre schweren Lasten auf dem Kopf zurecht, und dann laufen sie weiter, als trügen sie nichts.
Ich habe mich in den letzten zwölf Jahren in Amerika nicht so zu Hause gefühlt wie jetzt hier. Und das Großartigste ist, dass auch das Christentum grünt und blüht und ganz praktisch sichtbar wird. Die Menschen hier sind in allem so viel mehr von Gott abhängig, das fordert mich in meinem Glauben ganz schön heraus. Beim ersten Gottesdienst war ich ganz berührt, wie viele Hautfarben vertreten waren, wie viele verschiedene Arten von Kleidern und wie viele Leute aus ganz verschiedenen Nationen, und sie alle nahmen am Abendmahl teil und erinnerten sich an das, was Jesus getan hatte. Allein die sechs Männer, die Brot und Wein austeilten, kamen aus fünf verschiedenen Nationen! Gott kommt mir plötzlich wieder gewaltig groß und sehr wirklich vor.
Ich fühle mich wie ein Schwamm, der all die Reichtümer aufsaugt, von denen ich hier wieder umgeben bin.

Liebe Grüße,
Ruth

Oktober 1970

Liebe Mama, lieber Papa,
gestern ist Sheri Lisa geboren. Was für ein Ereignis! Gerade noch hatte ich schreckliche Schmerzen und musste furchtbar kämpfen – und dann schwappt plötzlich eine Welle von Glück über mich herein und ich nehme alles um mich herum viel schärfer wahr als eben. Aus dem Nichts kommt dieses wunderbare Wesen, an dem schon alles dran ist. Unvorstellbar!
Es war schade, dass ihr nicht hier sein konntet, wie ich gehofft hatte, aber für Dave war es ein Erlebnis, dabei zu sein. Tante Lois und Onkel Ell sind uns sofort besuchen gekom-

men, und wir haben alle zusammen Sheri bewundern und die gemeinsame Zeit genießen können.
In Liberia gratuliert man zu einem Neugeborenen mit den Worten: „Danke für das Baby!“ Ich weiß nicht so recht, wie ich darauf antworten soll, aber ich muss zugeben, dass ich mir fast so vorkomme, als wäre ich die erste Frau, die überhaupt je ein Kind bekommen hat – oder jedenfalls so ein vollkommen schönes.
Jetzt liege ich hier und schaue zu meinem Baby in dem Bettchen neben mir hinüber, und ich bin einfach überwältigt. Ich bin Sheris Mama, aber ich habe ja keine Ahnung, wer sie eigentlich ist. Was für ein Temperament hat sie? Welche Gaben und Schwächen? Wer *ist* sie? Obwohl ich noch gar nichts über sie weiß, empfinde ich so viel Liebe für sie und möchte sie um jeden Preis beschützen, einfach nur, weil sie zu mir gehört. Und diese Liebe macht mich so unheimlich verletzlich.
Ich habe mir nie ausgemalt, wie sehr es euch eigentlich verletzt haben muss, wenn ich monatelang nicht geschrieben habe. Ich habe mir nichts dabei gedacht. Ich glaube, ich habe eure Liebe immer ganz selbstverständlich hingenommen. Wie viele Tränen ihr wohl geweint habt, von denen ich nie etwas mitbekommen habe?

Liebe Grüße,
Ruth Ellen

Am 20. Oktober bekamen wir über Funk die Nachricht, dass Mae Beth, ihr Mann und ihre drei Monate alte Tochter frontal mit einem anderen Auto zusammengestoßen waren. Ken hatte eine Kniescheibe, Mae Beth einen Arm und ein Bein gebrochen. Außerdem hatte sie so schlimme Verletzungen im Gesicht, dass sie mit mehr als zweihundert Stichen genäht werden musste. Die kleine Kerrie, die in Mae Beths

Armen durch die Windschutzscheibe geschleudert wurde, hatte ein gebrochenes Schlüsselbein. Wir waren sehr dankbar, dass sie alle überlebt hatten.

Oktober 1970

Liebe Mama, lieber Papa,
es ist furchtbar, dass wir in einer solchen Familienkrise alle so weit auseinander sind. Mae Beth hat nur ihre Schwiegereltern, die sich um sie kümmern und ihr mit Ken und Kerrie helfen können. Von unserer Familie sollte doch auch jemand da sein – nicht nur, um ihnen praktisch zu helfen, sondern auch, um ihnen zu sagen, dass wir sie lieb haben und dass es uns schrecklich Leid tut, was passiert ist. Aber natürlich sind wir wieder Tausende Kilometer entfernt. Wir wissen ja alle, dass Mae Beth das versteht. Wir sind alle großartig darin, das rational nachzuvollziehen und zu erklären, und schaffen es immer wieder, solche Situationen als unabänderlich hinzunehmen. Aber warum musste es ausgerechnet jetzt passieren, wo ich hier bin?
Ich sehe in Gedanken immer vor mir, wie Mae Beth mit Kerrie auf dem Arm durch die Windschutzscheibe fliegt, und mir ist klar, dass sie sie um ein Haar verloren hätten. Ich schaue mir meine fünf Tage alte Tochter an und werde mal wieder die alte Angst nicht los, dass Gott mich garantiert nichts behalten lässt, an dem ich so hänge. Warum nur verfolgt mich die Vergangenheit bis heute?

Liebe Grüße,
Ruth

Dezember 1970

Liebe Mama, lieber Papa,
heute haben wir unsere Besuchervisa bekommen: Wir können euch über Weihnachten für drei Wochen besuchen. Ich

bin etwas gespalten. Ich möchte gerne, dass ihr Sheri kennen lernt, aber andererseits ist es schon zweieinhalb Jahre her, seit ich euch das letzte Mal gesehen habe. Ich habe mich wieder an eure Abwesenheit gewöhnt. Wenn ich euch jetzt sehe, ist es um mein seelisches Gleichgewicht geschehen. Alle die alten „Warums" dringen wieder an die Oberfläche und ich muss den altbekannten Schmerz wieder erleben, mich von euch zu verabschieden.
Warum sollte ich mir das alles für drei kurze Wochen antun?

Liebe Grüße,
Ruth

Januar 1971

Liebe Mama, lieber Papa,
ich hatte ja keine Ahnung, dass ihr so in eure Enkelin vernarrt sein würdet. Ich dachte, dass das für euch schon fast Routine wäre, aber dann seid ihr im Dreieck gesprungen, damit jeder uns *und* Sheri kennen lernen konnte. Und wie alle anderen Großeltern habt ihr ein kleines Album mit Fotos immer dabei gehabt, um es allen zu zeigen, ob sie es sehen wollten oder nicht. Es war einfach herrlich!
Mir ist plötzlich klar geworden, was ihr für uns empfunden haben müsst, als wir Babys waren. Nicht dass ich je an eurer Liebe gezweifelt hätte. Aber euch mit Sheri zu erleben, hat diese Liebe irgendwie greifbarer gemacht. Ihr wart auf uns genauso stolz, wie wir es jetzt auf Sheri sind.
Die Zeit war wunderschön, und doch hat mich zwischendurch immer wieder der Gedanke überfallen, dass es viel zu kurz ist. Meine Schwestern sind junge Damen geworden. Wie sind sie nur so schnell groß geworden? Als ich zusah, wie ihr mit Sheri spieltet, habe ich daran denken

müssen, dass ihr von ihren nächsten Entwicklungsschritten nicht viel mitbekommen werdet. Ihr werdet sie erst wiedersehen, wenn sie laufen oder vielleicht sogar schon reden kann. Daves Familie dagegen wird auch alles mitbekommen, was dazwischen liegt. Es lässt sich nicht vermeiden, dass Sheri mit den Van Rekens sehr viel mehr Zeit verbringt als mit den Frames. Ich will natürlich, dass sie Daves Familie kennen lernt – ich würde mir nur so sehr wünschen, dass sie euch genauso gut kennen lernen könnte.

Liebe Grüße,
Ruth Ellen

Januar 1971

Liebe Mama, lieber Papa,
all diese Erinnerungen, die unser Besuch in Nigeria geweckt hat! Die meisten waren sehr schön, aber als wir auf dem Gelände des Internats herumgelaufen sind, hat mich ein paar Mal der alte Schmerz durchzuckt. Alle haben gesagt, dass es großartig dort ist und dass die Kinder sehr zufrieden sind. Und sie sahen auch wirklich glücklich aus, als sie so auf der Schaukel saßen oder auf dem Spielplatz herumtobten. Ich hoffe, dass sie es wirklich sind. Und dann habe ich mich an meine eigene Internatszeit zurückerinnern müssen ... Ich bin sicher, dass die kleine Ruth Ellen nach außen hin auch sehr fröhlich wirkte. Es könnte ja sein, dass einige der Kinder, an denen wir vorbeikamen, ihre Eltern ebenso vermissen wie ich damals. Ob sie wohl auch denken, dass sie die Einzigen sind, denen es so geht?
Ich weiß, dass das Internat sich sehr verändert hat und dass die Eltern öfter zu Besuch kommen können als zu meiner Zeit. Und doch konnte ich mir die Frage nicht verkneifen, ob es unter all den Kindern, die ich sah, nicht vielleicht ein

kleines Mädchen gab, das sich vorkam wie eine totale Versagerin, weil es insgeheim lieber bei Mama und Papa wäre.

Liebe Grüße,
Ruth

Januar 1971

Lieber Papa,
Weihnachten war genauso, wie ich es in Erinnerung hatte. Für jeden gab es einen gefüllten Strumpf – sogar für Sheri – und am Morgen sind wir in die Kirche gegangen. Wir haben unsere Geschenke aufgemacht und ein großartiges Weihnachtsessen verspeist, und an der Wand hing sogar wieder das uralte „Frohe Weihnachten"-Schild aus Blech.
Während des Essens gab es diesen einen seltsamen Moment, als du den Truthahn anschnittst und Mama dich bat, ihr die Soße zu reichen. Du hast durch die zusammengebissenen Zähne hindurch gesagt: „Sobald ich den Truthahn fertig geschnitten habe. Ich kann nicht alles auf einmal." Und du kamst dir dabei auch noch so unglaublich geduldig vor.
Da ist mir ganz plötzlich klar geworden, wie sehr ich dir ähnele. Dave fragt mich zum Beispiel, wo das Salz ist, wenn ich mich gerade hingesetzt habe. Anstatt einfach zu sagen: „Im Schrank oben", atme ich tief durch, beiße die Zähne zusammen und stehe auf, um es zu holen. Und dann fühle ich mich als Märtyrerin und schmolle das ganze Essen über vor mich hin.
Papa, weißt du eigentlich, dass du in all den Jahren in meiner Erinnerung nahezu perfekt bist? Ich vermute, wenn mich jemand so direkt gefragt hätte, würde ich gesagt haben: „Naja, niemand ist perfekt. Aber ich finde, meine Eltern sind ziemlich nahe dran." An Weihnachten habe ich mich irgendwie betrogen gefühlt. Es war so eine Kleinigkeit, aber sie hat mir bewusst gemacht, dass du auch nicht vollkom-

men bist. Wie konntest du dich als gewöhnlicher Sterblicher, als ein Mensch wie alle anderen erweisen?
Ich habe mein Leben lang versucht, so zu sein, wie ich dich in Erinnerung hatte. Vielleicht habe ich mich meinen eigenen Unzulänglichkeiten nicht ehrlich genug gestellt und wollte deswegen auch bei dir keine sehen. Aber immer mehr – vor allem, seit ich verheiratet bin – wird mir bewusst, dass ich wirklich alles andere als perfekt bin. Mir werden immer mehr Dinge klar, die ich an mir nicht besonders mag, und am liebsten würde ich dir an ihnen allen nun die Schuld geben. Wir benehmen uns wirklich ziemlich ähnlich.

Liebe Grüße,
Ruth

Januar 1971

Liebe Mama,
danke, dass du dir alles angehört hast, was ich über Papa und die Truthahn-Episode dachte. Es hat mir auch sehr geholfen, dass du mir von deiner eigenen Erfahrung erzählt hast, als du aufs College gingst und zum ersten Mal über Weihnachten nach Hause kamst; du hast damals auch deine Eltern plötzlich als Menschen gesehen, nicht mehr nur als Eltern. Das Gute daran ist, hast du mir gesagt, dass ich mich jetzt realistischer einschätzen und an den Dingen arbeiten kann, die mir an mir selbst nicht gefallen.
Ich weiß, dass du Recht hast, aber ich möchte mich am liebsten dagegen auflehnen. Verstehst du denn nicht? Es ist so viel bequemer, Papa die Schuld an allem zu geben, als selbst die Verantwortung für mein Handeln zu übernehmen.

Liebe Grüße,
Ruth Ellen

Januar 1971

Liebe Mama, lieber Papa,
danke für die Fahrt nach Kano, damit ich die Gegend noch einmal sehen konnte, in der ich aufgewachsen bin. Es sah wirklich ganz anders aus als in meinen Erinnerungen.
Ich dachte immer, wir hätten so ein hübsches, großes Haus – und jetzt frage ich mich, wie ihr in diesem kleinen Kasten sechs Kinder großgezogen habt. In der Badewanne konnten wir als Kinder schwimmen – und jetzt konnte ich nicht einmal mit ausgestreckten Beinen darin sitzen. Das ganze Gelände kam mir damals riesig vor; ich dachte immer, dass der Weg zu Carol ohne Fahrrad zu weit war. Und jetzt merke ich, dass ihr Haus kaum einen Häuserblock entfernt stand. Die Bäume waren freundlich und uns wohlgesonnen; jetzt sind sie so groß, dass niemand auf ihnen klettern kann. Ich habe den Baum gesucht, in den Sam und ich unsere Namen geritzt haben, aber ich habe keine Spur davon finden können. In der näheren Umgebung sind auch so viele neue Häuser gebaut worden. Es hat mir nicht gefallen, dass meine Erinnerungen so besudelt wurden – nicht einmal um des Fortschritts willen. Und ich war regelrecht sauer, dass jemand die hübschen Holzregale angemalt hat, die Papa in unsere Wohnzimmerwand eingebaut hatte. Sie sehen jetzt blöd und billig aus.
Etwas war natürlich wie immer: Unser Auto hatte unterwegs eine Panne. Aber heute wie damals fiel Papa natürlich etwas ein; er bastelte einen Keilriemen aus Palmzweigen und wir kullerten weiter, bis uns jemand helfen konnte. Ihr hattet immer ziemlich brauchbare Ideen, so dass wir irgendwie immer dahin kamen, wo wir hinwollten. Die ganze Fahrt wäre nicht echt gewesen ohne diesen Zwischenfall!
Danke noch einmal, dass ihr diesen Ausflug mit uns gemacht habt – aber ich fand Kano nicht mehr so schön, wie ich es in Erinnerung hatte. Ich glaube, ich behalte die Ge-

gend lieber weiter so im Gedächtnis wie bisher: So wie sie war, als ich dort aufwuchs.

Liebe Grüße,
Ruth

Januar 1971

Liebe Mama, lieber Papa,
als der mit Bangen erwartete Abschied kam, habe ich getan, womit ich diesmal schon gerechnet habe: Ich habe geweint. Dave fand, dass ich doch eigentlich glücklich sein sollte über die schöne Zeit, die wir miteinander hatten, und dass ich lieber daran denken sollte; aber das hat bei mir noch nie funktioniert.
Immerhin habe ich die kostbare Zeit, die wir zusammen hatten, diesmal nicht auf meine üblichen Abwehrmaßnahmen verschwendet. Abgesehen von dem Vorfall, bei dem ich dich, Papa, als genau so menschlich erlebt habe wie mich selbst, waren es ausgesprochen glückliche drei Wochen.
Und wer behauptet das denn überhaupt, dass man nicht weinen soll?

Liebe Grüße,
Ruth Ellen

März 1971

Liebe Mama, lieber Papa,
in ein paar Tagen fliegen wir zurück nach Amerika. Der Abschied von hier wird uns schwer fallen, aber es ist gut, dass Dave sein Studium dann abschließen kann.
Ich kann überhaupt nicht in Worte fassen, wie wunderbar

es war, wieder zu Hause zu sein. Ich bin so froh, dass mein Mann endlich sehen konnte, wo ich herkomme.

Liebe Grüße,
Ruth Ellen

11. Arztfrauendasein

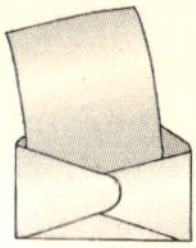

Juni 1971

Liebe Mama, lieber Papa,
vor ein paar Tagen haben wir unseren großen Umzug nach St Louis hinter uns gebracht. Dave ist schon ganz aufgeregt, dass er jetzt bald mit dem Studium fertig ist, und ich freue mich auch schon sehr, dass ich nun ganz zu Hause bleiben und eine richtige Hausfrau und Mutter sein kann. Mit dem Umzug hat alles erstaunlich gut geklappt, aber ihr wisst ja, dass ich mich mit dem Einleben immer ein bisschen schwer tue.
Es ist schon ein bisschen komisch, plötzlich in einer Stadt zu sein, in der man keine Seele kennt. Wir wussten nicht einmal, wo wir nach einer Gemeinde suchen sollten. Heute Morgen haben wir es einmal bei einer versucht, wo wir nicht besonders freundlich aufgenommen wurden, und so sind wir am Abend noch ein bisschen in der Gegend herumgefahren, bis wir an einer Kirche vorbeikamen, bei der die Türen weit offen standen. Es ist gar nicht weit weg von unserem Haus, und weil wir so freundlich für nächste Woche eingeladen wurden, werden wir möglicherweise dort hingehen.
Hatte ich euch schon erzählt, dass ein Junge, um den sich Dave in Liberia gekümmert hat, bei uns wohnen soll, während er im Krankenhaus behandelt wird? Momo hat Sichelzellenanämie und eines seiner Beine ist durch eine Knochenentzündung ganz verwachsen und verkürzt. Wir wollen ihn nächste Woche am Flughafen abholen. Bis dahin fühle ich mich hoffentlich schon richtig zu Hause hier!

Liebe Grüße,
Ruth

Juli 1971

Liebe Mama, lieber Papa,
ich hatte ja von vielen Leuten gehört, dass Daves praktisches Jahr auch für mich sehr hart werden würde, aber ich habe ihnen nie geglaubt. Das Medizinstudium war gar nicht so schlimm, wie uns alle einzureden versucht hatten, und ich dachte, dass wir schon zurechtkommen würden. Schließlich habe ich schon so einiges erlebt, und ich hielt mich für ziemlich zäh.
Aber ich fange schon wieder an, das alte Spielchen zu spielen: Nach außen hin versuche ich, alles richtig zu machen – aber in mir sieht es ganz anders aus. Offensichtlich sollen Arztfrauen immer verständnisvoll, geduldig, selbstlos und unterhaltsam sein und sich riesig freuen, dass ihre Männer so vielen Menschen helfen können. Aber wie üblich stimmen mein Herz und Hirn nicht besonders gut überein. Ich bin gar nicht besonders verständnisvoll – ich bin wütend auf die Leute, die Dave so in Beschlag nehmen. Ich habe auch nicht besonders viel Aufregendes zu sagen; im Moment mache ich mir über wenig anderes Gedanken als über die Fragen, wie viel Zähne Sheri inzwischen hat oder ob wir unseren täglichen Spaziergang lieber in Richtung Feuerwache oder Schnellimbiss machen sollen.

Liebe Grüße,
Ruth

September 1971

Liebe Mama, lieber Papa,
ich komme mit Daves Arbeitszeiten nicht zurecht und fühle mich ausgeschlossen und allein gelassen. So langsam geht es mir auf die Nerven, dass ich den ganzen Tag nur mit meinem Baby spreche und dass Spaziergänge mit meiner Nachbarin und ihrem kleinen Sohn (um die Feuerwehrautos

anzugucken) so ziemlich das Aufregendste sind, das ich erlebe. Ich sitze bis elf Uhr jeden Morgen in meinem Morgenmantel in der Küche und lese die Such-und-Find-Seiten und die Bekanntschaftsanzeigen. Ich karre Sheri stundenlang in einem Einkaufswagen durch irgendwelche Einkaufszentren und habe doch nur zwei Dollar in der Tasche. Mittlerweile bin ich sogar schon süchtig nach Seifenopern.

Wenn Dave dann abends endlich nach Hause kommt, bin ich so grantig, dass er sich bestimmt wünscht, er wäre gleich im Krankenhaus geblieben. Es ist furchtbar: Den ganzen Tag über male ich mir aus, dass ich am Abend die perfekte Ehefrau sein werde – und dann kommt er zwei Stunden später heim als erwartet oder er ruft an und will vom Krankenhaus abgeholt werden, lässt uns dann aber eine halbe Stunde vor dem Krankenhaus warten ... Alle meine guten Vorsätze lösen sich in nichts auf und ich bin nur noch wütend, frustriert und niedergeschlagen. Den Abend über schweigen wir uns dann nur an.

Wenn er dann am nächsten Morgen aus dem Haus geht, tut mir das alles Leid und ich nehme mir fest vor, nie wieder in diesen Teufelskreis einzusteigen. Ich weiß ja, dass es nicht Daves Schuld ist, dass noch ein Patient eingeliefert wurde, nachdem er mich schon angerufen hatte, oder so. An manchen Tagen koche ich etwas Aufwändiges und mache einen großen Hausputz – aber am Abend bin ich doch wieder deprimiert, weil irgendeine Kleinigkeit nicht so gelaufen ist, wie ich es erhofft hatte.

Ich habe das Gefühl, dass mir mein Leben aus den Händen gleitet. Glaubt ihr, ich werde verrückt?

Liebe Grüße,
Ruth

Oktober 1971

Liebe Mama, lieber Papa,
ich habe mir schon die Seele aus dem Leib gebetet, dass Gott mein Verhalten ändern soll – aber es wird immer schlimmer. Ich bin ganz sicher, dass ich nicht immer so niedergeschlagen wäre, wenn ich bloß ein bisschen geistlicher wäre. Wie viel Hunderte Zeugnisse habe ich schon gehört, in denen es um die Freude ging, die Jesus gibt? Im Augenblick scheint er mir jedenfalls keine zu geben – oder vielleicht weiß ich bloß nicht, wie ich sie bekommen kann.

Wenn ich versuche, Dave zu erzählen, was in mir vorgeht, hat er immer ein schlechtes Gewissen. Er denkt, dass er an allem schuld ist, weil er so viel arbeiten muss. Wenn ich dann so weit bin, dass ich entweder vor Wut platze oder ihm erzähle, was wirklich los ist, endet das meistens damit, dass ich ihm Vorhaltungen mache. Wen oder was sollte ich denn sonst für diesen ganzen Schlamassel verantwortlich machen? Und mit wem sollte ich sonst reden?

Mit Daves Mutter kann ich nicht reden, denn ich möchte nicht, dass sie weiß, wie schäbig ich ihren Sohn behandle. Und ihr seid in Afrika – wie solltet ihr mir schon helfen können! Und überhaupt: Je weniger ich mich selbst leiden kann, desto lieber würde ich euch dafür verantwortlich machen, dass ich so bin, wie ich bin. Ich denke mir immer, dass ich bestimmt ganz anders wäre, wenn ihr mich nur nicht so oft alleine gelassen oder irgendetwas anders gemacht hättet.

Eigentlich bin ich sogar ziemlich wütend über diese ganze Familiensache. Ich habe so eine große Familie – und nun gibt es niemand von euch, dem ich erzählen könnte, wie schrecklich das letzte Jahr für mich gewesen ist. Was bringt es schon, dass wir uns ständig versichern, wie lieb wir uns alle haben? Davon ist bei mir im Moment jedenfalls herzlich wenig zu spüren. Wir scheinen nie zusammen zu sein, wenn wir uns am meisten nötig hätten.

Liebe Grüße,
Ruth

November 1971

Liebe Mama, lieber Papa,
diesen Monat hat Dave jeden zweiten Tag Bereitschaftsdienst. Von achtundvierzig Stunden sehe ich ihn kaum mehr als zwei oder drei. Ich habe die anderen Arztfrauen gefragt, wie sie mit diesen unmöglichen Arbeitszeiten zurechtkommen, und sie haben mir fantastische Sachen erzählt. Sie nehmen sich extra Zeit, um mit ihren Männern etwas Besonderes unternehmen zu können. Sie basteln, restaurieren ihre Möbel und gestalten ihre Häuser komplett um. Es klingt alles irre kreativ, erfüllend und großartig. Und es zieht mich noch weiter runter.
Wenn ich mir irgendetwas Besonderes vornehme, kommt für Dave garantiert ein Notfall dazwischen. Wenn ich einen Makrameekurs besuche und besondere Fäden für eine Blumenampel kaufe, enden meine Versuche doch in einem hoffnungslosen Fadengewirr. Und als ich neulich versucht habe, unser schmuddeliges Sofa neu zu beziehen, war das Endergebnis auch nicht gerade zufrieden stellend. Die Falten liegen nicht richtig an den Ecken an und die Kissenbezüge sind zu groß. Anstatt dass mein Wohnzimmer aussieht wie ein Meisterwerk aus *Schöner wohnen*, sieht es bei uns jetzt noch eher danach aus, als hätten wir unsere Möbel auf dem Flohmarkt erstanden.
Während die anderen Frauen all diese spannenden Kurse belegen, komme ich über *Sesamstraße* und *Käpt'n Känguruh* nicht hinaus. Viele der anderen Frauen haben auch Kinder, und ich habe sie gefragt, woher sie eigentlich die Zeit für all

ihre großartigen Unternehmungen nehmen. Sie erzählen mir dann, wie gut ihre Kinder in der Tageskrippe oder im Kindergarten zurechtkommen. So langsam beginne ich mich zu fragen, ob ich Sheri wirklich einen Gefallen damit tue, dass ich sie bei mir zu Hause behalte. Vielleicht hat sie ja ein Anrecht darauf, in eine Einrichtung geschickt zu werden, in der sie mit zwei Jahren lesen kann.
Wenn ich schon meine Fähigkeiten als Mutter in Frage stelle, so vermitteln mir andere Leute auch noch, dass ich keine besonders gute Ehefrau abgebe. Sie behaupten steif und fest, dass ich glücklicher wäre, wenn ich darauf bestünde, dass David seine Wäsche selbst wäscht und sich am Kochen und Putzen beteiligt. Schließlich trägt er seine Kleider ja, er isst und steuert seinen Teil zur Unordnung in unserer Wohnung bei. Sie denken, dass ich so unglücklich bin, weil ich mich zum Fußabtreter machen lasse. Und ich dachte immer, dass ich Dave eine gute Ehefrau sein würde, wenn ich ihm all diese Dinge abnehme, wo er doch schon so viel arbeiten muss!
Dies hier ist bisher die verwirrendste Zeit meines Lebens – es ist wirklich komisch, dass das alles ausgerechnet jetzt passiert, nachdem ich doch dachte, dass ich wegen Afrika mit so vielen Dingen ins Reine gekommen war. Die bekannten Stimmen in mir schreien schon, dass es mir besser gehen würde, wenn ich mich nur mit diesem und jenem mehr anstrengen würde. Aber es hat in meinem Innern noch nie viel bewirkt, wenn ich in meinem äußeren Leben Veränderungen vorgenommen habe. Ich komme mir wieder vor wie damals im Internat: Wenn doch alle anderen gut zurechtkommen – warum nicht ich?

Liebe Grüße,
Ruth

November 1971

Liebe Mama, lieber Papa,

ich beginne so langsam die Leute zu verstehen, die Selbstmord begehen. Was soll man denn sonst machen, wenn einem keine Hoffnung mehr bleibt?

Ich habe mich so angestrengt, aber es hat alles nichts gebracht. Meine Gebete prallen von der Wand ab und ich habe den Eindruck, dass Gott sich über mich lustig macht. Ich habe alle Ratgeber zu den Themen Depression, Ehe und Mutterschaft gelesen, die ich in die Finger bekommen konnte, aber sie haben meine Schuldgefühle nur noch schlimmer werden lassen.

Ich habe schon daran gedacht, Dave zu verlassen – nicht einmal, weil ich ihn wirklich verlassen will, sondern um ein Zeichen zu setzen und endlich einmal gehört zu werden: „Ich komme nicht weiter. Ich weiß nicht, an wen ich mich noch wenden soll. Kann mir denn niemand helfen?" Aber wenn ich mir auszumalen versuche, wie es wäre, Dave zu verlassen, komme ich nicht weit. Wo soll ich denn hingehen? Ihr seid in Afrika. Und Mama Van Reken ist wahrscheinlich auch nicht allzu begeistert, wenn ich bei ihr auf der Matte stehe, nachdem ich ihren Sohn verlassen habe. Und um zu Freunden zu gehen, dazu bin ich viel zu stolz. Außerdem weiß ich ganz genau, dass ich, sobald ich meine Koffer zu packen beginne, wieder zu weinen anfange und alles wieder auspacken muss.

Es kommt mir so ungerecht vor, Dave mit mir ins Unglück zu reißen. Ich habe wirklich schon einmal überlegt, wie es wohl wäre, ein paar Tabletten zu schlucken und nie mehr aufzuwachen. Aber ich weiß ja tief in mir drin, dass sich so keine Probleme lösen lassen. Ich habe ein Kind und bin dafür verantwortlich, und ich möchte es auch noch aufwachsen sehen. Und ich möchte doch gerne leben, wenn ich nur die Art Mensch sein kann, von der ich immer dachte, dass

ich sie sein könnte. Aber im Moment sieht es mehr so aus, als wäre das ein Traum gewesen, der sich nie verwirklichen lässt.
Mich hält nichts anderes mehr, als dass mein Verstand mir immer noch sagt, dass Gott einen Plan mit meinem Leben hat. Ich habe überhaupt keine Ahnung, wie er die ganzen Bruchstücke meines Lebens wieder zu einem halbwegs ansehnlichen Ganzen zusammensetzen kann, aber es ist die einzige Hoffnung, die mir bleibt. Ich habe Gott heute gesagt, dass er nicht mehr mit meiner Mithilfe rechnen kann, wenn er will, dass ich mich ändere – von mir ist ja gar nicht mehr genug da, auf das er aufbauen könnte. Wenn er sich nichts Neues einfallen lässt, bin ich am Ende.

Liebe Grüße,
Ruth

Dezember 1971

Liebe Mama, lieber Papa,
heute ist ein kleiner Lichtstrahl in mein Leben gefallen; ich weiß allerdings noch nicht, was daraus noch werden soll. In der Bibelstunde hat der Leiter nach Gebetsanliegen gefragt. Linda, eine Frau, die ich schon öfter dort gesehen habe, hat darum gebeten, dass wir mit an den Besuch ihrer Mutter denken, der in der nächsten Woche ansteht. Sie sagte, dass zwischen ihnen einige Spannungen bestünden und dass sie sich so wünschte, dass Gott das in Ordnung brächte. Sie hatte Tränen in den Augen, als sie das sagte, und ich habe gemerkt, dass ihr das wirklich nahe ging.
So ein persönliches Gebetsanliegen habe ich noch in keiner einzigen Gruppe gehört, die Missionare eingeschlossen. Es wird immer für die Kranken gebetet, für die Arbeit und für die Verlorenen, aber die, die sich zum Gebet treffen, scheinen selbst nie in irgendeiner Weise Gebet zu benötigen. Und

wenn sie keine Hilfe brauchen – wie soll ich da je zugeben, dass ich welche brauche? Ich habe das Spielchen doch immer mitgespielt. Aber nachdem Linda fertig war, habe ich mir ein Herz gefasst und gedacht: *Ich sage ihnen ein bisschen, aber ich sage es so, dass sie nicht merken, wie schlecht es mir wirklich geht.*
„Vielleicht könnt ihr auch für mich beten. Mein Mann hat im Moment ziemlich viel Bereitschaftsdienst, und ich komme damit nicht so gut klar." Euch wären die Augen aus dem Kopf gefallen; schon bei diesen paar einfachen Worten habe ich angefangen zu weinen! Es war mir so peinlich und ich habe es sofort bereut, dass ich diesem Impuls nachgegeben und überhaupt etwas gesagt hatte. Jetzt wissen sie alle, wie schwach ich bin.
Später kam Linda auf mich zu und lud mich für diese Woche zu einer Tasse Kaffee ein. Ich habe ganz schön Angst; ich weiß genau, dass sie gespürt hat, dass ich ein Problem habe. Jetzt will sie bestimmt versuchen, mir zu helfen. Ich weiß nicht, ob ich wirklich bereit bin, andere in mein Leben hineinschauen zu lassen. Schließlich sind wir Frames (ich bin ja immer noch eine von euch, auch wenn ich meinen Namen inzwischen geändert habe) doch stark. Andere Leute kommen zu uns, wenn sie Rat und Hilfe brauchen – und nicht umgekehrt.
Aber ich weiß, dass ich jemanden brauche, der einfach ein bisschen nett zu mir ist, und so werde ich das Risiko wohl eingehen müssen. Ich hoffe bloß, ich kann mich irgendwie gut genug verstellen, dass sie nicht allzu viel mitbekommt von dem, was wirklich in mir vorgeht.

Liebe Grüße,
Ruth

Dezember 1971

Liebe Mama, lieber Papa,

ich habe Linda heute besucht, und sie hat natürlich nachgefragt, ob wir ein Problem haben. Ich habe ein bisschen herumgedruckst, dass Daves Arbeitszeiten so blöd sind und dass ich ein bisschen einsam bin. Ich sagte, dass ich ja wüsste, dass mir das eigentlich nichts ausmachen sollte, weil er schließlich anderen Leuten half, aber da hat sie mich einfach unterbrochen.

„Warum sollte dir das nichts ausmachen?", fragte sie. „Würdest du es denn nicht verstehen, wenn es anderen so ginge wie dir jetzt?"

Naja, andere würde ich natürlich verstehen, aber das hier ist doch etwas ganz anderes.

„Wieso glaubst du denn, dass du perfekter sein müsstest als andere?", hat sie nachgehakt.

Ich habe gesagt, dass ich nicht denke, ich müsste besser als andere sein, aber ich sollte für Daves Arbeitszeiten doch ein bisschen mehr Verständnis aufbringen.

Aber Linda hat nicht locker gelassen. Jedes Mal, wenn ich erwähnte, dass ich irgendetwas eigentlich nicht fühlen sollte, unterbrach sie mich. Sie fand es offenbar gar nicht weiter tragisch, dass ich all diese furchtbaren, bösen Gefühle hatte. Sie denkt eher, dass es reiner Hochmut ist, der mir einredet, ich müsste über ihnen allen stehen.

Das ist mir alles ziemlich neu. Für Linda war die Tatsache, dass ich mich mit all dem herumschlage, nicht einmal ein Anzeichen dafür, dass ich nicht wirklich zu Christus gehöre. Manchmal bin ich richtig wütend geworden, wenn sie meine geistlichen Erklärungsversuche, warum ich bestimmte Gefühle nicht haben sollte, nicht stehen ließ.

Ich weiß nicht, ob ich sie noch einmal besuchen möchte. Ich habe eigentlich nicht besonders viel Mitgefühl bekommen, aber eine Menge Annahme. Und ich bin herausgefordert worden, über einige Dinge neu nachzudenken. Linda hat angeboten, jeden Nachmittag auf Sheri aufzupassen, wenn ich Momo im Krankenhaus besuche, also kann ich ihr wahrscheinlich nicht ganz aus dem Weg gehen.

Liebe Grüße,
Ruth

Dezember 1971

Liebe Mama, lieber Papa,
Linda hat gesagt, dass ihr Haus immer für mich offen steht. Ich habe zuerst gedacht, dass sie das nur so sagt, aber sie scheint es wirklich ernst zu meinen. Sie bietet mir immer weiter ihre Freundschaft an, auch wenn ich ihre Einladungen ablehne, weil ich mich ihr und ihrer Familie nicht aufdrängen möchte (oder habe ich bloß Angst, weil sie mich viel mehr durchschaut, als mir lieb ist?). Selbst ihr Mann und ihre Söhne nehmen uns auf, als gehörten wir zur Familie; sie haben mich sogar für Heiligabend eingeladen, weil Dave dann Dienst hat.
Ich bin mir immer noch nicht so sicher, ob es richtig ist, all diese Gefühle, die ich so lange unterdrückt habe, nun plötzlich doch zuzulassen. Wohin soll das führen? Aber Linda lässt gar nicht erst zu, dass ich mich in mich selbst zurückziehe. Wenn ich versuche, alles Mögliche so geistlich zu verstecken, wie ich es gewohnt bin, nimmt sie das auseinander und fasst meine Gefühle so in Worte, dass deutlich wird, was wirklich hinter ihnen steckt.
„Das klingt ja so, als wärst du über [was auch immer] ziemlich wütend gewesen", sagt sie zum Beispiel. Und ich frage mich, woher sie das weiß. Ich habe schließlich bloß gesagt, dass mich das ein bisschen geärgert hat. Es ist ziemlich beängstigend, aber ich muss zugeben, dass es sich so anfühlt, wie wenn man das Ventil eines Dampfkochtopfs öffnet.

Irgendwo muss der ganze Dampf ja hin, bevor der Topf explodiert.

Liebe Grüße,
Ruth

Dezember 1971

Liebe Mama, lieber Papa,
der Bibelgruppenleiter hat mich gestern angerufen, um zu fragen, wie es mir geht. Es ist so demütigend, wenn andere Leute sehen, dass ich offensichtlich Hilfe brauche. Wahrscheinlich sollte ich dankbar sein, dass es so gekommen ist; ich wäre wahrscheinlich selbst viel zu stolz gewesen, um um Hilfe zu bitten.
Wir kamen ein bisschen ins Gespräch, und ich habe ihm erzählt, dass ich mich wegen Dave so schlecht fühle, weil ich nicht glaube, dass ich je eine besonders gute Arztfrau abgebe. Die Welt, in der Ärzte leben, ist eine Welt voller Porzellan und Silber, während ich aus einer Welt der Zementfußböden komme und dort eigentlich immer noch hingehöre. Ich denke immer wieder, dass Dave besser eine Frau geheiratet hätte, die mit all dem besser umgehen kann.
Er hat mich gefragt, ob ich glaubte, dass Gott David und mich zusammengeführt habe.
„Damals haben wir das so gedacht“, habe ich geantwortet, „aber ich bin mir nicht mehr so sicher.“
„Ruth“, sagte er, „wenn Gott dich und Dave zusammengebracht hat, dann bist du genau die, die er braucht, und er ist genau der, den du brauchst.“
Wenn ich mich daran erinnere, wie ungenießbar ich im letzten Jahr gewesen bin, kann ich das kaum glauben – aber es ist noch ein kleiner Lichtblick. Ich habe mir einen kleinen Zettel an den Spiegel gesteckt, auf dem steht: „Du bist genau die, die er braucht.“ Ich frage mich, ob Dave weiß, was das

soll! Obwohl ich allmählich lerne, mich diesen Freunden mitzuteilen, bin ich, was meine Gefühle betrifft, kein bisschen aufrichtiger als früher mit euch. Warum fällt es mir nur so schwer, mit den Menschen zu reden, die ich liebe?

Liebe Grüße,
Ruth

Februar 1972

Liebe Mama, lieber Papa,
obwohl ich an manchen Stellen Heilung erlebe, kämpfe ich immer noch gegen die Langeweile und die Ziellosigkeit in meinem Leben an. Ich habe Gott (wie früher auch schon) gebeten, mir dabei zu helfen, und seine Antwort war, dass ich mir einen Teilzeitjob suchen sollte.
Besonders geistlich ist mir das nicht vorgekommen! Sheri ist schließlich nicht einmal anderthalb, und ich habe bisher immer gedacht, dass gute Hausfrauen und Mütter nicht arbeiten gehen. Aber ich bin den Gedanken einfach nicht losgeworden, und so bin ich schließlich zum Krankenhaus gegangen. Sie haben mich dort für zwei Abende die Woche eingeteilt, und ich muss nicht einmal am Wochenende arbeiten. Es war unglaublich einfach.
Es tut mir ein bisschen weh, zu sehen, dass ich mein Selbstbild, eine wundervolle Ehefrau zu sein, die voll in ihren Mutterpflichten aufgeht, nicht aufrechterhalten kann. Ich muss einfach zugeben, dass ich einen Ausgleich brauche. Es ist gut, dass Gott mich besser kennt als ich mich selbst ...

Liebe Grüße,
Ruth

Die Arbeit tat mir sehr gut. Ich genoss es, öfters einmal herauszukommen und mich als eigenständige Person zu fühlen. Außerdem konnte ich meine Zeit zu Hause nun viel besser einteilen. Aber es kam mir so vor, als lauerten hinter jedem Gefühl, das ich eingestand, drei weitere. All die Dinge, die jahrelang in den großen Topf mit dem festen Deckel gewandert waren, wollten jetzt mit einem Schlag heraus. Ich versuchte, den Deckel festzuhalten und immer nur ein oder zwei Gefühle durchzulassen. Ich befürchtete, dass ich mir üble Verbrühungen zuziehen und mein Leben lang böse Narben zurückbehalten würde, wenn ich sie alle auf einmal zuließ.

Mai 1972

Liebe Mama, lieber Papa,
letzten Monat sind wir zur Hochzeit von Daves Bruder geflogen, und ich habe mich wieder einmal total unmöglich aufgeführt. Sheri hatte keinen Mittagsschlaf gehabt und schrie den ganzen Flug über. Ich war wütend, dass Dave schlafen musste, obwohl ich ja wusste, dass er die ganze Nacht Bereitschaftsdienst gehabt hatte. Ich war auch furchtbar wütend auf die Versuche seiner Familie, mir bei der Ankunft mit meinem übermüdeten Kind zu helfen. Ich war einfach auf alles und jeden schrecklich wütend.
Ich weiß jetzt, dass ich zu diesem Zeitpunkt gerade erneut schwanger war, aber ich schäme mich immer noch für mein Verhalten. Selbst an euch kann ich nur mit einer leisen Wut im Hinterkopf denken. Ich kann euch nicht einmal etwas Konkretes vorwerfen, obwohl ich geradezu nach irgendetwas suche, das ich für meine Situation verantwortlich machen kann. Ich möchte diese Gefühle nicht haben, aber ich weiß einfach nicht, was ich dagegen tun soll.

Liebe Grüße,
Ruth

Januar 1973

Liebe Mama, lieber Papa,
gestern ist Rachel zur Welt gekommen. Es war wieder wunderbar, dieses neue Leben und auch die Hoffnung, die damit verbunden ist, zu erleben. Sie ist natürlich ganz schrecklich süß, und Dave konnte wieder mit bei mir im Kreißsaal sein.
Als ich sie heute im Arm hielt, wurde mir bewusst, dass sie meine zweite Tochter ist – so wie ich eure. Ich kann mir nur schwer vorstellen, dass ihr so viel Zärtlichkeit und Wärme für mich empfunden habt wie ich für Rachel, aber so muss es wohl gewesen sein. Es macht mich traurig, an die vielen, vielen Jahre der Trennung zu denken, die zwischen uns liegen.

Liebe Grüße,
Ruth

Juni 1974

Liebe Mama, lieber Papa,
die letzten beiden Jahre, in denen Dave hier im Krankenhaus gearbeitet hat, waren sehr viel besser als das erste. Seine Arbeitszeiten haben uns als Familie nicht so viel abverlangt und auch ich bin emotional ausgeglichener gewesen. Im Moment beschäftigt mich mehr als alles andere der Gedanke, ob wir wohl immer noch Missionare werden können, wie wir es immer geplant hatten. Wenn ich so kaputt bin, wie ich mich jetzt wahrnehme – wie könnte ich da irgendjemandem etwas zu geben haben?
Dave ist in den letzten drei Jahren kaum im Gottesdienst gewesen. Entweder hatte er gerade Dienst, oder er kam gerade von der Nachtschicht, oder sein Dienst lag gerade vor ihm. Der Glaube ist uns in dieser Zeit nicht gerade abhanden gekommen, aber besonders hell scheint er nicht in unser

Leben hinein. Vielleicht sollen wir lieber andere Leute als Missionare aussenden. Ich kann mir irgendwie nicht mehr vorstellen, dass wir noch viel zu geben hätten.
Übrigens ziehen wir nach Portsmouth in Virginia um, weil Dave sich für zwei Jahre bei der Marine verpflichtet hat. Ich musste erst einmal auf einer Karte nachschauen, wo das liegt!

Liebe Grüße,
Ruth

PS: Ich versuche, meine Kinder immer im Abstand von zwei Jahren zu bekommen, genau wie ihr. Wir werden das dritte kurz nach unserem Umzug bekommen. Ich freu mich, dass ihr nächstes Jahr zu Hause seid!

12. Erfahrungen in Portsmouth

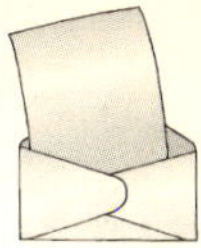

Juni 1974

Liebe Mama, lieber Papa,
vielen Dank, dass ihr eine ganze Woche angesetzt habt, damit wir als Familie zusammensein können. Es ist immer etwas ganz Besonderes, wenn wir Zeit miteinander verbringen, aber manchmal kommt es mir so vor, als läge bei unseren Treffen eine gewisse Anspannung in der Luft, die sich nur schwer beschreiben lässt. Aus den vielen Jahren, in denen wir zusammen und doch getrennt gelebt haben, liegen immer noch so viele „Restgefühle" herum, die wir nie ausgesprochen haben.
Möglicherweise gibt es da eine Menge unausgesprochenen Ärger. Ich glaube zum Beispiel nicht, dass ich Chuck und Tom gegenüber besonders einfühlsam war, als sie allein aus Afrika nach Amerika kamen. Ich hatte sie natürlich lieb, ich war froh, sie zu sehen, und ich habe ihnen bestimmt eine Menge hilfreicher Ratschläge gegeben, aber ich bin nicht sicher, ob ich wirklich versucht habe, mich in sie hineinzuversetzen. Dazu war ich viel zu sehr mit mir selbst beschäftigt. Es muss für sie eine ganz schöne Zumutung gewesen sein, ausgerechnet mich zur Ersatzmutter zu haben.
Als Alice und Marj ankamen, habe ich mich auf sie mehr einstellen können – vielleicht war es einfacher, weil sie Mädchen sind, vielleicht lag es aber auch daran, dass ich schon etwas älter war. Aber gerade weil ich nicht wollte, dass sie die gleichen Fehler machten wie ich, habe ich sie wahrscheinlich unerträglich besserwisserisch behandelt und ihnen das Gefühl gegeben, mit dieser großen Schwester nie mithalten zu können.
Ich weiß nicht, woran es lag, aber ich habe die ganze Woche über, in der wir Spaß miteinander hatten, gemeinsam aßen

und unsere Freizeit zusammen verbrachten, sorgfältig darauf geachtet, euch bei einigen Themen nicht zu nahe an mich heranzulassen. Ganz tief in mir sitzt immer noch der Ärger, und wenn der sich dann in sarkastischen oder abfälligen Bemerkungen Bahn bricht, tut er meinen Brüdern und Schwestern weh. Ich komme euch bestimmt lieblos und undankbar vor, aber das bin ich wirklich nicht. Ich habe jeden Einzelnen von euch so schrecklich lieb, und trotzdem stelle ich immer wieder fest, dass Nichtigkeiten ganz starke negative Emotionen in mir auslösen. In mir brodelt immer noch die alte Ruhelosigkeit, wenn auch auf kleiner Flamme. Ich wünschte, ich könnte den Schalter finden, um die Herdplatte auszustellen.

Liebe Grüße,
Ruth

Juni 1974

Liebe Mama, lieber Papa,
nachdem wir in West Virginia einigen Ärger mit dem Auto hatten, sind wir wohlbehalten in Portsmouth angekommen. Wir haben das schnuckeligste Häuschen, das ihr euch vorstellen könnt. Es ist im alten amerikanischen Stil erbaut und ganz frisch renoviert worden, und alle Teppichböden und Vorhänge waren schon drin! Ich habe zum ersten Mal in meinem Leben neue Möbel gekauft: ein Sofa, einen Sessel und einen Esstisch mit passenden Stühlen.
Dave und ich waren uns immer einig, dass wir unser Geld nicht für teure Sachen ausgeben wollten, weil wir doch Missionare werden wollen – aber wenn ich ganz ehrlich bin, hat mir das eigentlich eine Menge ausgemacht. Alles, was wir besitzen, ist so schrecklich alt und heruntergekommen, und es passt einfach nichts so richtig zusammen. Die anderen Ärzte und ihre Frauen scheinen immer schönere Möbel, schö-

nere Wohnungen und so weiter zu haben. Und das alte „Warum-muss-ich-eigentlich-immer-anders-sein"-Gefühl steigt wieder bitter in mir hoch.
Aber das alles ist jetzt anders. Weil Dave mehr verdient, dachten wir, durften wir uns auch einmal ein paar neue Sachen leisten. Andere Christen sündigen doch offensichtlich auch nicht, wenn sie sich etwas Schönes kaufen, warum sollten wir uns also deswegen schlecht fühlen?
Ich denke mittlerweile übrigens, dass wir das mit unserer Berufung in die Mission irgendwie missverstanden haben. Es gibt auch hier in den USA unheimlich viel zu tun. Vielleicht kann Gott uns hier viel besser gebrauchen als irgendwo im Ausland. Außerdem könnte Dave, wenn er sich auf seine Karriere konzentriert, sehr viel Geld verdienen, und wir könnten mehrere Missionare unterstützen, anstatt selbst zu gehen. Findet ihr nicht?

Liebe Grüße,
Ruth

Oktober 1974

Liebe Mama, lieber Papa,
dieses Haus ist einfach großartig! Ich fühle mich den anderen Arztfrauen so ebenbürtig, dass ich alle Mitarbeiter der Kinderstation eingeladen habe. Sie treffen sich alle einmal im Monat zum gemütlichen Beisammensein – und diesmal ist es bei uns! Zu meiner großen Überraschung merke ich plötzlich, wie sehr ich mich für alle möglichen *Sachen* begeistern kann. Mein Hirn weiß schon, dass alle Dinge, die wir hier besitzen, nicht wirklich wichtig sind, aber jetzt, wo sie in greifbare Nähe gerückt sind, wird mir bewusst, wie sehr ich mich all die Jahre heimlich nach ihnen gesehnt habe. Wir haben so lange auf so vieles verzichtet, während die Leute um uns herum sich so vieles gegönnt haben, dass es mir

jetzt so vorkommt, als dürfte ich es mir jetzt auch einmal gut gehen lassen.
Unsere neuen Möbel sind so hübsch. Ich möchte mehr davon. Und es gibt hier einen Laden, in dem Markenklamotten, wie ich sie noch nie getragen habe, zu vernünftigen Preisen verkauft werden. Ich sag das ja nicht gerne, Mama, aber ich glaube schon, dass es einen Unterschied zwischen diesen Kleidern gibt, und denen, die wir uns von Wühltischen in irgendwelchen Kaufhaus-Untergeschossen gegriffen haben.
Das einzige Problem ist, dass dieses Haus sehr schlecht isoliert ist und unglaublich viel Energie verschlingt. Unsere Nebenkostenabrechnung fällt acht- bis zehnmal so hoch aus wie in unserem vorigen kleineren Haus in St Louis. Dave meint, wir sollten uns vielleicht nach einer billigeren Wohnung umsehen. Wenn Gott uns immer noch in der Mission haben möchte, sagt er, müssen wir versuchen, in unserer Zeit hier die Schulden zurückzuzahlen, die er für sein Medizinstudium aufgenommen hat. So hatten wir es eigentlich geplant. Aber jetzt verschlingen die Nebenkosten all das zusätzliche Einkommen.
Ich glaube, dass wir uns von Anfang an geirrt haben, als wir unseren Platz ausgerechnet in der Mission sahen. Ich bin jedenfalls alles andere als ein geistliches Vorbild. Ich habe immer noch mit Depressionen zu kämpfen, auch wenn es mir nicht mehr so schlecht geht wie in meinem ersten Jahr in St Louis. Mir graut vor dem Gedanken, andere um Geld und Unterstützung anbetteln zu müssen, wo ich doch gerade zum ersten Mal darauf hoffen kann, mehr Geld zu haben, als man unbedingt zum Leben braucht.
Obwohl Dave immer stärker darauf drängt, dass wir umziehen, kann ich den Gedanken einfach nicht ertragen. Wir haben das Haus gerade erst wohnlich eingerichtet, das Baby soll nächsten Monat kommen und außerdem finde ich Umzüge sowieso furchtbar. Aber wenn er solche gewichti-

gen geistlichen Gründe anführt, kann ich ihm ja schlecht sagen, dass ich einfach nicht umziehen möchte. Und so spiele ich auf Zeit. Ich habe zu ihm gesagt, wir sollten erst noch eine Weile darüber beten ...

Liebe Grüße,
Ruth

November 1974

Liebe Mama, lieber Papa,
ihr werdet kaum glauben, wenn ich euch erzähle, was heute passiert ist: Wir haben einen Räumungsbefehl bekommen. Unser Vermieter ist Pleite gegangen und verkauft all seine anderen Häuser, und unseres möchte er für sich selbst behalten. Uns bleiben ganze sechs Wochen, um uns eine neue Wohnung zu suchen und hier auszuziehen.
Ich bin furchtbar aufgebracht! Gerade habe ich alle Zimmer gestrichen, das Unkraut im Garten gerupft und alles hübsch eingerichtet. Er muss das schon gewusst haben, als er uns das Haus vermietete – damals hat er uns gesagt, wir sollen uns wegen des Vertrags keine Gedanken machen, weil in diesem Teil der Welt das Ehrenwort eines Mannes noch etwas gilt. Wir waren wirklich blöd, ihm das zu glauben.
Mein erster Impuls war, einen dicken Malerpinsel in schwarze Farbe zu tunken und damit große X auf alle Wände zu malen oder irgendetwas zu nehmen, was Haken hat, und damit die Vorhänge zu zerreißen. Dave war nicht da, als der Brief ankam, und so habe ich meinen Ärger weiter in mir brodeln lassen, bis er zurückkam. Sobald er durch die Tür kam, hielt ich ihm den Brief entgegen: „Guck dir das bloß mal an!"
Nachdem er ihn gelesen hatte, meinte er nur: „Das sieht ja so aus, als ob unsere Gebete erhört worden sind."
Ich habe meinen Ohren nicht getraut. „Kannst du denn gar

nichts machen?“, rief ich. „Er hat überhaupt kein Recht, das zu tun! Er hat uns versprochen, dass wir hier zwei Jahre wohnen bleiben können! Das ist einfach nicht gerecht!“

Dave hat mich nur angesehen und gesagt: „Ich weiß gar nicht, warum du dich so aufregst, Ruth. Wir haben doch schließlich gebetet, oder? Und Gott hat unsere Gebete beantwortet.“

Wie konnte er nur so ruhig bleiben? Und dabei auch noch im Recht sein! Warum sagen meine Gefühle immer etwas anderes, als was aus logischen oder geistlichen Gründen eigentlich richtig wäre?

In dem Moment ist mir klar geworden, dass ich nicht wirklich um eine Antwort gebetet und mir auch gar keine gewünscht habe. Ich wusste ja, was *ich* wollte, und ich betete nur, um David hinzuhalten. Ich hatte dabei ganz vergessen, dass da auf der anderen Seite Gott tatsächlich zuhörte.

Ich werde mir in Zukunft gut überlegen, wofür ich bete!

Liebe Grüße,
Ruth

November 1974

Liebe Mama, lieber Papa,

Stephanie Lynn ist am 29. November zur Welt gekommen. Sie ist wunderschön. Ich bin erstaunt, wie meine Töchter so verschiedene Persönchen und trotzdem jede auf ihre Art so wunderbar sein können. Ich hatte eigentlich mit einem Jungen gerechnet – schließlich hattet ihr zwei Mädchen und dann einen Jungen, und Mae Beth auch. Ich dachte, bei mir müsste es genauso sein. Ich hab wohl mit der Tradition gebrochen, aber wir haben unsere Kleine natürlich trotzdem schrecklich lieb.

Auf dem Rückweg vom Krankenhaus haben wir uns ein Stadthaus angesehen, das Dave in einer Anzeige gesehen hatte. Ich war ganz schön müde, als wir nach Hause kamen. Es war einfach großartig, Mama Van Reken und Tante Jean die ganze Woche über hier zu haben. Sie haben uns sehr geholfen, aber morgen reisen sie wieder ab und wir müssen alleine zurechtkommen.

Liebe Grüße,
Ruth

Dezember 1974

Liebe Mama, lieber Papa,
gestern Abend hat Mae Beth angerufen. Als sie hörte, dass Mama Van Reken nicht länger bleiben konnte, hat sie sofort beschlossen, herzukommen und mir zu helfen. Ich kann das kaum glauben! Jetzt bin ich schon neunundzwanzig und brauche immer noch meine große Schwester!
Ich habe ein ziemlich schlechtes Gewissen, ihre Hilfe anzunehmen, weil sie doch selbst drei kleine Kinder hat, aber sie sagt, dass sie gerne kommen möchte. Sie werden irgendwann heute hier eintreffen.
Als sie anbot zu kommen, ist mir ganz warm ums Herz geworden. Jetzt brauche ich einmal meine Familie – und sie ist sogar hier!

Liebe Grüße,
Ruth

Dezember 1974

Liebe Mama, lieber Papa,
es war wirklich gut, dass Mae Beth herkam, denn ich habe Fieber bekommen und konnte mehrere Tage lang überhaupt nichts machen. Ich bin einfach im Bett geblieben und habe nichts weiter getan, als Rachel – die bei all dem etwas verloren und verwirrt aussieht – Geschichten vorzulesen,

Stephanie zu stillen, Sheri beim Spielen mit ihren Cousinen zuzusehen und zu versuchen einzuschlafen. Mae Beth hat alles andere übernommen.
Es tut mir Leid, dass sie so hart schuften musste, aber ich weiß nicht, wie wir ohne sie zurechtgekommen wären. Und es war einfach schön, dass wir uns als Schwestern wieder und ganz neu näher kommen konnten.
Danke für all die Schwestern und Brüder, die ihr mir geschenkt habt!

Liebe Grüße,
Ruth

Januar 1975

Liebe Mama, lieber Papa,
obwohl Dave unseren Umzug vor allem wollte, um Geld zu sparen, habe ich die ganze Zeit ein Haus zu finden versucht, das in etwa so großartig ist wie unser voriges. Schließlich brauche ich mit drei Kindern unbedingt mehr Platz. Wir haben uns in den Vororten umgeschaut, wo auch die anderen Ärzte mit ihren Familien leben. An einem Abend kamen wir nach Hause und waren bereit, eines der Häuser zu nehmen, die wir uns gerade angeschaut hatten. Unsere Ausgaben würden sogar eher höher liegen als in unserem vorigen, aber das war mir egal. Es war genau das, was ich brauchte.
Als wir uns über unser neues Heim unterhielten, wurde uns eins klar: Es ging hier nicht um wirkliche Bedürfnisse, sondern um nebensächliche Wünsche. Was wir wirklich *brauchen*, ist ein Dach über dem Kopf, eine Heizung, damit die Mädchen nicht frieren, und irgendeinen Ort, an dem ich die Wäsche erledigen und von dem aus ich die Familie versorgen kann. Wir müssen uns nicht einmal über Schulen in der Nähe Gedanken machen, weil wir schon

aus Portsmouth wegziehen, bevor Sheri in die erste Klasse kommt.
Ich habe zugeben müssen, dass wir schon in weit bescheideneren Verhältnissen glücklich und zufrieden waren und nie erlebt haben, dass unsere Grundbedürfnisse unerfüllt blieben. Es war nur der Stolz, der mich angestachelt hat, in genauso einem Haus zu wohnen wie alle anderen.
Und mittlerweile muss ich auch wieder mehr an die Mission denken, weil unsere Gemeinde hier einen solchen Schwerpunkt auf dieses Thema legt. Vielleicht will uns Gott ja trotz all meines Versagens und all meiner lahmen Entschuldigungen doch im Ausland einsetzen. Wenn das so ist, müssen wir unbedingt unsere Schulden zurückzahlen.
Es endete alles damit, dass wir ein kleines Haus in einem nicht besonders ansehnlichen Stadtteil fanden, wo die meisten Anwohner entweder schon seit Ewigkeiten leben oder bei der Marine sind. Wir zahlen für Miete und Nebenkosten zusammen nur so viel wie in unserem vorigen Haus für die Miete allein.
Ich muss immer noch dagegen ankämpfen, dass es mir peinlich ist, wenn uns irgendwelche Leute besuchen und sehen, dass wir ganz anders leben, als sie erwartet haben. Aber ich werde doch immer wieder auf die Grundfrage zurückgeworfen: Bin ich nur etwas wert, wenn mir ein schönes, großes Haus eine gewisse Sicherheit gibt, oder liegt mein Wert in Jesus und in dem, was er aus mir gemacht hat? Daran werde ich wohl eine Weile zu knabbern haben.

Liebe Grüße,
Ruth

Juni 1975

Liebe Mama, lieber Papa,
unsere Zeit in Portsmouth ist die im geistlichen Sinn reichste Zeit, die wir seit unserer Hochzeit gehabt haben. Wir werden in unserer Gemeinde so gut versorgt, nicht nur durch die Predigten und Bibelarbeiten, sondern auch durch die ganze Art und Weise, wie die Leute hier ihren Glauben leben. Wir bekommen mit, wie eine ganze Gemeinschaft von Gläubigen zusammen im Glauben lebt. Sie setzen einen sehr starken Schwerpunkt auf Außenmission, und wir stehen wieder vor unserer alten Herausforderung.
Dave hat nur ein- oder zweimal im Monat Bereitschaft, so dass er zu einigermaßen geregelten Zeiten nach Hause kommt und mit den Mädchen spielen kann. Wir essen zu festen Zeiten zu Abend, und dann macht er mit den Kindern ein Feuer im Kamin, während ich das Geschirr abwasche. Endlich sind wir eine ganz normale Familie.
Wir können sogar unser Haus und die Gegend, in der es steht, nutzen, um ihm zu dienen. Gerade weil unsere Einrichtung nicht so schick und teuer ist, kommen Leute mit ganz verschiedenen Hintergründen und Problemen her, ohne dass sie sich fehl am Platz fühlen müssten. Wir haben ganz viele Besucher, die einfach nur einmal vorbeischauen.
Jesus kommt uns wieder sehr lebendig und aufregend vor – es sind sogar einige unserer Freunde aus dem Krankenhaus zum Glauben gekommen. Wir denken wieder konkreter über Mission nach und tragen deswegen brav unsere Schulden ab. Es ist erstaunlich, wie sehr Gott Herzen verändern kann, selbst wenn ich darauf gar keinen besonderen Wert lege ...

Liebe Grüße,
Ruth

Februar 1976

Liebe Mama, lieber Papa,
unsere beiden Jahre sind so unglaublich schnell vergangen, und sie sind einfach großartig gewesen. Wir sind von der Gemeinde ausgewählt worden, auf eine Schule für Missionskandidaten zu gehen, sobald wir bei der Marine fertig sind. Wenn wir doch nur schon eher gehen könnten! Aber wir müssen natürlich warten, bis Dave seine Verpflichtungen gegenüber der Marine alle erfüllt hat.
Weil wir zwischen dieser Kandidatenschule und dem Abflug nach Afrika nichts weiter vorhaben, fanden die Leute in der Gemeinde, dass wir einen Glaubensschritt wagen und für September einen Flug buchen sollen. Dadurch bleiben uns zwischen der Schule und der Abreise nur sechs Wochen, aber wir hatten den Eindruck, dass Gott dieses Vertrauen von uns einfach erwartet. Von der Gemeinde sind wir auch angefragt worden, als Missionskandidaten bei der diesjährigen Missionswoche mitzumachen, obwohl wir noch gar nicht offiziell berufen worden sind. Die haben wirklich einen großen Glauben! Wir sind ganz aufgeregt, wenn wir an diese großartige Gelegenheit denken.
Und wisst ihr, was noch so toll ist? Wenn wir im September ausreisen und ihr, wie ihr plant, den Sommer über nach Hause kommt, können wir zusammen zurückfliegen. Wurde auch Zeit!

Liebe Grüße,
Ruth

März 1976

Liebe Mama, lieber Papa,
gerade findet diese Missionswoche statt, von der ich euch geschrieben habe. Am ersten Sonntag hatte Dave einen seiner seltenen Bereitschaftsdienste und wurde ins Kranken-

haus gerufen. Ich habe in einer Sonntagschulklasse darüber gesprochen, wie großartig es ist, für Jesus zu leben, ich habe mit vielen Menschen tolle Gespräche geführt und mich sehr geistlich und ungeheuer nützlich für den Herrn gefühlt. Auf dem Nachhauseweg haben wir an einem McDonalds angehalten und ein bisschen Mittagessen gekauft, damit wir Dave im Krankenhaus besuchen und ihm das Essen mitbringen konnten. Die Mädchen sind alle im Auto eingeschlafen, und als wir am Krankenhaus ankamen, hatte ich ganz schön zu tun, sie alle aufzuwecken, nach drinnen zu schaffen und dabei das Essen nicht fallen zu lassen!

Ich habe einen der Angestellten dort gebeten, Dave zu rufen, und er versicherte mir, dass er das sofort tun würde. Wir sind in Daves Büro gegangen, um zu warten – und zu warten – und zu warten. Inzwischen waren die Mädchen unerträglich quengelig, das Essen war kalt und ich wurde langsam sauer. Ich zog los, um Dave zu suchen, und als ich auf dem Flur dem Angestellten von vorher begegnete, schlug er sich mit der Hand an die Stirn: „Oh, tut mir wirklich Leid! Ich habe vergessen, Ihrem Mann Bescheid zu geben!“ Na, klasse!

Ein paar Minuten später tauchte Dave tatsächlich auf. Er hatte kaum in seinen Hamburger gebissen, als jemand heranlief: „Dr. Van Reken, wir brauchen Sie im OP.“

Er sah mich entschuldigend an: „Schatz, ich glaube, das dauert hier noch eine Weile. Bring doch einfach die Mädchen nach Hause; ich ruf dich dann später an!“

Ich war stinksauer. Ich wusste ja, dass er nichts dafür konnte, aber all die lang vergessenen Gefühle aus seinem ersten Jahr im Krankenhaus brachen wieder über mir zusammen. Mir wurde in dem Moment klar, dass wir als Missionare immer so leben würden wie in dieser ersten Zeit, und ich wollte alles, nur das nicht. Gott hat mir immer meine Familie weggenommen. David sollte er nicht auch noch kriegen!

Ich habe zwei Tage lang weder mit David noch mit Gott gesprochen. Und die ganze Zeit sollte ich in der Gemeinde die „Missionarin zum Anfassen“ spielen. Er war einfach schrecklich. Am Dienstag war mir endgültig klar, dass ich irgendetwas unternehmen musste, um diesen Konflikt zu lösen. Ich wollte nicht mit dem Pastor reden, weil er dann ja sofort wüsste, wie ungeistlich ich bin; die Gemeinde würde ihre Unterstützung dann bestimmt augenblicklich zurückziehen.

Ich habe also einen Moment abgewartet, an dem ich beim Mittagessen neben einem der Gastredner zu sitzen kam. Zuerst habe ich ganz allgemein darüber geredet, „wie seine Frau und er wohl mit den vielen Zeiten des Getrenntseins zurechtkommen, wo er doch so oft auf Vortragsreisen ist“. Er hat mir die gleichen tollen Antworten gegeben wie andere Leute vor ihm: dass man die gemeinsame Zeit, nachdem man sich wieder sieht, besonders bewusst gestalten und genießen soll und so weiter und so fort. Ich fand das nicht besonders hilfreich. Zum Schluss habe ich ausgepackt, was mich wirklich beschäftigte.

Er sah mir direkt in die Augen und sagte: „Ruth, das Problem ist, dass Sie David nie ganz Jesus gegeben haben. Wenn Sie das getan hätten, würden Sie nämlich jedes bisschen Zeit, das Sie mit ihm verbringen können, als Gottes Geschenk ansehen können. Sie sagen Gott, dass Sie einen bestimmten Prozentsatz von Daves Zeit brauchen. Und wenn Sie nur neun Prozent bekommen statt der zehn Prozent, die Sie als Ihr gutes Recht betrachten, sind Sie so unzufrieden, dass Sie selbst das, was Sie haben, nicht wirklich genießen können.“

Mir war sofort klar, dass er Recht hatte. Ich habe in der Vergangenheit euch, meine Schwestern und Brüder Jesus gegeben. Und ich dachte, dass Gott es mir schuldig war, dass wenigstens mein Mann für mich Zeit hatte. Nach all den Jahren, in denen ich verschiedene Methoden auspro-

biert hatte, um mit Daves Arbeitszeiten zurechtzukommen, kam das als eine richtige Erleichterung. Diesmal konnte die Krankheit an der Wurzel gepackt werden und ich musste nicht mehr an Symptomen herumdoktern.
Als ich versucht habe, Dave das zu erklären, hat er gesagt, dass er nicht will, dass ich ihn weggebe. Es ist ja auch nicht so, dass ich ihn nicht bräuchte. Aber die Frage ist doch die: Kann ich Gott vertrauen, dass er mir die Freundschaft und den emotionalen Rückhalt schenkt, den ich brauche, oder muss ich sie immer wieder einklagen?
Jesus hat gesagt, dass wir das verlieren, was wir zu halten versuchen, und dass wir nur das behalten, was wir ihm geben. Ich habe schon so viel über die ganze Sache nachgedacht, aber mir ist nie klar gewesen, dass David all die Jahre über das Einzige gewesen ist, das ich für mich allein haben wollte. Also kam Dave heute mit auf die Liste der Familienmitglieder, die ich ganz an Gott abgebe. Es ist immer noch das Gebiet, an dem Gott ausnahmslos am meisten von mir zu fordern scheint – mir war nur nicht klar, dass er noch lange nicht fertig ist.

Liebe Grüße,
Ruth

März 1976

Liebe Mama, lieber Papa,
seid ihr je vor einer Menge von siebenhundert Leuten ausgezogen worden? Bildlich, meine ich – so dass alle in eure Seele gucken konnten?
Mir ist das am letzten Tag der Missionskonferenz passiert. Nachdem ich am Dienstag mit dem Redner gesprochen hatte, war mir so leicht und froh ums Herz. Nachdem ich Christus alles, was mir in den Sinn kam, wieder neu überge-

ben hatte, empfand ich einen tiefen Frieden. Ich musste nicht mehr an mich reißen und festhalten, was ich zu brauchen glaubte. Ich genoss jede Minute mit Dave, und die Veranstaltungen sprachen mich sehr an und forderten mich in vielen Punkten neu heraus. Ich war ganz neu bereit, mein ganzes Leben Jesus zur Verfügung zu stellen.

Auf dem Weg zum Gottesdienst am letzten Morgen bat ich Dave, dem Redner Geld zu geben; schließlich hatte er mir sehr geholfen. Dave stimmte zu, und ich steckte einen Scheck für ihn in meine Handtasche.

Der Titel der Predigt war „Das Alabasterfläschchen". Der Redner sprach über die Frau, die über Jesus ihre wertvolle Salbe ausschüttete. Alle um sie herum fanden das eine furchtbare Verschwendung, aber Jesus sagte, dass nichts verschwendet sei, was man ihm gäbe. In der ganzen Welt würde man davon hören, was sie getan hatte. Praktisch bedeutete das, so der Redner, dass Gott von jedem seiner Nachfolger etwas Wertvolles verlangte. Bei jedem von uns ist das etwas anderes, aber es ist immer wertvoll; es ist diese eine Sache, von der wir denken, dass wir ohne sie nicht sein können. Es kann der Beruf sein, Geld, die Familie oder sonst irgendetwas. Wenn wir es Jesus überlassen, hält uns die Welt für verrückt, aber Jesus sieht das anders: „Nein, ich werde genau diese Sache benutzen, um meinen Namen besonders groß zu machen."

Während er so sprach, wusste ich natürlich, woher er die Idee für seine Predigt genommen hatte. Ich war ziemlich zufrieden mit mir selbst, als ich mir ausmalte, wie sehr ihm das Gespräch mit mir geholfen haben musste, seine Predigt vorzubereiten. Aber mit dem, was er als Nächstes sagte, hätte ich nun wirklich nie im Leben gerechnet.

Er fuhr also fort: „Gerade in dieser Woche habe ich mit" [*er würde doch wohl jetzt nicht sagen, mit wem!*] „der Frau eines der Missionskandidaten gesprochen" [*vielleicht denken die Leute ja, es ist eine von den anderen beiden*] – „und sie hatte ganz schön zu kämpfen mit ...", und dann legte er los und erzählte so viel, dass kein Zweifel bestehen konnte, über wen er sprach. Schließlich war ich die Einzige, die nach Afrika gehen wollte und mit einem Arzt verheiratet war. Natürlich wurden keine Namen genannt. Aber er erzählte, dass es für mich mein ganzes Leben lang so schwer gewesen war, meine Familie loszulassen, und wie mich das davon abhielt, meinen Mann Jesus ganz zu geben. Alles, was ich zu ihm gesagt hatte, wurde vor versammelter Mannschaft ausgebreitet! Und wir saßen ganz vorne, in der zweiten Reihe. Dave war längst zur Salzsäule erstarrt. Die Blicke der gesamten Gemeinde bohrten sich in unsere Hinterköpfe. Und ich wäre am liebsten im Boden versunken.

Mein erster Gedanke war: *Junge, du kriegst heute von mir keinen müden Cent.* Und dann kamen die Tränen. Ich habe ja in der Schule geweint, als ich übers Knie gelegt wurde – aber das war nichts im Vergleich zu dem Sturzbach, der hier aus mir herausbrach. Ich war von Scham geradezu überwältigt und konnte einfach nicht aufhören.

Die Geschichte zog sich endlos in die Länge, zumindest kam es mir so vor. Am Ende lud der Redner alle, die ihr Wertvollstes Jesus übergeben wollten, ein, aufzustehen. Und viele, viele unter den Zuhörern standen auf. Ich wusste, dass Gott hier am Werk war, aber deswegen fühlte ich mich kein bisschen besser.

Und ich dachte nur: Jetzt wissen sie alle, wie verkorkst und ungeistlich ich bin, und keiner aus dieser Gemeinde wird mehr bereit sein, uns auf dem Missionsfeld zu unterstützen. Es war jedenfalls nicht der übliche Weg, ein Missionarspaar vorzustellen! Ich hatte keine Ahnung, wie ich es nach diesem Gottesdienst nach draußen schaffen sollte. Irgendwann war ich dann fromm genug, mir zu sagen: „Naja, Gott, wenn du das hier gebrauchen kannst, damit irgendjemand anderes dir näher kommt, bin ich auch bereit, mich

hier so bloßstellen zu lassen." Aber es fühlte sich immer noch so an, als steckte ein Messer in meiner Seele.
Zum Schluss versuchte ich mich einfach davonzuschleichen. Einige von denen, die an mir vorbeikamen, taten so, als hätten sie keine Ahnung, von wem der Redner eigentlich gesprochen hatte. Aber eine von meinen Freundinnen kam auf mich zu, nahm mich ganz fest in den Arm und fragte: „Hat er dich um deine Erlaubnis gebeten, Ruth?" Ich konnte nur den Kopf schütteln und in Richtung Kinderraum flüchten, um meine Kleinen abzuholen.
Als ich im Kinderraum ankam, sprach Gottes Stimme so unüberhörbar zu mir wie eine Fahrradklingel: „Geh noch mal in den Saal und gib diesem Mann das Geld."
„Machst du Witze, Herr? Nach dem, was er mir gerade angetan hat?"
„Geh jetzt, Ruth. Sofort."
Ich wollte das wirklich nicht tun, aber manchmal spricht er so deutlich, dass man einfach nicht so tun kann, als hätte man ihn nicht verstanden. Man kann nur gehorchen oder sich total verweigern. Ich ging also in den Gottesdienstsaal zurück und suchte den Redner, der gerade in ein Gespräch vertieft war. Er unterbrach das Gespräch, kam zu mir herüber und sagte: „Ich hoffe, Sie hatten nichts dagegen, Ruth. Mir kam es nur so vor, als wollte Gott, dass ich genau das sage."
Da wurde mir deutlich, dass er möglicherweise nicht einmal vorgehabt hatte, meine Geschichte als Beispiel anzuführen. Es war ihm erst während des Redens in den Sinn gekommen – aber trotzdem konnte ich nicht so tun, als hätte es mir nichts ausgemacht. Ich murmelte irgendetwas, dass Gott es hoffentlich zum Guten benutzt hätte, drückte ihm den Scheck in die Hand und flüchtete.
Draußen stellte mich Dave einigen Leuten vor, die gerade zugesagt hatten, dass sie einen Teil unserer Kosten überneh-

men wollten. Ich habe meinen Ohren kaum getraut. Nach dieser Predigt? Und am nächsten Tag meldeten sich weitere Leute, die uns unterstützen wollten.
Ich bin immer noch ein bisschen angeschlagen, aber diese Erfahrung hat mich einige ziemlich wichtige Dinge gelehrt. Zum Ersten, dass ich diesem Redner den Scheck nicht um seinet-, sondern um meinetwillen geben musste. Als ich ihm dieses Geld übergab, musste ich mich bewusst dafür entscheiden, ihm zu vergeben. Wenn ich mit der Bitterkeit, die ich gegen ihn hegte, einfach weggegangen wäre, wäre ich inzwischen innerlich total aufgerieben.
Und noch etwas: Ich weiß jetzt, dass die Leute in der Gemeinde mein dunkelstes Geheimnis kennen – und sie haben mich noch immer lieb. Es ist kaum zu fassen! Wie können sie nur zulassen, dass jemand sie auf dem Missionsfeld vertritt, der so kaputt ist wie ich? Viele der Masken, die ich so lange getragen habe, sind mir mit Gewalt vom Gesicht gerissen worden. Die hässliche nackte Wirklichkeit meiner Seele ist für alle sichtbar geworden – und ich werde immer noch angenommen! Ich kann es kaum glauben.

Liebe Grüße,
Ruth

April 1976

Liebe Mama, lieber Papa,
eine meiner Freundinnen ist schon seit einem ganzen Jahr hinter Dave und mir her, wir müssten so etwas mitmachen, das sich „Ehebegegnung“ nennt. Das ist so eine Art Eheseminar, bei dem es darum geht, dem Ehepartner die eigenen Gefühle mitzuteilen. Ich habe sie immer abgewimmelt: „Jaja, das ist eine tolle Idee. Wir müssen das unbedingt einmal machen.“ David sagt immer, er hat nicht besonders viele Gefühle, und ich meinerseits bin mir nicht sicher, wie

viel mehr von meinen ich tatsächlich an die Oberfläche lassen möchte.
Heute rief sie an, um mir zu berichten, dass sie einen Babysitter für uns gefunden hat, so dass wir zu einem bestimmten Wochenende gehen können. Wir können uns diesmal nicht drücken, ohne ausgesprochen unhöflich zu sein, also werden wir wohl gehen. Ich habe ein bisschen Angst.

Liebe Grüße,
Ruth

April 1976

Liebe Mama, lieber Papa,
dieses Ehebegegnungs-Wochenende hat mir das Hirn ganz schön durchgeschüttelt. Ich bin emotional und körperlich total fertig, weil es so intensiv war. Aber ich bin ganz aufgeregt, wenn ich an all das denke, was ich gelernt habe.
Weil das Wochenende von einem katholischen Priester geleitet wurde, bin ich mit ziemlichen Vorbehalten an die ganze Sache herangegangen. Ob der wohl versuchen würde, uns zu Katholiken zu machen? Und wie konnte er überhaupt ein Seminar wie dieses leiten, wo er doch selber nicht einmal verheiratet ist? Aber als die anderen teilnehmenden Paare ihre Rollenspiele vortrugen, wurden mir zwei Dinge klar, die ich ganz schön revolutionär fand.
Das erste war: „Gefühle sind weder gut noch böse." Ich stand dieser Aussage theologisch zuerst ganz schön skeptisch gegenüber. Wie war das denn mit dem Vers „Wer eine Frau ansieht und sie begehrt, hat in seinem Herzen schon Ehebruch begangen"? Oder mit diesem „Wer seinen Bruder hasst, ist schon ein Mörder"? Nahmen die hier das Wort Gottes überhaupt ernst?
Ich habe also gut zugehört, als sie erklärten, was sie meinten. „Das Gefühl an sich ist nicht gut oder böse; aber was

du aus diesem Gefühl *machst*, kann gut oder böse sein." Der Hass kann einen aus heiterem Himmel überfallen, aber er wird erst zum Mord in Gedanken oder Taten, wenn man ihm Raum gibt. Das Begehren kann über einen kommen, aber man hat immer die Wahl, ob man ihm weiter nachgibt und es irgendwann in die Tat umsetzt, oder ob man es sich eingesteht und loslässt.

Das alles schien mir Sinn zu ergeben. Wenn Gefühle an sich sündig wären (wie ich das immer gedacht habe) – würde Christus dann nicht auch gesündigt haben, als er versucht wurde? Und doch wird uns berichtet, dass er in allem versucht worden ist wie wir. Er muss zum Beispiel Verzweiflung gefühlt haben, aber er hat sich von diesen Gefühlen nicht beherrschen lassen.

Die zweite wichtige Aussage für mich war: „Für deine Gefühle bist du selbst verantwortlich. Du kannst nicht anderen die Schuld dafür geben." Das sollte nicht heißen, dass es nicht *Gründe* oder *Anlässe* für bestimmte Gefühle gibt – aber wir sind selbst dafür verantwortlich, wie wir damit umgehen. Das hat mir am Anfang auch nicht besonders geschmeckt. Wenn die nur meine Situation kennen würden, dachte ich, würden sie auch finden, dass der Ärger, den ich so oft empfinde, total berechtigt ist. Aber je mehr ich darüber nachdachte, desto mehr musste ich zugeben, dass sie Recht hatten. Ganz ähnliche Umstände können in mir total verschiedene Gefühle und Reaktionen auslösen, je nachdem, wie es mir gerade geht. Wenn eines meiner Kinder in der Nacht weint, wird mir manchmal warm ums Herz und ich möchte sofort hinrennen und es beschützen – und ein anderes Mal bin ich so frustriert, dass ich es am liebsten durchschütteln würde.

Die Leute dort meinten auch, dass wir uns das Leben selbst schwer machen, wenn wir immer Schuldgefühle haben wegen verschiedener Gefühle, von denen wir denken, dass wir

sie nicht haben dürften – besonders diese Art von „Gefühlen-die-ein-guter-Christ-nie-hat". Ist euch eigentlich klar, dass ich mich schon mein Leben lang mit Schuldgefühlen herumplage? Ich sage immer: „Ich weiß, dass ich so nicht fühlen sollte, aber ..." Dave hat schon behauptet, dass mir irgendetwas fehlt, wenn ich mich nicht schuldig fühlen kann!
Diese Schuldgefühle nehmen ganz verschiedene Formen an: Ich habe Schuldgefühle gehabt, weil ich traurig war, als ich ins Internat kam. Ich hätte mutiger sein sollen, weil Gott das doch schließlich so wollte.
Ich habe Schuldgefühle gehabt, weil ich mir gewünscht habe, ich hätte so schöne Sachen wie die anderen Kinder. Dabei hätte ich doch dankbar sein sollen, weil wir schon viel mehr hatten als die Leute in der Dritten Welt.
Ich habe Schuldgefühle gehabt, weil ich wütend war, als ihr mich allein in den USA zurückgelassen habt. Ich wusste doch, dass ihr mich liebt und das nur getan habt, weil ihr es als Gottes Willen für euer Leben erkannt hattet.
Ich habe Schuldgefühle gehabt, weil ich enttäuscht und wütend war, als meine gemeinsame Zeit mit Dave immer wieder von Patienten und ihren Nöten verdorben wurde.
Ich habe Schuldgefühle gehabt, weil ich Dave am liebsten getreten und angeschrien hätte, als er in der Badewanne einschlief, nachdem ich geschlagene zwei Tage darauf gewartet hatte, mit ihm zu reden.
Natürlich glaubte ich, dass es Gottes Wille für euch war, nach Afrika zu gehen! Wie konnte ich da nur wütend sein? Und was ist schon mein Bedürfnis nach einem gemütlichen Abendessen mit meinem Mann gemessen an dem Leben eines Kindes, das er retten kann? Natürlich sollte ich mitfühlend und verständnisvoll sein, wenn er sechsunddreißig Stunden nicht geschlafen hat. Aber die Schuldgefühle haben sich immer einen Sündenbock gesucht, den ich verantwortlich machen konnte – euch, Dave, irgendwelche äußeren Um-

stände ... Mir war alles recht, was ich für mein Elend verantwortlich machen konnte. Warum ziehen meine Gefühle denn nicht mit bei dem, was mein Verstand klar als Wahrheit erkannt hat?
Aber diese Leute haben mir einige ganz schön bahnbrechende Ideen mit auf den Weg gegeben. Ist es wirklich in Ordnung, wenn ich zugebe, dass ich verletzt bin, dass ich mich zurückgewiesen fühle oder dass mir etwas wehtut – wenn ich das alles einfach als Tatsache anerkenne, nicht als etwas, für das ich mich schämen oder schuldig fühlen müsste? Ich bin mir noch nicht sicher. Vor mir liegt eine ganz neue Welt, aber ich weiß noch nicht recht, wie ich sie betreten soll.

Liebe Grüße,
Ruth

13. Beinahe Missionarin

Mai 1976

Liebe Mama, lieber Papa,
meine Heilung passiert nicht von heute auf morgen, aber jede neue Lektion, die ich lerne, schafft Raum für neue Einsichten. Wenn ich nicht gelernt hätte, meine Gefühle einfach zuzugeben, würde ich wohl kaum ertragen können, was Gott mir diesmal gezeigt hat.

Ihr habt mich immer schon eine alte Sorgentante genannt, schon damals, als ich noch ein kleines Kind war. Diese Angewohnheit, mir um alles und jedes Sorgen zu machen, habe ich immer noch. Wenn ich irgendwo lese, dass ein Baby gestorben ist, bin ich ganz sicher, dass es bald auch eins von meinen trifft. Ich bete seit Jahren gegen diese Depressionen und Angstattacken an – genauso wie ich bete, dass ich nicht so schnell wütend werde. Aber in ganz harmlosen Situationen wallt mein Ärger immer noch schneller in mir auf, als mir lieb ist.

Heute Abend war ich dabei, ein Referat für den Mütterkreis in der Gemeinde vorzubereiten. Das Thema war: „Wie kann ich meinem Kind helfen, ein gesundes Selbstbild zu entwickeln?“ (Da bin ich ja die Expertin, was?!) Ich habe in ein paar Büchern nachgeschlagen und mir brav meine Notizen herausgeschrieben und bin dabei auf die folgende Aussage gestoßen: „Die äußeren Umstände *bewirken* nicht, wie jemand ist – sondern sie *offenbaren* es.“ Das passt so gut zu dem, was ich über meine Verantwortung für meine Gefühle gelernt habe. Und dann habe ich weitergelesen, wie sich unterdrückter Ärger oft in Niedergeschlagenheit und Ängsten äußert. Das habe ich auch aufgeschrieben – alles natürlich nur für mein Referat!

Und dann fiel es mir wie Schuppen von den Augen: Ich

werde wütend, weil ich wütend *bin*. Gott hat mich mit diesem großen, furchtbaren, schwarzen Loch in meinem Herzen konfrontiert. Es ist der Topf, in den ich all die Jahre über alles abgeschoben habe, mit dem ich mich nicht auseinander setzen wollte. Meine Depressionen und Ängste sind nur der Deckel auf diesem Topf.

Ich bin in einer christlichen Familie aufgewachsen und habe nie so richtig „schlimme, furchtbare Sünden" begangen. Vielleicht ist mir deswegen nie so recht bewusst geworden, dass ich ein Sünder bin – und zwar nicht in erster Linie, weil ich etwas Bestimmtes *tue*, sondern weil ich etwas Bestimmtes *bin*. Ich habe jahrelang versucht, ein Krebsgeschwür mit Pflastern zu kurieren. Sie decken das hässliche Loch eine Weile zu, aber sie können nie zur Wurzel des Übels vordringen.

Es war nicht gerade einfach, mich dem auszusetzen, was Gott mir über mich selbst zeigte, und ich wusste nicht, wie ich damit umgehen sollte. Da habe ich das Einzige gemacht, was mir einfiel: Ich habe Gott gesagt, dass ich ja gar keine Ahnung hatte, wie finster es in mir aussah. Selbst als ich Jesus als meinen Herrn annahm, war mir meine eigene Sündhaftigkeit nicht so bewusst wie jetzt. Mir wurde klar, dass das, was mich zum Sünder macht, nicht meine Taten sind, sondern der Zustand meines Herzens. Was ich tue und wie ich handle, sind nur die Auswirkungen davon. (Jetzt, wo ich darüber nachdenke, wird mir bewusst, dass die Bibel das ja die ganze Zeit über gelehrt hat. Wie habe ich es nur hingekriegt, das die ganze Zeit zu überlesen?)

Anstatt ihn zu bitten, dass er mir hilft, nicht mehr so schnell wütend oder niedergeschlagen zu werden und mir nicht mehr so viele Sorgen zu machen, habe ich ihn diesmal gebeten, sich der Krankheit anzunehmen – und die notwendige Operation durchzuführen, um das Krebsgeschwür wegzuschneiden. Und dann fiel mir ein Vers ein: „Die vollkommene Liebe treibt die Furcht aus." Das klingt vernünftig. Wenn unterdrückter Ärger Sorgen und Ängste auslöst, dann muss man nur den Ärger durch Gottes Liebe ersetzen – und die vertreibt dann die Ängste. Aber wie das wohl funktioniert? Ob es funktioniert? Ich will es stark hoffen!

Liebe Grüße,
Ruth

Juni 1976

Liebe Mama, lieber Papa,
mir wird immer stärker bewusst, wie sehr der Ärger in mir, den ich nie zugegeben habe, zu meiner Unzufriedenheit geführt hat. Diese Unzufriedenheit wird mich schneller zerstören als alle äußeren Umstände und Schwierigkeiten, die ich je erlebt habe. Je mehr ich darüber nachdenke, wo dieser Ärger herkommt, desto mehr vermute ich, dass unsere ständigen Trennungen die Hauptursache sind. Das verursacht in mir ziemlich gemischte Gefühle, wenn ich daran denke, dass ihr nächste Woche wieder einmal in die USA zurückkehrt. Jetzt habe ich meine Gefühle zugelassen und zugegeben – und was soll ich nun mit ihnen tun?
Ich habe den Verdacht, dass das alles sich irgendwie um das Thema Vergebung dreht. Ich habe einmal gehört, wie eine Frau sagte, dass sie lernen musste, allen möglichen Leuten zu vergeben, mit denen sie in ihrem Leben zu tun hatte – einfach nur zu vergeben, wer und was sie waren. Sie vergab zum Beispiel ihrem Mann, dass er nicht besonders praktisch veranlagt war, was ihr Leben als Hausfrau nicht immer leicht machte. Sie vergab ihrem Kind, dass es nicht zum Nobelpreisträger geboren war.
Ich werde auch ein bisschen in meiner Vergangenheit kramen und mich in Vergebung üben müssen, vor allem in den Bereichen, wo ich verletzt war, obwohl diejenigen, die

diese Verletzung verursachten, das gar nicht beabsichtigt hatten. Die Kinder, die über meine Frisur lachten; die Lehrerin, die meinen Zahn ziehen wollte; ihr, als ihr mich wegschicktet, weil es in dem Moment das Beste für mich zu sein schien; all die Leute, die mich mit glatten Antworten und billigen Trostworten abspeisten, als ich eigentlich Verständnis und eine Umarmung gebraucht hätte.

Mir fällt der Vers wieder ein: „Vergib uns unsere Schuld, wie auch wir vergeben unsern Schuldigern." Ich bin sicher, dass auch ich durch meine Worte und Taten viele andere Menschen verletzt habe – ob absichtlich oder versehentlich. Ich habe selbst nicht immer besonders gut auf die leisen Zwischentöne geachtet, wenn Menschen mir ihr Herz ausgeschüttet haben. Und *eure* Vergebung brauche ich auch.

Trotz all des inneren Aufruhrs, den ich in den letzten Jahren erlebt habe, habe ich euch lieb, und ich weiß, dass ihr mich auch lieb habt. Ich habe Gott gebeten, dass er mir hilft, diese Liebe auch wieder zu *spüren*, anstatt nur verstandesmäßig darüber Bescheid zu wissen. Ich kann mir nicht so recht vorstellen, wie er das machen wird, aber ich weiß, dass ich es brauche, wenn meine Heilung weiter fortschreiten soll.

Liebe Grüße,
Ruth

Gottes Antwort auf meine Gebete kam sehr schnell und sehr deutlich. Meine Eltern, die erschöpft von einem weiteren Vier-Jahres-Einsatz zurückkehrten, kamen gerade rechtzeitig in unser eigenes Durcheinander, als wir für Afrika packten. Es sah noch schlimmer aus als sonst, weil ich einfach schrecklich unorganisiert bin. Es mussten noch alle möglichen Kisten beschriftet und Formulare für die Überführung ausgefüllt

werden, ganze Stapel von Zeug standen herum und warteten darauf, dass wir sie verpackten.
Normalerweise renne ich einfach weg, wenn ich mit etwas nicht klarkomme. Das machte ich auch diesmal: Ich überließ es Mama und Papa, unsere Sachen zu verpacken, und ging mit meinen Mädchen zu einer Geburtstagsfeier im Nachbarhaus. Als ich zurückkam, stand Mama in der Tür und eröffnete mir, dass sie beschlossen hätten, doch noch nicht am nächsten Tag abzureisen, sondern noch etwas länger zu bleiben.
Ich musste lachen: „Warum denn? Glaubt ihr, ich komme mit dem Packen nicht alleine klar?"
„Ähm, hmm, na ja, natürlich ...", stotterte sie. „Aber wir wollten einfach gerne noch ein bisschen bleiben."
Sie war nie eine besonders gute Lügnerin und ich habe sie deswegen umso lieber. Natürlich blieben sie, um mir beim Packen zu helfen. Aber ich war nicht nur bewegt, weil sie mir helfen wollten – ich war erst recht ganz gerührt, als ich sie fragte: „Mama, was wird denn aus euren Leuten vom Freundeskreis, die ihr in den nächsten Tagen besuchen wolltet?"
Sie antwortete: „Die haben wir alle schon angerufen, um zu sagen, dass wir diesmal nicht kommen."
Ich glaube, sie waren ganz schön bestürzt, als ich plötzlich in Tränen ausbrach. Ich versuchte ihnen zu erklären, wie wichtig es mir war, zu wissen, dass sie mich lieb haben, aber meine Erklärungsversuche fielen ziemlich verworren aus. Mama meinte erstaunt: „Aber natürlich haben wir dich lieb!"
Obwohl ich schon dreißig war, haben sie meine Bedürfnisse vor ihren geistlichen Dienst gestellt. Das hat mir so ungeheuer viel bedeutet.

Liebe Mama, lieber Papa,
nachdem Gott einmal angefangen hat, meinen großen Topf mit all den aufgestauten Gefühlen leer zu räumen, scheint er gar nicht mehr aufhören zu wollen. Ich kann kaum glauben, was sich da alles angesammelt hat.

Heute hat in der Schule für Missionskandidaten ein anderes erwachsenes Missionarskind über das Thema Internat gesprochen. Der Redner behauptete, dass es kein Problem sei: Wenn die Eltern das Ganze positiv sehen, mit den Kindern darüber sprechen, viele Briefe schreiben und so weiter, macht es dem Kind nichts aus und es hat eine ganze Menge Spaß dabei. Seine Eltern (die nur etwa vierzig Kilometer von der Schule entfernt wohnten) hatten ihn immer mit dem Auto hingebracht, ihm geholfen, alles in Schubladen und Schränken zu verstauen, und dann waren sie unauffällig verschwunden, wenn er mit seinen Freunden spielte. Er hatte kaum bemerkt, dass sie nicht mehr da waren.

Während er das so erzählte, merkte ich, dass irgendetwas in mir zu kochen begann. Ich wollte am liebsten schreien: „Nein, nein, *nein*! Nicht alle Kinder erleben das so." Aber ich hielt mich zurück, denn ich hatte wieder das altbekannte Gefühl, dass ich wohl die Einzige war, die Internate nicht hundertprozentig toll findet.

Als er fertig war, sagte ein anderer aus unserem Kurs: „John, für dich war das vielleicht in Ordnung, deine Eltern konnten dich ja sogar zur Schule bringen. Aber wie war das wohl für die Kinder, deren Eltern das nie konnten?"

John meinte: „Naja, das stimmt natürlich auch wieder. Mir taten die Kinder immer Leid, die sich auf dem Flughafen von ihren Eltern verabschieden mussten."

An diesem Punkt brach in mir ein Damm. Ich weiß, dass

ich inzwischen ja eigentlich ein großes Mädchen bin, aber in diesem Moment habe ich mich von meiner Missionsklasse in New Jersey auf den Flughafen in Kano vor vierundzwanzig Jahren zurückversetzt gefühlt. Ihr wart wie immer mutig und fröhlich. Und ich habe wie immer versucht, es auch zu sein. Ich stieg in die kleine Cessna und legte den Gurt an, dann wurden die Türen geschlossen und das Flugzeug rollte langsam los. Ich habe mich umgedreht, um einen letzten Blick auf euch zu erhaschen. Ihr habt wahrscheinlich gedacht, dass wir schon zu weit weg waren, um euch zu sehen, aber das Letzte, was ich von dir sah, Mama, war, dass Papa seinen Arm um dich gelegt hatte. Du hast dich zu ihm gedreht, deinen Kopf an seine Schulter gelegt und geweint.
Vielleicht war dies das erste Mal, dass ich gemerkt habe, dass dich das alles auch berührte. Ich wünschte mir so, dass das Flugzeug noch einmal anhielt, damit ich noch einmal zu euch zurückrennen und euch sagen könnte, dass es mir genauso ging. Dann hätten wir wenigstens ein bisschen zusammen weinen können. Aber das Flugzeug rollte einfach immer weiter. Irgendwann wart ihr nur noch ein kleiner Punkt in weiter Ferne, und nie haben wir je über diesen Moment geredet.
Inzwischen fragten sich die anderen Kursteilnehmer, warum diese Frau in der mittleren Reihe sich in einen Springbrunnen verwandelt hatte, und ich meldete mich zu Wort. Ich musste ihnen einfach sagen, dass nicht alle Kinder so sind wie John ... Und Gott gab mir den Mut, genau das zu sagen, was ich wirklich empfand.
Ich hoffe, die anderen denken jetzt nicht, dass ich total dagegen bin, ein Kind aufs Internat zu schicken. Ich wollte doch nur, dass die Eltern wissen, dass es nicht besonders viel heißt, wenn ihr Kind nach außen hin stark und fröhlich wirkt. Vielleicht empfindet es ganz anders und wagt

nur nicht, das zuzugeben. Manchmal brauchen Kinder einfach Trost, nicht aufmunternde Worte.

Liebe Grüße,
Ruth

Es war wirklich nicht einfach, den anderen in dieser Gruppe von Missionskandidaten zu vermitteln, was in mir vorging, aber sie hörten mir immerhin aufmerksam zu.
„John", sagte ich, „mir ist schon klar, dass ganz viele Kinder die Zeit im Internat als großartig und ungeheuer glücklich erleben. Aber ich finde, dass die anderen hier auch wissen sollten, dass es auch andere Kinder gibt, solche wie mich. Vielleicht haben sie später auch mal eins von der Sorte.
Meine Eltern haben all die Dinge gemacht, von denen du sprachst. Sie haben immer gut von der Schule geredet, besondere Sachen in meine Tasche gepackt, die ich im Flugzeug öffnen konnte, Briefe in meinen Koffer gelegt und nie versäumt, lange Brief zu schreiben. Sie konnten überhaupt nicht mehr tun, um meine Internatszeit zu einer positiven Erfahrung werden zu lassen. Und ich habe nie daran gezweifelt, dass sie mich lieb hatten, als sie mich wegschickten. Aber es hat trotzdem schrecklich wehgetan. Jedes Mal, wenn ich weinte, kam irgendjemand an und versuchte mich aufzumuntern. Man hat mich immer zu beschwichtigen versucht: ‚Morgen sieht die Welt schon viel besser aus.' Aber ich kann mich nicht erinnern, dass irgendjemand sich je neben mich gesetzt und einfach nur mit mir geweint hätte – oder auch nur gesagt hätte, dass es in Ordnung war, zu weinen.
Die Versuche, mich aufzumuntern, haben alles nur noch schlimmer gemacht. Es musste ja mein Fehler sein, wenn es mir so schlecht ging, wo ich es doch eigentlich so gut hatte. Was stimmte denn bloß nicht mit mir? John, es war wirklich alles andere als einfach – für mich jedenfalls."

Es entstand eine peinliche, aber irgendwie mitfühlende Stille. Dann fragte jemand: „Willst du damit sagen, dass es falsch war, dich aufs Internat zu schicken?“

„Nein, das meine ich damit nicht“, antwortete ich. „Ich bin überzeugt, dass meine Eltern ernsthaft darum gerungen haben, Gottes Willen für uns zu erkennen. Die Bibel lehrt uns, dass Gott manchmal von uns fordert, dass wir um seinet- und um seines Reiches willen die Rechte an unserer Familie aufgeben, an denen wir normalerweise festhalten. Es kann gut sein, dass Gott möchte, dass ein Kind aufs Internat geht. Was ich sagen will, ist nur, dass diese Aufmunterungsmasche bei mir nicht gewirkt hat. Sie hat mir nicht geholfen, sondern den Knoten nur noch weiter verdichtet.“

„Was sollen Eltern denn mit einem Kind wie dir machen?“, fragte einer, „was hättest du dir gewünscht?“

„Mir wäre es wichtig gewesen, zu hören, dass ich nicht böse oder schlecht oder kindisch war, weil ich solche Gefühle hatte. Ich glaube, wenn meine Eltern oder irgendeine Hausmutter oder ein anderer von den erwachsenen Missionaren mich einfach mal auf den Schoß gehoben, ganz fest in den Arm genommen und weinen gelassen hätte, bis ich mich ausgeweint hatte, wäre ich früher oder später selber darauf gekommen, warum das mit dem Internat ganz in Ordnung war. Oder jedenfalls hätte ich ihre guten Gründe besser anhören können. Ich hätte mich wenigstens verstanden gefühlt und wäre nicht so furchtbar allein gewesen.“

„Denkst du nicht, du machst es einem Kind nur schwerer, zu gehen, wenn du ihm so viel Mitgefühl schenkst?“, hakte eine nach.

„Das glaube ich nicht. Es macht es ohne Zweifel für die Eltern schwerer. Aber ich denke, das ist es wert – es nimmt dem Kind eine Menge von dem Druck und den Schuldgefühlen, die es hat, weil es so ungern von den Eltern weggeht. Für mich war es immer am schlimmsten, nach außen hin zu *versuchen, etwas zu sein, das ich nicht war, von dem ich aber dachte, dass ich es sein sollte. Ich wollte doch meine Eltern und auch Jesus nicht enttäuschen. Für ein kleines Kind ist das eine ganz schön schwere Last."*

Es war ziemlich schwer, mich vor einer Gruppe von Fremden so verletzlich zu machen, aber die Aussicht, dass auch nur ein einziges Kind besser getröstet und verstanden wird, war das Risiko wert.

14. Auf der Suche nach der perfekten Missionarsfrau

September 1976

Liebe Mama, lieber Papa,
jetzt bin ich tatsächlich wieder in Afrika – diesmal als Vollblutmissionarin. Es war irgendwie komisch, dass wir es diesmal waren, die abreisten. Zum ersten Mal, seit ich denken kann, wird meine gesamte Familie in den USA sein – während ich auf der anderen Seite des Atlantiks bin.
Bis jetzt ist nur einer unserer vier Koffer angekommen. Ich war ganz fest entschlossen gewesen, dass ich nicht wie eine Missionarin aussehen wollte, auch wenn ich natürlich eine bin, aber das hat natürlich nicht geklappt. In den einen Koffer, der mit uns ankam, hatte ich nur einen langweiligen Rock und eine Bluse gepackt, und deswegen hatte ich am ersten Abend zu unserer Begrüßungsparty nichts Besseres anzuziehen. Alle anderen Frauen hatten wunderschöne afrikanische Gewänder an oder modische Kleider, wie man sie in Europa trägt. Ich hatte wieder einmal das Gefühl, total falsch angezogen zu sein – aber diesmal inmitten eines Haufens von Missionaren! Manchmal denke ich, Gott hat Sinn für Humor ...

Liebe Grüße,
Ruth

September 1976

Liebe Mama, lieber Papa,
ich glaube, Gott hat mir mal wieder einen Strich durch die Rechnung gemacht. Ich hatte es nie ausgesprochen, aber innerlich hatte ich mir immer wieder gesagt, dass man nicht

schlecht angezogen sein muss, um geistlich zu sein. (Und entweder meine Erinnerung täuscht mich, oder Missionarinnen haben sich in dem Punkt ganz gewaltig zum Besseren verändert.)

Unsere Koffer kamen natürlich erst an dem Tag an, *nachdem* ich auf der Begrüßungsparty nichts Anständiges anzuziehen hatte. Gott hat sie lange genug zurückgehalten, dass ich diese Erfahrung machen konnte.

Aber es kam noch schlimmer: Gestern war ich auf der hinteren Veranda und unterhielt mich mit irgendjemandem, als ich bemerkte, dass sich ein merkwürdiger Geruch nach Karamell ausbreitete. Ich sah am Herd und um den Ofen herum nach, aber ich konnte nichts Verdächtiges bemerken. Als der Geruch schlimmer wurde, machte ich einen Rundgang durchs Haus. Zu meinem Entsetzen musste ich feststellen, dass ein brandneues weißes Kleid, das ich hier noch nicht einmal getragen habe, vom Kleiderbügel gerutscht und auf die Glühbirne am Boden gefallen war. (Wir wohnen direkt am Meer und müssen wegen des Schimmels immer wenigstens ein Licht brennen lassen.) Es hatte einen furchtbaren Brandfleck, der sich genau in der Mitte über das ganze Kleid erstreckte.

Mir war richtig schlecht. Mama Van Reken hat mir das Kleid zum Geburtstag geschenkt und es war wirklich wunderschön. Ich hatte sogar extra dafür rote Schuhe und ein bisschen Schmuck gekauft, und jetzt konnte ich es nur noch zu Putzlappen zerreißen. Als ich mit dem Kleid in der Hand aus dem Schlafzimmer kam, wurde im Radio gerade ein Lied gespielt, das ich noch nie gehört hatte: „Sagt in allen Dingen Dank, denn das ist Gottes Wille für euch in Christus Jesus."

Ich wäre am liebsten mit einem großen Hammer auf das Radio zugestürmt. Was konnte ein verbranntes Kleid denn schon mit Gottes Willen für mein Leben zu tun haben? Er

konnte doch nicht allen Ernstes erwarten, dass ich ihm dafür auch noch dankbar war?! Leider wiederholte sich der Refrain immer wieder und ich war gezwungen, weiter darüber nachzudenken. Konnte es wirklich Gottes Wille sein, dass mein schönstes Kleid kaputtging? Und wenn ja, was wollte er mir damit sagen?
Ich musste an meinen ersten Abend zurückdenken, als ich nichts Besonderes anziehen konnte, um mich hier vorzustellen – und jetzt das. Mir kam es so vor, als würde Jesus zu mir sagen: „Ruth, du weißt immer noch nicht, wer du bist. In Portsmouth musste ich dir zeigen, dass du nicht das Haus bist, in dem du wohnst. Und jetzt muss ich dir zeigen, dass du nicht die Kleider bist, die du trägst. Ich weiß, dass du dir komisch und hässlich vorgekommen bist, als du nicht die gleichen Klamotten hattest wie deine Klassenkameradinnen, aber das hat an dem, was und wer du warst, nie etwas geändert. Und selbst jetzt – selbst wenn du die tollsten Kleider anhättest, die je eine Missionarsfrau getragen hat, würde es an dir selbst überhaupt nichts ändern. Ich habe dich angenommen. Du musst dir, mir und anderen nichts mehr beweisen. Gegen diesen Abschnitt in deiner Vergangenheit musst du nicht mehr kämpfen."
Ich weiß ja, dass er Recht hat ..., aber ich werde das Kleid trotzdem auseinander nehmen und als Schnittmuster für ein neues verwenden!

Liebe Grüße,
Ruth

Oktober 1976

Liebe Mama, lieber Papa,
die erste Aufregung, jetzt endlich hier zu sein, hat sich gelegt, und ich habe mit mehr Dingen zu kämpfen, als ich erwartet hatte. Zum einen sehe ich mich, wenn es um das Leben in Afrika geht, als „alten Hasen“, dem man nicht mehr viel erzählen kann. Aber weil wir als „neue Missionare“ angekommen sind, sehen mich die anderen als Grünschnabel, dem man noch alles erklären muss. Das passt meinem Stolz überhaupt nicht!

Und einiges von der alten Entrüstung, die ich schon als Kind empfunden habe, holt mich hier wieder ein, weil manche Situationen Erinnerungen heraufbeschwören, die ich lange vergessen geglaubt hatte. Dass man den Missionarskindern kaltes Wasser gibt, wenn sie Durst haben, aber den Einheimischen sagt, sie könnten draußen vom Wasserhahn trinken. Dass man einheimische Mitarbeiter und Angestellte beim Vornamen nennt, selbst aber darauf besteht, mit Mr, Mrs oder Miss Soundso angeredet zu werden.

Vielleicht nehme ich das so verstärkt wahr, weil du ja auch ein Missionarskind warst, Papa. Ich glaube, dass du, weil du mit Freunden aus einer anderen Kultur aufgewachsen bist, sehr viel schneller als andere Leute bemerkt hast, dass sich Menschen jenseits der oberflächlichen Unterschiede eigentlich in jeder Kultur ziemlich ähnlich sind.

Ich bin auch frustriert, weil ich von meinen eigenen afrikanischen Freunden weiß, dass all diese Dinge später ziemlich wichtig werden können. Dieselben Einheimischen wachsen nämlich zu Leuten heran, die Missionare grundsätzlich gut oder einfach unmöglich finden, je nachdem wie sie von ihnen behandelt worden sind. Und was noch viel wichtiger ist – es hat Einfluss auf das Bild, das sie sich von Jesus machen.

Ich habe den Eindruck, dass ich hier als Streithahn angesehen werde, wenn ich kleine Dinge vorschlage, die das

Miteinander von Missionaren und Einheimischen verbessern könnten. Komisch, dass ich gedacht habe, ich würde endlich Gleichgesinnte finden, wenn ich nur wieder nach Afrika zurückkehre!

Liebe Grüße,
Ruth

November 1976

Liebe Mama, lieber Papa,
noch eine Sache, die mir zu schaffen macht, ist unser Lebensstandard hier. Ich hatte gedacht, dass ich dieses Kapitel abgeschlossen hätte, als ich mich in Portsmouth für das billigere Haus entschied. Ich habe damals gelacht und zu meinen Freunden gesagt: „Es ist ja gut, dass ich einmal eine arme Missionarin sein werde. Da muss ich mir schon keine Gedanken machen, wie viel Gutes ich mir als Christ gönnen kann. Ich werde ja gar nicht erst in die Versuchung kommen, zu viel anzuschaffen."
Aber es ist eine Sache, sich für ein bescheideneres Leben zu entscheiden und sich dabei ganz edelmütig zu fühlen. Es ist eine ganz andere Sache, wenn man nach dieser Entscheidung feststellt, dass man immer noch unglaublich reich ist. Ich habe Vorhänge an jedem Fenster und für jedes meiner Kinder ein eigenes Bett, während viele Einheimische nicht einmal ein Tuch haben, um den Boden abzudecken, auf dem ihre Kinder schlafen.
Der Mann, der unser Haus gestrichen hat, hat nicht einmal die zwei Dollar, die nötig wären, um sein Kind in der Schule anzumelden – ich habe einhundert Stück Seife, um mich durch die nächsten zwei Jahre zu bringen.
Kürzlich habe ich einen großen Batzen Fett von einem Stück Schweinefleisch abgeschnitten, das ich gekauft hatte, und ihn weggeworfen. Am nächsten Morgen kam der Mann, der

mir morgens immer hilft, zur Arbeit. Als er das Fett im Mülleimer liegen sah, war er zutiefst bestürzt. Es war ihm unbegreiflich, dass ich etwas wegwerfen konnte, das ihm viele Portionen Reis schmackhafter gemacht hätte.
Gestern hat einer von den anderen Missionaren gesagt, dass ich bestimmt froh bin, weil jetzt auch unsere restlichen Dinge aus den USA angekommen sind. Ich sagte, dass mich das ganze Zeug mehr in Verwirrung stürze, weil ich so viel habe und die Leute um mich herum so wenig. Er lachte nur und sagte: „Ach, daran wirst du dich noch schnell genug gewöhnen."
Aber das Problem ist, dass ich nicht glaube, dass ich das sollte.

Liebe Grüße,
Ruth

Dezember 1976

Liebe Mama,
ich komme hier noch nicht besonders gut zurecht. Zum Beispiel weiß ich immer noch nicht so richtig, was ich hier eigentlich tun soll. In den letzten sechs Jahren ist die Krankenpflege zum größten Teil von Einheimischen übernommen worden. Die einzigen Dinge, die ich überhaupt versucht habe, haben sich mit den Zeitplänen der Kinder nicht besonders gut vertragen. Und insgesamt wird auch von Müttern anscheinend nicht mehr erwartet, dass sie sich außerhalb von Heim und Herd betätigen; es wird davon ausgegangen, dass sie zu Hause bleiben und ihre Kinder versorgen. Deswegen weiß ich, dass der Druck, unbedingt irgendeine Art von Job zu haben, diesmal von innen und nicht von außen kommt.
Ich bin ja mit dem Satz aufgewachsen: „Ich weiß gar nicht, wie deine Mutter all ihre Aufgaben unter einen Hut be-

kommt – und so gut noch dazu." Ich habe wohl immer gedacht, dass ich das genauso gut hinkriegen würde. Vielleicht wollte ich auch einfach nur der ganzen Welt beweisen, dass ich es konnte.

Wie hast du das nur geschafft, von Anfang an in Papas Schule mit zu unterrichten? Später hast du uns vier im hinteren Teil deines Klassenraums sogar noch extra Unterricht gegeben. Du hast viele Gäste gehabt, gewissenhaft alle Klassenarbeiten nachgesehen, morgens deine eigene Stille Zeit und abends noch eine Bibelarbeit mit Papa gemacht, uns zu Picknicks ausgeführt, bei der Frauenstunde in der Gemeinde mitgemacht, mit uns Musikstunden abgehalten und Papas Schreibkram erledigt. Und das alles schien dir gar keine Mühe zu machen.

Wie sich jetzt zeigt, bin ich nicht so wie du. Ich scheine mein ganzes Leben damit zu verbringen, mich unterbrechen zu lassen und nichts zustande zu bringen. Rachel, die jetzt vier ist, hat mich vor kurzem gefragt, wann ich denn eigentlich anfangen würde, eine Missionarin zu sein.

Und ich habe von Tag zu Tag mehr zu kritisieren. Gerade gestern habe ich noch zu jemandem gesagt, dass wir normalerweise an anderen die Bereiche kritisieren, in denen wir selbst unzufrieden sind. Also habe ich mich gefragt, was mich an mir eigentlich so ärgert, dass ich es nötig habe, an allen anderen herumzumäkeln. Vielleicht bin ich wütend auf die Missionarsfrauen, die ihren Platz im Leben gefunden haben, weil ich selber nicht so recht weiß, wo ich hingehöre. Wenn ich mir über sie ein bisschen den Mund zerreiße, fallen meine eigene Leere und Unsicherheit vielleicht gar nicht so auf.

Ich weiß noch nicht, wie die Therapie aussehen soll, aber es ist ja schon ein Schritt, die Diagnose zu kennen. Mir tut es nur ein bisschen Leid, dass ich jetzt nicht in einem halbperfekten Stadium ein Weilchen verschnaufen kann, bevor

Gott die nächsten Kanten und Ecken abschleift! Wäre ich doch nur schneller im Lernen!

Liebe Grüße,
Ruth

Januar 1977

Liebe Mama, lieber Papa,
ich hatte irgendwie gehofft, dass ich auf dem Flug von den USA nach hier plötzlich innerlich und äußerlich zur perfekten Missionarsfrau würde. Aber offenbar hat das nicht geklappt. Es ist komisch, dass ich mich unter all den Christen hier so schrecklich ungeistlich fühle. Die Leute hier sind alle so superfromm, dass ich gar nicht erst den Mut habe, ihnen zu erzählen, wenn bei mir irgendetwas nicht so gut läuft.
Ich vermisse die Gemeinschaft, die wir in der Gemeinde in Portsmouth so genossen haben. Zu Hause könnte ich einfach eine Freundin anrufen und sie würde mir eine Weile zuhören und mir neu Mut machen. Ich hatte dort nie den Eindruck, dass mein geistliches Leben total in Frage gestellt wurde. Hier dagegen habe ich den Verdacht, dass jeder Kampf, von dem ich den anderen berichte, automatisch im nächsten Gebetstreffen breitgetreten wird (wie damals bei dem Alabasterfläschchen). Vielleicht stimmt das gar nicht, aber ich vertraue hier noch niemandem genug, um mich ganz zu öffnen.
Beim Neujahrsgottesdienst gestern Abend habe ich gebetet, dass Gott auf der Missionsstation die Liebe der Leute zueinander wachsen lässt. Ich hatte den Eindruck, dass er mit dem Finger auf mich zeigte: Bin ich bereit, dass er bei mir selbst anfängt? Ob ich damit wohl mehr Probleme habe als sonst jemand?
Ich habe versucht, ihm zu sagen, dass ich das lange nicht so

nötig hatte wie manche andere, die ich ihm aufzählen könnte, aber er ließ einfach nicht locker. „Wenn es dir ernst damit ist, dass du hier mehr Liebe sehen willst – darf ich dann damit anfangen, dir ein paar Sachen beizubringen?"
Was sollte ich da schon sagen außer Ja?!

Liebe Grüße,
Ruth

Februar 1977

Liebe Mama, lieber Papa,
gestern saßen wir auf unseren gepackten Koffern, um für eine Woche wegzufahren. Dave war noch mal ins Krankenhaus gegangen, um nach einem Patienten zu sehen, als ein Nachbar und seine Frau zu Besuch kamen. Ich versuchte Dave zu erreichen, aber es ging niemand ans Telefon. Als ich es zehn Minuten später wieder versuchte, wurde mir gesagt, dass er gerade bei Ellsworth Balzer, der gerade einen Unfall gehabt hätte, im OP war. Ich habe mir weiter nichts dabei gedacht. Weil Dave kein Chirurg ist, dachte ich mir, dass es sich nur um ein paar Stiche oder so etwas handeln konnte. Ich wartete also weiter und wurde dabei immer nervöser. Plötzlich kam der Sohn unserer Nachbarn auf dem Motorrad herübergebraust: „Mr Balzer ist schwer verletzt. Sie brauchen dringend Blut der Gruppe A+. Rhoda ist auch verletzt."
Nicht Onkel Ell! Mein Herz begann zu rasen. Bitte, Gott, mach, dass es nicht so schlimm ist. Wie sollte Tante Lois je ohne ihn zurechtkommen?
Als ich zum Krankenhaus kam, traf ich Tante Lois. Onkel Ell war im OP, wo schon fünf Ärzte um sein Leben kämpften. Rhoda war mit einem gebrochenen Arm und Bein im Röntgenraum.
Die Nachricht verbreitete sich rasch bis zur Kirche, wo ge-

rade der Abendgottesdienst begann. Es wurde um Gebete und um Blutspenden gebeten. Einige unserer Leute gingen zum Militärstützpunkt in der Stadt, um auch dort Blutspender zu finden.
Ich hatte eigentlich erwartet, dass Tante Lois außer sich sein würde, aber sie strahlte einen unglaublichen Frieden aus. Ich habe so etwas noch nie gesehen. Ich habe gebetet, dass ich den selben Frieden erfahre, aber ich habe ihn nirgends finden können.
Gegen Mitternacht hörte Onkel Ell auf zu atmen, seither hängt er an einem Beatmungsgerät. Er hat in der Nacht fünfunddreißig Blutspenden erhalten. Rhoda ist nachts um zwei noch operiert worden.
Heute Morgen bat mich Tante Lois, mit ihr zu Onkel Ell in den OP zu gehen; sie hatten ihn gleich da drin behalten. Unterwegs erhielt ich einen Anruf von Dave, der nach Hause gegangen war, um nach den Mädchen zu sehen.
„Ruth, du kommst besser gleich nach Hause. Wir sind letzte Nacht ausgeraubt worden."
Wie konnte Gott nur zulassen, dass in ein und derselben Nacht zwei so furchtbare Dinge passierten? Ich habe Tante Lois nichts davon erzählt. Als wir bei Onkel Ell waren, begann sie laut zu beten: „Gott, Ellsworth hat schon lange zu dir gehört, bevor er zu mir gehörte. Ich wünsche mir nicht, dass du ihn wegnimmst, aber wenn es dein Wille ist, gebe ich ihn dir zurück. Aber es kostet uns so schrecklich viel, deinen Weg mit uns anzunehmen. Bitte lass das, was du uns hier lehren willst, auf fruchtbaren Boden fallen."
Wie konnte sie nur so reden? Mir fiel es schon schwer genug, hinzunehmen, dass mein Besitz verloren war – an den Verlust eines Ehemanns wollte ich gar nicht erst denken! Als wir aus dem OP kamen, rannte ich gleich nach Hause. Was für ein furchtbarer Anblick! Die Betttücher waren von den Matratzen gezogen, die Wandschränke leergeräumt worden.

Der Platz, wo das Radio gestanden hatte, war leer, und all das Essen und die Bettwäsche, die ich für unseren Urlaub bereitgestellt hatte – alles war weg.
Onkel Ell lag im Sterben und mein Haus war leer geräumt. Was sollte ich bloß tun? Mir fiel das Lied von vor ein paar Wochen wieder ein. „Sagt in allen Dingen Dank, denn das ist Gottes Wille für euch in Christus Jesus." Ich konnte nicht *für* all diese schrecklichen Dinge danken, aber mir war klar, dass nichts von all dem Schlimmen passiert war, ohne dass Gott es zugelassen hatte.
Tante Lois hatte Recht. Die Lektion, die wir hier zu lernen hatten, kostete uns ungeheuer viel. Welche Lehre auch immer ich aus all dem ziehen sollte, ich wollte es gar nicht erst auf eine Wiederholung ankommen lassen! Also betete ich: „Jesus, ich kann dir für den Unfall und für den Einbruch nicht wirklich danken, aber ich will dir danken für all das, was ich aus dieser Situation lernen kann. Aber hilf mir, das gleich beim ersten Mal zu begreifen, damit ich so etwas nicht noch einmal durchmachen muss."
Seine Antwort kam wie ein Blitz aus heiterem Himmel: „Ruth, deine Tante hat mir gerade ihren Mann überlassen. Du lässt mir nicht mal deine Betttücher!"
Er hatte Recht. Ich war ganz aufgebracht, weil ich zum ersten Mal in meinem Leben zwei passende Garnituren Bettwäsche für jedes Kind hatte, damit ich sie nicht immer an ein- und demselben Tag waschen und trocknen musste. Nun waren alle sechs Garnituren weg! Aber wem gehörte unser Zeug eigentlich?
Bis zu diesem Moment war mir nie bewusst gewesen, dass ich die Dinge und Menschen, an denen mir lag, immer fein säuberlich in verschiedene Schubladen gepackt hatte. Die großen Dinge hatte ich Gott im Laufe der Zeit überlassen – meinen Mann, meine Kinder oder meine Pläne, was ich einmal aus meinem Leben machen wollte. Aber an den klei-

nen Dingen hatte ich immer festgehalten. Sie schienen immer zu bedeutungslos, um in geistlicher Hinsicht irgendeinen Wert erlangen zu können. Aber je mehr ich an ihnen festhielt, desto schwerer wurde es mir, sie wegzugeben, wenn andere sie dringender nötig hatten als ich.
Ich weiß, dass ich aus den letzten vierundzwanzig Stunden noch sehr viel mehr lernen kann als das, aber als ich Gott zugestand, dass er mir auch wieder nehmen durfte, was er mir zuvor gegeben hatte, fand ich Frieden.
Am Nachmittag sind ein paar Jungen in der Nähe angeln gegangen und haben eine ganze Menge von unseren Sachen hinter einem Busch gefunden. Wir haben das Nötigste zurückbekommen – einige Kleider (nicht die neuesten und auch nicht die besten) und ein bisschen Bettwäsche. Ich glaube, bis heute war mir nie wirklich klar, was „das Nötigste" eigentlich ist.

Liebe Grüße,
Ruth

Februar 1977

Liebe Mama, lieber Papa,
im Moment vergeht die Zeit unglaublich langsam. Wie viele Jahre ist der letzte Sonntag eigentlich her? Man weiß kaum noch, wie man beten soll. Wenn ich nur genug Glauben habe, sagt Gott, kann er alles Mögliche tun. Ich habe die ganze Zeit mit aller Kraft versucht, an ein Wunder zu glauben, aber ich musste wieder daran denken, wie viel Glauben ich damals in der zweiten Klasse hatte – und Barbie starb trotzdem. Ob Onkel Ell wohl sterben wird, weil ich nicht genug Glauben habe?
Gestern Abend waren sich die Ärzte einig, dass medizinisch gesprochen keine Hoffnung mehr besteht. Nur das

Beatmungsgerät hält Onkel Ell überhaupt am Leben; sein Gehirn ist wohl zu sehr beschädigt.
Als ich gestern Abend betete, kam es mir so vor, als nähme mich Jesus bei der Hand und führte mich zum Garten Gethsemane, wo er darum rang, sein Ja zum Willen des Vaters zu finden. Ich weiß nicht genau, wie der Heilige Geist zu unseren Herzen redet, aber ich glaube, Jesus hat zu mir gesagt: „Ruth, ich weiß schon, was es bedeutet, den Willen des Vaters umgehen zu wollen. Ich habe auch gefragt, ob es denn gar keine andere Möglichkeit gab. Manchmal ist es furchtbar schmerzhaft, seinen Willen zu tun, damit er zu seinen größeren Zielen kommt; ich weiß genau, wie es dir im Moment geht. Ich habe es selbst erlebt. Es macht mich traurig, weil es dir so wehtut, aber ich werde dich aufheben und in meinen Armen weitertragen."
Jesus war so greifbar nah, dass ich ganz überwältigt war. Und diese königliche Macht und Herrlichkeit unseres Heilands wird auch für alle sichtbar, die Tante Lois begegnen. Jeder, der sie besucht, geht mit dem Gefühl weg, dem Geist Gottes in ihr begegnet zu sein.
Ich würde mir die Ereignisse der letzten Woche niemals freiwillig ausgesucht haben, aber es ist unwahrscheinlich schön, Jesus so greifbar zu erleben. Und wie ich am Neujahrstag gebetet habe – ich habe eine Menge christlicher Liebe über uns alle ausgegossen gesehen.

Liebe Grüße,
Ruth

Februar 1977

Liebe Mama, lieber Papa,
heute Abend ist Onkel Ell gestorben. Es war eigentlich vorgesehen, dass er die Männergebetsstunde von halb acht bis halb neun leiten sollte, und er ist ihnen buchstäblich allen

zum Gnadenthron vorausgegangen. Als sein Herz aufhörte zu schlagen und uns allen bewusst war, dass er gestorben war, sang Tante Lois mit uns allen, die wir um ihn herumstanden, Lobpreislieder.
Dann sind wir in Rhodas Zimmer hinübergegangen, um ihr Bescheid zu geben, und haben auch dort noch eine Stunde mit guten Freunden verbracht; wir haben gebetet und Lieder gesungen. Wir trauern natürlich alle sehr um Onkel Ell, aber wir haben auch Grund zum Feiern: Er ist jetzt direkt in Gottes Gegenwart, und wir werden ihn eines Tages wiedersehen.
Mitten in all der Traurigkeit erlebe ich einen Frieden, wie ich ihn nie gekannt habe. Zuerst dachte ich, dass ich wohl noch nie in einer Situation war, in der ich diesen Frieden so sehr gebraucht hätte, aber dann fiel mir wieder der Tag ein, an dem ihr euch von mir verabschiedetet, als ich vierzehn war, und wie mir das damals so vorkam, als wärt ihr alle gestorben. Ich hätte Gottes Frieden in dieser Situation auch gut brauchen können.
Vielleicht empfinde ich diesen Frieden auch diesmal so sehr, weil ich mich in meinem Kummer bisher nie so ganz angenommen und verstanden gefühlt habe. Es sind nicht nur die Freunde um mich herum; schließlich gab es bisher auch immer Menschen, denen an mir lag. Es ist mehr das, was Jesus gestern Abend gemacht hat – er hat mich in den Arm genommen und mich verstanden. Er hat gar nicht erst versucht, mir meinen Schmerz auszureden. Das gibt mir Trost bin in die Tiefen meines Herzens, obwohl ich immer noch viel weine. Mir wird Gott ganz neu deutlich als der große Tröster, der die gebrochenen Herzen verbindet. Wir machen Schweres durch, aber ich habe ihn nie lieber gehabt als jetzt.

Liebe Grüße,
Ruth

Februar 1977

Liebe Mama, lieber Papa,
heute ist Onkel Ell beerdigt worden.
Gestern Abend wurde eine Totenwache für ihn gehalten. Das war so eine Art Gottesdienst, der uns allen in unserer Trauer sehr geholfen hat: Alle, die wollten, konnten aufstehen und sagen, was ihnen der Verstorbene bedeutet hatte. Ich war ganz erstaunt, an was für Kleinigkeiten sich manche Leute noch erinnern konnten; sie hatten offenbar großen Eindruck hinterlassen. Da ist mir wieder neu bewusst geworden, wie sehr jedes kleine Puzzlestück unseres Lebens in Gottes Händen eine geistliche Bedeutung erlangen kann.
Gegen Ende der Beerdigung wandte sich Tante Lois kurz an die Gruppe und stellte sich dann neben Onkel Ells Bild und den Sarg, während ein Solo gesungen wurde: „Mein Jesus, ich habe versprochen, dir zu dienen bis zum Ende ..."
Ihr wisst wahrscheinlich schon, dass sie vorhat, in Afrika zu bleiben. Sie meint, dass Gott sie schon in diesen Dienst gestellt hat, bevor sie verheiratet war, und dass er diesen Ruf nie zurückgezogen hat.
Einige Dinge haben sich mir diese Woche unauslöschlich ins Gedächtnis eingegraben.
Zum einen, dass es beim Sterben nicht in erster Linie darum geht, ein Zeugnis für Christus zu sein. Schließlich muss jeder irgendwann einmal sterben. Aber wenn jemand ganz für Jesus gelebt hat, ist sein Tod ein unübersehbarer Fingerzeig Gottes, weiter ausdauernd auf das Ziel zuzulaufen, das Gott für jeden von uns vorgesehen hat. Wir wissen alle nicht, wie viel Zeit uns noch bleibt.
Onkel Ell hätte an vielen Weggabelungen seines Lebens eine andere Richtung einschlagen können. Als sein Ältester mit einem Hirnschaden geboren wurde, als seine Kinder aufs Internat mussten, als ihm für einen Job in den USA eine Menge Geld angeboten wurde – er hätte an jedem dieser

Punkte die Berufung hinter sich lassen können, die er von Gott empfangen hatte. Aber weil er sein Leben um Gottes Willen verlor, hat er es nun für immer gefunden.
Ich werde wohl eine Weile brauchen, um all das zu verarbeiten, was in dieser Woche auf mich eingestürmt ist. Immerhin ist mir an manchen Stellen klar geworden, warum ihr seinerzeit einige Entscheidungen getroffen habt, an denen wir als Familie ganz schön schwer zu tragen hatten. Der Weg, den Gott mit uns geht, ist nicht immer der einfachste – aber er ist letzten Endes der beständigste. Ich bin froh, dass ihr ihn auch eingeschlagen habt.

Liebe Grüße,
Ruth

März 1977

Liebe Mama, lieber Papa,
Rhoda ist jetzt wieder zu Hause – mit einem Gipsarm und einem Gipsbein. Tante Lois kümmert sich um sie. Ich weiß nicht, wie und wann – oder ob überhaupt – nach einer Zeit wie dieser alles wieder seinen gewohnten Gang geht, aber irgendwie scheint es jedenfalls weiterzugehen. Nur auf das „Warum?“ finden wir keine befriedigenden Antworten. Gestern hat Tante Lois gesagt: „Viele Leute haben schon versucht, den einen oder anderen guten Grund zu finden, warum Gott diesen Unfall zugelassen haben könnte. Aber keinen von diesen Gründen finde ich überzeugend, denn keiner ist es wert, dass ich dafür meinen Mann verliere. Aber eine Sache lässt mich in all dem zufrieden sein: dass Gott es mit zu seiner Ehre beitragen ließ. Selbst wenn ich nie das Warum verstehen sollte, bis ich in den Himmel komme, ist mir dieser Grund genug.“
Mir ist plötzlich klar geworden, was für ein geistliches Erbe sich – trotz all der Trennungsjahre – in meiner Familie an-

gesammelt hat. Und ich meine damit die Art von Glauben, auf die es ankommt, wenn es wirklich hart auf hart kommt.

Liebe Grüße,
Ruth

Wenn man bedenkt, dass wir bis dahin eigentlich kaum jemals größere Katastrophen erlebt hatten, erlebten wir die nächste Zeit als einen wahren Bombenhagel von Schicksalsschlägen. Jeder Brief von daheim enthielt neue Schreckensmeldungen. Die kleine Tochter meines Bruders erlitt bei der Geburt eine Rückenmarksverletzung und würde wohl ihr ganzes Leben lang gelähmt sein. Der Transporter, der die gesamte Haushaltseinrichtung von Daves Schwester Marge nach Florida schaffen sollte, brannte völlig aus. Und das Zimmer von Daves Bruder Phil, der damals im Studentenwohnheim lebte, ging in Flammen auf, als eine Heizdecke Feuer fing.

Bei uns ging es auch nicht ruhiger zu. Wieder wurden wir ausgeraubt. Daves Arbeitszeiten waren furchtbar; er war so erschöpft, dass er sich kaum auf den Beinen halten konnte. Ein Baby aus England hatte eine Hirnhautentzündung, was Daves Anwesenheit beinahe Tag und Nacht erforderlich machte, und einige Freunde aus Indien brachten ihr Kind mehrmals schwer krank zur Klinik. Und einer der anderen Ärzte war auf Heimaturlaub.

Ich hatte Dave nie zuvor so körperlich und emotional abgekämpft erlebt, nicht einmal während seines ersten Jahrs in St Louis, und es machte mir Angst. Ich war so daran gewöhnt, dass er durch all meine Höhen und Tiefen hindurch wie ein Fels in der Brandung stand. Obwohl meine Depressionen ihm ganz schön zu schaffen machten und er sie nie so recht verstand, nahm er mich an, wie ich war, und liebte mich beharrlich weiter. Jetzt war ich nicht mehr so sicher, ob er

noch Energie genug aufbringen könnte, meine Last auch noch mitzutragen, wo doch seine eigene immer schwerer wurde.
Ich sah den Wellen zu, die auf den Strand vor unserem Haus aufliefen, und mein Leben kam mir so vor, als wäre ich mittendrin. Eine große Welle warf mich nieder, und kaum hatte ich mir den Sand aus den Augen gerieben, kam schon die nächste, diesmal aus einer anderen Richtung, und warf mich um. Und ich schluckte immer mehr Sand. Ich konnte gar nicht lange genug stehen, um ans sichere Land zu laufen; alles, was mir blieb, war der Versuch, genug Luft zu holen, um zwischen den einzelnen Wellen überleben zu können. Irgendwann würde die Flut vorbei sein und mir eine Chance geben.
Ein Vers, der mir in dieser Zeit half, steht in Hiob 23,10: „Er aber kennt meinen Weg gut. Er prüfe mich, so will ich erfunden werden wie das Gold." Ich hielt mich an dem Versprechen Gottes fest, dass er irgendwie all diese schrecklichen Dinge benutzte, um mich ein kleines bisschen goldener zu machen ..., aber meistens wäre ich ja schon damit zufrieden gewesen, wenn er es bei Silber oder ein wenig Kupfer belassen hätte.

April 1977

Liebe Mama, lieber Papa,
es war so gut, dass ihr auf dem Weg nach Nigeria hier vorbeigekommen seid. Tante Lois war bestimmt sehr glücklich, dass ihre Schwester da war, und ich war auf jeden Fall froh, meine Eltern dazuhaben.
Danke auch für das Buch, dass ihr mir mitgebracht habt. Ich hätte nie gedacht, dass ihr viel für Psychologiebücher übrig hättet. Aber ich habe daran gemerkt, dass meine schwachen Versuche, das mit euch zu teilen, was ich in den letzten Jahren erlebt und erlitten habe, nicht ganz unverstan-

den verhallt sind ... Es hat mir immer viel bedeutet, dass ihr mich nie aufgegeben habt.
Ich kann mir vorstellen, dass das für euch auch nicht gerade einfach gewesen ist, aber ihr habt mir nie vermittelt, dass ich diese Kämpfe irgendwie nicht haben dürfte – dabei bin ich nicht einmal sicher, ob euch überhaupt bewusst war, womit genau ich eigentlich zu tun hatte. Ich habe es ja selbst nie wirklich auf den Punkt bringen können – und genau da liegt ein Teil des Problems.

Liebe Grüße,
Ruth

April 1977

Liebe Mama, lieber Papa,
die beiden Babys, das englische und das indische, sind diese Woche gestorben. Die Beerdigungen waren nicht nur für unsere Freunde furchtbar und haben unsere noch ganz frischen Wunden wegen Onkel Ells Tod wieder aufgerissen – sie schienen irgendwie auch meine ganze großartige Karriere als Missionarsfrau auf den Punkt zu bringen: ein einziger Fehlschlag.
Gestern war ich am absoluten Tiefpunkt. Ich schaffte es nicht einmal mehr, aufzustehen, um den neuen Tag in Angriff zu nehmen. Ich lag einfach den ganzen Tag da und dachte an all die Träume und Hoffnungen, die ich einmal für mein Leben gehabt hatte, und dann dachte ich an das, was aus ihnen geworden war. Wir waren doch so sicher, dass Gott uns nach Afrika geführt hatte. Er hat es geschafft, dass wir innerhalb von sechs Wochen nach unserer Kandidatenschule so viele Unterstützer zusammenhatten, dass wir gleich ausreisen konnten. Und was mache ich jetzt hier? Gar nichts. Sogar in Portsmouth hatte ich einen geistlicheren Dienst als hier. Seit wir in Liberia sind, bin ich kaum dazu gekommen,

die Familie zu versorgen, weil ich ständig von Kindern unterbrochen wurde, die etwas Wasser trinken oder eine Schale Reis abstauben oder einfach nur ein bisschen herumsitzen wollten. Meine Krankenschwesternausbildung war total umsonst. Diese Verse darüber, dass ich das Verwundete verbinden und das Kranke heilen sollte, grinsen mich höhnisch aus meiner Bibel heraus an – ich weiß doch, dass die sich auf Christus beziehen, wie dumm war ich nur zu denken, sie hätten irgendetwas mit mir zu tun! Es ist ja schon schlimm genug, zu versagen – aber wenn ich dann auch noch daran denke, wie viel Geld die Leute zu Hause in uns investiert haben, und hier sitze ich nun und tue gar nichts! Wie soll ich denen denn je wieder vor die Augen treten?

Meine Gedanken haben sich den ganzen Tag in mir gedreht, und dann habe ich Gott gefragt, was ich eigentlich falsch gemacht hatte. Ich war mir doch immer sicher, dass ich auf dem richtigen Weg war, aber jetzt kam es mir so vor, als führte dieser Weg nirgendwohin.

Da erinnerte mich Gott an all die Wunder, die er bewirkt hatte, um uns nach Afrika zu bringen. Es ist kein Versehen, dass ich hier bin.

„Na, und wenn es kein Versehen ist“, fragte ich, „warum läuft dann alles so furchtbar schief?“

„Ruth, bist du hierher gekommen, um deinen Willen zu tun oder meinen?“

„Was soll das denn für eine Frage sein, Gott? Ich würde doch nicht den weiten Weg nach Afrika kommen, nur um zu tun, was ich will!“

„Nein? Was ist denn mein Wille für dich hier?“

„Was soll das denn schon wieder heißen, Herr? Ich bin Krankenschwester. Ich habe Bibelstunden geleitet. Ich mag die Einheimischen schrecklich gern. Und du hast mir hier noch gar keine Aufgabe gegeben.“

„Ruth, könnte es sein, dass du dir selber ein Bild von dem zusammengestrickt hast, was mein Wille für dich ist? Hast du überhaupt je mit mir Rücksprache gehalten, oder hast du nicht einfach deinen Plan, die weltbeste Missionarsfrau zu werden, in die Tat umzusetzen versucht?"
Ich musste zugeben, dass ich mit einem ganzen Sack von Ideen gekommen war, mit denen ich gut dastehen würde. Ich hatte Gott doch eine Menge zu bieten – ich konnte mich leicht an die andere Kultur anpassen, ich war in Afrika aufgewachsen, ich mochte die Leute aus Liberia. Ich wollte alles richtig machen, was die Missionare meiner Kindheit falsch gemacht hatten. Meine Ankunft würde frischen Wind in verstaubte Strukturen bringen.
Gott hat mir etwas gezeigt, das mir sehr wehtat: Man kann auch ein großer Missionar werden wollen, um sich selbst zu verwirklichen – und nicht, um Gottes Ehre zu vergrößern. Ich glaube, ich werde noch eine Menge lernen müssen.

Liebe Grüße,
Ruth

April 1977

Liebe Mama, lieber Papa,
heute ist mir ein Lied nicht aus dem Kopf gegangen, in dem es um einen Mann geht, der sich selbst Leid tut: Er hat so für Jesus geschuftet, aber er hat nie etwas zurückbekommen. Dann antwortet ihm Jesus und erinnert ihn an all das, was er für diesen Mann getan hat.
In der zweiten Strophe bereut der Sänger seine Schuld und sagt Gott, dass er jetzt bereit ist, all die großen und edlen Dienste zu tun, die Gott ihm zuteilt. Und Jesus sagt ungefähr das: „Wenn ich dir eine Tasse Wasser gebe, dann bitte ich dich auch nicht um mehr als eine Tasse Wasser."
An dieser Zeile bin ich hängen geblieben. „Gott, du kannst

mich doch nicht allen Ernstes nach Afrika geschickt haben, damit ich hier Wasser an die Kinder vor meiner Tür verteile, oder?"

„Und wenn doch?"

„Aber Herr, was ist das schon! Ich könnte so viel mehr tun!"

„Wärst du denn bereit, Wasser zu verteilen?"

„Aber Herr, da ist ja nun wirklich nichts Geistliches dabei! Ich kann ja nicht einmal den Dialekt der Kinder hier, um ihnen von dir zu erzählen!"

„Bist du bereit, Wasser zu verteilen, Ruth?"

„Aber Herr, wie soll ich das denn den Leuten von unserem Freundeskreis beibringen? ‚Was machst du denn eigentlich in Afrika?' – ‚Ich verteile Wasser.' – ‚Ach ja, natürlich.' Das funktioniert niemals, Herr! Die erwarten schon ein bisschen mehr für ihr Geld!"

„Ja oder nein?"

„Aber warum denn?"

„‚Was ihr einem meiner geringsten Brüder getan habt, das habt ihr mir getan.' Wirst du so handeln, als wäre ich es, der da vor deiner Tür steht?"

„Okay, Herr. Aber ich glaube nicht, dass das irgendjemand verstehen wird."

Das ist also jetzt meine Aufgabe hier. Sie sieht irgendwie ziemlich unbedeutend aus. Ihr hättet bestimmt nie gedacht, dass ich einmal so eine tolle Karriere einschlage, was?

Liebe Grüße,
Ruth

Juni 1977

Liebe Mama, lieber Papa,
ich wurstele so vor mich hin, verteile Wasser und Reis und erlebe bis jetzt noch keinen bedeutenden geistlichen Durchbruch. Aber immerhin weiß ich jetzt, dass es in Ordnung

ist, ganz normal zu sein und das Alltägliche zu tun, wenn Gott das so will.

Gott hat mir kürzlich ein anderes meiner Probleme deutlich gemacht, als ich Römer 12 las. In der Übersetzung, die ich las, lauten die Verse 1 und 2 so: „Lasst nicht zu, dass die Welt um euch herum euch in ihre eigene Form presst, sondern lasst Gott euer Denken von innen her verändern. Dann werdet ihr in die Tat umsetzen, was sein guter und vollkommener und annehmbarer Wille ist."

Ich habe wieder gesehen, dass mein Gefühl, total versagt zu haben, eigentlich nur daher kommt, dass ich ein idealisiertes Bild habe, wie ich als Missionarin sein sollte. Außerdem möchte ich gerne so sein, wie ich denke, dass andere mich gerne hätten – ihr übrigens eingeschlossen. Ich habe mich in eine ganze Welt von Bildern pressen lassen.

Aber Gott sieht das ganz anders. Wenn ich das tue, was er sagt – selbst wenn es nur Wasserverteilen ist –, wird er mir mit der Zeit deutlich machen, dass das sein guter, vollkommener und annehmbarer Wille ist. Ich muss mich nicht abstrampeln, um das Wohlgefallen der anderen Menschen zu erringen.

Eine der Missionarinnen hier hat mich gefragt, ob ich nicht mit den anderen Missionarsfrauen einen Bibelkreis anfangen möchte. In der ersten Woche habe ich den anderen diese Gedanken über Bilder und Formen weitergegeben, und wir hatten einen guten Austausch. Ich werde einfach abwarten, was Gott aus einem bisschen Wasser und einem Bibelkreis von Missionarsfrauen machen will.

Liebe Grüße,
Ruth

Was für ein Jahr! Bei uns wurde noch öfter eingebrochen, wenn auch nie so schlimm wie beim ersten Mal. Einmal kam uns ein Fahrrad abhanden, und ein anderes Mal räumte

jemand unseren Wandschrank aus, während wir im hinteren Teil des Hauses waren.
Einer von Daves Freunden in den USA verlor nach nur einem Monat Ehe seine Frau bei einem Autounfall.
Einer unserer besten einheimischen Freunde starb im Januar und ließ sechs Waisen zurück – seine Frau war im Jahr zuvor verstorben.
Dem Leiter eines größeren medizinischen Projekts, in das mehrere unserer Missionare eingespannt waren, versagten plötzlich die Nieren und er musste nach Hause geschickt werden.

Januar 1978

Liebe Mama, lieber Papa,
ein Freund aus Portsmouth hat eine Kassette von einem Vortrag der letzten Missionskonferenz geschickt, bei dem der Redner Gottes Grundregeln für Mission erläutert. Er hat das an dem Vers aufgehängt: „Die mit Tränen säen, werden mit Freuden ernten." Bis jetzt habe ich nur die Tränen gesehen. Ich möchte gerne glauben, dass es eines Tages eine Menge gibt, worüber wir uns freuen können.
Ich bin so froh, dass wir dieses Jahr zusammen auf Heimaturlaub gehen können. Ich muss noch so viel von meinem ersten Jahr hier aufarbeiten, und ich weiß, dass ihr mir zuhören werdet. Viel von dem Ärger, den ich in der Vergangenheit mit mir herumgeschleppt habe, ist längst verflogen. Ich bin auch lange nicht mehr so ängstlich wie früher. Manchmal, wenn ich an all die schlimmen Dinge denke, die in der Zukunft noch passieren könnten, wird mir schon selber klar, dass die meisten meiner düsteren Vorhersagen nie wirklich eintreffen. Und bei den Dingen, die tatsächlich passieren, haben wir immer wieder erlebt, dass Gott uns durchträgt und genau die Kraft gibt, die wir brauchen. Ich kann mir seine Gnade und seinen Trost nicht auf Vorrat

borgen. Aber ich weiß jetzt, dass sie da sein werden, wenn ich sie am dringendsten nötig habe.
Ich glaube, ich bin jetzt alt genug, dass ich euch nicht mehr nur als Eltern, sondern auch als Menschen lieb habe. Bis in ein paar Monaten dann!

Liebe Grüße,
Ruth

März 1978

Dave erhielt einen Funkspruch von der Missionsstation: „Charles Frame fliegt zur medizinischen Behandlung in die USA. Anlass: Einschränkung des Gesichtsfelds und rechtsseitige Lähmungserscheinungen."

Lieber Papa,
so schlecht, wie ich mir das im Moment vorstelle, kann's dir doch gar nicht gehen? Nicht jetzt, wenn ich dich so gerne sehen und mit dir reden möchte! Weil ich so daran gewöhnt bin, dass ihr nicht da seid, habe ich mich manchmal gefragt, ob es mir eigentlich schrecklich viel ausmachen würde, wenn einem von euch wirklich einmal etwas Schlimmes passieren würde. Zwanzig Jahre Trennung sind eine furchtbar lange Zeit. Aber es macht mir etwas aus, unerträglich viel sogar! Und der Funkspruch besagt, dass du schon heute abfliegst, so kann ich nicht einmal anrufen und fragen, was los ist.
Ich habe auch wieder zu kämpfen mit dem alten Thema „Pflicht contra Wunsch". Ich habe mich immer aufgeregt über die Missionare, die bei jeder Familienkrise gleich nach Hause fliegen. Ich dachte, so richtig ernst könne es denen mit ihrem vollen Einsatz für Gott ja nicht sein. Aber jetzt würde ich selbst am liebsten ins nächste Flugzeug steigen. Vielleicht ist mein Wunsch, unbedingt sofort von hier ab-

zureisen, ein weiteres Anzeichen, dass ich als Missionarin einfach nichts tauge. Aber ich glaube, ich platze, wenn ich hier bleiben muss. Ich fürchte, ich habe Angst, dass Gott von mir erwartet, dass ich unbedingt hier bleibe, damit ich eine weitere Lektion darüber lerne, wie ich alles um seinetwillen loszulassen habe. Mein Verstand sagt mir, dass das kein besonders gesundes Gottesbild ist, aber ich empfinde es im Moment einfach so.
Nach dem Gottesdienst heute habe ich auf dem Boden gelegen und mir die Seele aus dem Leib geweint. Warum ist das passiert? Und warum jetzt? Ich bin so müde vom Kämpfen.

Liebe Grüße,
Ruth

März 1978

Liebe Mama, lieber Papa,
wir kommen heim! Ich glaube, Gott wusste, dass ich nicht einfach so kommen würde, nur weil ich das gerne wollte, also hat er uns einen guten, geistlich akzeptablen Grund geliefert. Im Moment sind hier einige Ärzte auf Kurzzeit-Einsatz, aber im Sommer wird es voraussichtlich etwas eng. Wenn wir jetzt gehen, können wir rechtzeitig zurück sein, um den Engpass zu vermeiden.
Wieder einmal brauche ich die Hilfe anderer Leute. Viele hier haben mir geholfen, alles zusammenzupacken, manche haben auf die Kinder aufgepasst oder unsere Reise mit vorbereitet. Gott hat dieses selbstgenügsame Missionarskind, das ich einmal war, mittlerweile schon in so viele Situationen geführt, in dem es ohne fremde Hilfe nicht ging – und ich kann all das nicht einmal direkt an den anderen gutmachen. Er zwingt mich zu sehen, wie sich im Leib Christi ein

Körperteil um das andere kümmert. Und durch das Gute, was meine Mitchristen mir tun, zeigt er mir, wie sehr er mich liebt.
Wir werden einen Tag vor deinem Geburtstag da sein, Papa. Ich bete, dass die Ergebnisse deiner Untersuchungen besser ausfallen, als wir alle befürchten.

Liebe Grüße,
Ruth

15. Ein weiterer Abschied

März 1978

Lieber Gott,
jetzt bin ich hier bei Papa – aber wie soll ich es nur aushalten? Er hat mich nicht einmal sehen können, als ich in sein Zimmer kam, und bemerkte mich erst, als ich direkt vor ihm stand. Wenn er isst, kann er seine Gabel nicht richtig unter das Essen bewegen, und er kann sie nicht lange genug halten, um sie zum Mund zu führen.
Er ist doch mein Papa! Er ist immer so stark gewesen und hat unsere Familie immer sicher durch alle unerwarteten Stürme geleitet. Jetzt braucht er unsere Hilfe schon, um überhaupt aus dem Bett zu kommen. Was ihm mit am meisten Kummer macht, sagte er, ist, dass seine Enkelkinder Opa Frame immer nur als jemanden im Gedächtnis behalten werden, der beim Essen gesabbert hat.
Gott, hilf uns bitte, dass es dazu nicht kommt. Hilf uns, dass wir unseren Kindern vermitteln, dass ihr Opa vor allem ein Mensch war, der Gott mehr als alles andere liebte und seinen Kindern Glauben nicht nur theoretisch weitergab, sondern im täglichen Miteinander vorlebte. Ein Mann mit einem ausgeprägten Gerechtigkeitssinn, der nicht zwischen Menschen verschiedener Kulturen oder Rassen unterschied. Und ein Opa, der sie lieb hatte.
Ich bete, dass die Ärzte irgendetwas finden, das man behandeln kann, wenn sie eine Biopsie von diesen beiden Gewebeschäden machen, die sie in Papas Gehirn gefunden haben. Ich weiß, dass sie nicht wirklich damit rechnen, aber bitte, Gott, tu ein Wunder für uns.

Liebe Grüße,
Ruth Ellen

März 1978

Lieber Gott,
ich bin so dankbar, dass wir diesen Aufenthaltsraum im Krankenhaus für Papas Sechzigsten nutzen durften. Es war schön, alle wiederzusehen, aber hinter den lächelnden Gesichtern und fröhlich flackernden Kerzen spürte man den unausgesprochenen Gedanken, dass dies Papas letzter Geburtstag sein könnte.
Ich fühle mich ganz taub in dieser Zeit, in der wir alle nicht so richtig wissen, was eigentlich mit ihm los ist. Ich habe noch keine unserer Freunde und Unterstützer angerufen, um zu sagen, dass ich hier bin. Zum ersten Mal in meinem Leben möchte ich jeden Gedanken an Dienst, Pflicht, Mission oder Leute aus meinen Gedanken verbannen – und mich ganz auf meine Familie konzentrieren.
Du verstehst das doch, Gott, oder?

Liebe Grüße,
Ruth Ellen

März 1978

Lieber Papa,
als die Ärzte uns gesagt haben, dass die Chance, dass du bei dieser Hirnbiopsie stirbst, bei eins zu zwanzig liegt, war das schrecklich. Es war einfach unerträglich, dass du da im Bett lagst und mit uns sprachst – und wir alle wussten, dass es vielleicht das letzte Mal war. Danke auch, dass du so offen mit uns über deine Kämpfe geredet hast. Als du uns erzählt hast, dass du in der Nacht zuvor nicht geschlafen hattest, hat mich deine Aufrichtigkeit beeindruckt. Für dich ist das alles auch nicht einfach, selbst wenn du weißt, dass es irgendwie Gottes Wille ist.
Aber als sie dich auf diesem OP-Wagen aus dem Zimmer gerollt haben und wir alle mit Tränen in den Augen herum-

standen, hast du gesagt: „Vergesst nicht, dass Römer 8,28 immer noch in der Bibel steht.“ Es war wichtig, daran wieder erinnert zu werden. Irgendwie wird Gott alles zum Guten führen. Ich weiß nur nicht, wie.

Liebe Grüße,
Ruth Ellen

Ich denke, ich war nicht besonders überrascht, als der Chirurg uns eröffnete, dass in Papas Gehirn zwei bösartige Tumore wucherten, die sich eigentlich nicht behandeln ließen. Es half sehr, dass wir zusammen weinen konnten, obwohl ich die ganze Zeit über dachte, dass wir vielleicht doch ein bisschen mutiger sein sollten. Aber es war so schrecklich traurig, zu wissen, dass uns nur so wenig Zeit blieb.
Es war auch gut, dass wir den Rest der Familie um Hilfe bitten konnten. Diesmal war Chuck nur einen Anruf und eine Zugfahrt entfernt, und dass er kam, gab uns sehr viel Mut. Er schien genau zu wissen, was er tun und sagen konnte, um uns eine wirkliche Hilfe zu sein. Als seine Tochter geboren wurde und sie alle nicht wussten, ob oder wie lange sie überleben würde, hatten sie diesen Vers für sich entdeckt: „Dies ist der Tag, den der Herr macht. Lasst uns freuen und fröhlich sein.“ Ihnen wurde bewusst, dass jeder Tag ein Geschenk von Gott ist und dass sie all das verlieren würden, was Gott ihnen in der Gegenwart gibt, wenn sie sich die ganze Zeit Gedanken um die Zukunft machen.

März 1978

Lieber Gott,
wir haben keine Ahnung, wie viel – oder wie wenig – Zeit Papa noch bleibt. Aber wir werden nichts davon haben, wenn wir nicht jeden Tag, den wir noch mit ihm haben, voll genießen. Wenn mir das doch schon vor Jahren bewusst gewe-

sen wäre, als all diese Trennungen vor uns lagen! Vielleicht hätte mich das davor bewahrt, jedes Mal vor ihrer Abfahrt total unausstehlich und miesepetrig zu sein. Ich finde es sehr schwer, mich jetzt nicht innerlich von Papa zurückzuziehen, um den Schmerz erträglich zu halten. Bitte, Gott, lass mich diese letzte Gelegenheit, die ich habe, nicht versäumen.

Liebe Grüße,
Ruth Ellen

März 1978

Lieber Gott,
danke für die kostbare Zeit, die wir mit Papa haben. Es war so großartig, ihm von vielen meiner Kämpfe erzählen zu können, die ich hatte, als ich auf dem Missionsfeld ankam – und zu merken, dass er mich versteht! Er stimmt mir sogar in manchen Dingen zu, die ich als falsch erkannt habe – jetzt weiß ich auch, woher ich meinen Sinn für Gerechtigkeit habe!
Ich bin so froh, dass er mich immer noch hören und mir immer noch zuhören konnte. Sein Verständnis, seine Liebe und Annahme waren mir so wichtig. Muss ich ihn jetzt verlieren – gerade jetzt, wo ich ihn wieder neu kennen lerne?

Liebe Grüße,
Ruth Ellen

März 1978

Lieber Gott,
ich bin erleichtert, dass wir über Alices Hochzeitspläne reden konnten. Papa hat ihr die Unsicherheit genommen und ihr gesagt, dass sie mit den Vorbereitungen fortfahren sollen – ganz unabhängig davon, was aus ihm wird. Danke, dass

ich eine Familie von Christen habe, in der offen darüber geredet werden kann, dass der Tod vor der Tür steht. Ich habe schon zu viele dieser Spielchen beobachtet, mit denen andere den Gedanken an Tod und Sterben bis zuletzt verdrängen.

Papa hat erzählt, wie ihm bewusst wurde, dass er möglicherweise noch vor dem Ruhestand sterben würde, und wie er dich fast vorwurfsvoll fragte: „Aber Gott, was soll denn aus meiner Briefmarkensammlung werden und aus all der Gartenarbeit, die ich mir vorgenommen hatte?" Und du hast ihm geantwortet: „Charlie, was sind Briefmarken und was ist Gartenarbeit verglichen mit der Herrlichkeit des Himmels?"

Ich habe immer Angst vor dem Tod gehabt, aber in diesen Tagen gibt mir Papa noch so viel mit auf den Weg. Er hat mich so viel gelehrt darüber, wie man leben kann – jetzt lehrt er mich, wie man sterben kann.

Liebe Grüße,
Ruth Ellen

April 1978

Der Arzt ließ Papa über Ostern nach Hause kommen. Es war ein wunderschöner Tag, an dem wir Kinder und alle Enkelkinder da waren.

Ich kann mir gut vorstellen, dass manche Leute es ziemlich schmerzhaft finden, wenn sich das Ende so hinzieht, aber ich konnte mich freuen, dass Gott uns diese letzten Tage als Familie schenkte. Wir waren viel getrennt gewesen, aber Gott hatte unsere Liebe zueinander stark gehalten.

Als wir uns nach dem Abendessen noch zusammensetzten, um zu singen, habe ich daran denken müssen, wie ich damals in Kano in der Kirche immer neben Papa gesessen hatte. Er hat mir immer erzählt, wie ein Lied Oma Frame während all der Jahre getröstet hat, in denen sie und Opa Frame wegen seiner Aufgaben in der Mission getrennt waren. Ich hatte es in den vielen Jahren der Trennung auch für mich entdeckt:

Fried', vollkommner Friede –
und unsre Lieben weit?
Wir alle werden gut bewahrt
in Raum und Zeit.

Diesmal fiel mir ein anderer Vers auf:

Fried', vollkommner Friede –
wenn uns das Sterben droht?
Es hat der Herr auf Golgatha
besiegt den Tod.

Was für ein Geschenk ist es, eine Familie zu haben, die noch zusammen singen kann, selbst wenn der Tod seine Schatten über uns wirft!

April 1978

Liebe Mama, lieber Papa,
die Entscheidung, zur diesjährigen Missionskonferenz unserer alten Gemeinde nach Virginia zu gehen, ist mir nicht leicht gefallen. Aber jetzt, wo du zu Hause bist und dein Zustand stabil zu sein scheint, Papa, war es wohl doch in Ordnung.
Wir sind so froh, dass wir hergekommen sind. Es ist eine unglaubliche Kirche! Ich weiß nicht, ob die Leute hier versuchen, die Sache mit dem Alabasterfläschchen auszubügeln oder was – jedenfalls sind alle unvorstellbar nett und wir werden geradezu in Liebe eingewickelt. Weil sie in diesem Jahr nicht mit uns gerechnet hatten, mussten wir uns

nicht groß einbringen, aber ich habe viel Heilung erlebt, als ich Gottes Wort hörte und wieder neu angesprochen wurde. Wir sind wieder daran erinnert worden, wozu Kämpfe und Schwierigkeiten da sind. Ich glaube, man könnte sagen, dass wir unsere Berufung wieder neu festgemacht haben.

Beim Frauenmittagessen wurden alle Missionarinnen aufgefordert zu erzählen, was sie gerade so erlebten, was sie machten oder wo sie geistlich standen. Ich blieb bis zum Schluss übrig. Ich weiß nicht, ob es an dieser Predigt vor zwei Jahren lag oder daran, dass dieser Heimaturlaub für mich wirklich nicht gerade einfach ist – aber jedenfalls fingen alle an zu klatschen, als ich aufgerufen wurde! Ich war so überwältigt, dass ich anfing zu weinen, und ich konnte nicht einmal aufhören, als ich meine kurze Ansprache zu halten versuchte. Es war das erste Mal, dass ich zu Hause von unserer Arbeit auf dem Missionsfeld berichtete – wenn das so weitergeht...! Ich weiß nicht einmal mehr, was ich gesagt habe. Ich habe nur ein paar Sätze darüber gemurmelt, dass ich es bis jetzt nicht gerade leicht fand, Jesus zu dienen, und dass ich sehr viel Neues gelernt hatte. Ich bat sie, ganz viel für mich zu beten.

Nachher kamen sie alle auf mich zu und nahmen mich fest in den Arm. Und sie unterstützen uns alle weiterhin. Ich verstehe das wirklich nicht – aber ich freue mich natürlich wie ein Schneekönig. Die nehmen mich hier auch ohne Missionarsmaske an!

Liebe Grüße,
Ruth Ellen

April 1978

Lieber Gott,
als ich nach Hause kam und Papa so blau angelaufen war, dachte ich, dass das wohl das Ende sei. Hab vielen Dank, dass du es möglich gemacht hast, dass nicht nur wir sechs Kinder, sondern auch Papas Brüder und Schwestern bei ihm sein konnten.

Wahrscheinlich weißt du besser als ich, ob Bewusstlose hören, was um sie herum gesprochen wird, auch wenn sie nicht darauf reagieren können. Aber jedenfalls danke, dass ich eine Familie habe, in der man sich nicht nur gegenseitig Ermutigung zusingen kann, sondern auch Papa in seinen letzten Stunden Mut zu machen versucht. Was für eine Freude war es, als wir „Bleibend ist deine Treu“ sangen und plötzlich diese schiefe Stimme in den Refrain einstimmte. Das war Papa, er hatte die Augen zwar geschlossen, aber er sang mit uns! Es kam uns vor wie eine kleine Auferstehung.

Was für eine großartige Zeit du uns geschenkt hast! Es war herrlich, Papa von all den besonderen Dingen und Zeiten reden zu hören, an die er sich erinnerte. Aber natürlich war er sehr schwach. Ich glaube, so habe ich mir immer Jakob vorgestellt, wie er seine Söhne an sein Totenbett rief, um sie zu segnen. Obwohl Papa an diesem Abend immer wieder das Bewusstsein verlor, kann uns niemand die Erinnerung an diese Stunden nehmen.

Danke auch, dass ich Papa in diesen letzten Tagen zu Hause pflegen darf. Das ist so ein besonderes Vorrecht.

Liebe Grüße,
Ruth Ellen

Juni 1978

Lieber Papa,
am Samstag heiratet Alice. Und nächste Woche gehe ich zurück nach Afrika. Es wäre so schön gewesen, wenn wir noch weiter miteinander hätten reden können, aber du hast in den letzten beiden Wochen nichts mehr gesagt.
Während die Anspannung in mir wächst, merke ich wieder, wie ich mich innerlich zurückziehe. Und genau das wollte ich doch vermeiden. Es ist furchtbar schwierig, in dein Zimmer zu gehen – schließlich scheinst du nicht einmal mehr wahrzunehmen, ob wir überhaupt da sind oder nicht. Ich habe ja noch viel zu packen, und auch die Vorbereitungen zur Hochzeit laufen weiter.
Aber ich war so froh, als mir das selber bewusst wurde, und so bin ich an diesem Nachmittag extra noch einmal zu dir gegangen. Ich dachte eigentlich nicht, dass du mich bemerkt hattest, aber als ich sagte: „Papa, ich bin so froh, dass ich schon gekommen bin, als du noch mit mir reden konntest", war ich total fassungslos. Du versuchtest etwas zu sagen! Es muss dich den letzten Rest Kraft gekostet haben, der noch in dir war, aber am Ende brachtest du doch die Worte heraus: „Ja, ich bin auch froh, dass du gekommen bist, als noch Zeit war. Ich bin froh, dass du gekommen bist."
Papa, ich kann dir diesseits des Himmels nicht mehr sagen, was mir das bedeutet hat. Vielleicht wirst du es wissen, wenn du dort ankommst. Mir war, als würde Gott mir die Augenblicke zurückgeben, die ich an meinem Hochzeitstag nicht haben konnte. Ich habe dich so lieb.

Liebe Grüße,
Ruth Ellen

Juni 1978

Liebe Mama,

heute, bei der Probe für Alices Hochzeit, bin ich fast zusammengebrochen. Es war so schrecklich, die beiden Eltern ihres Verlobten zu sehen – und du warst alleine da, und vielleicht ist Papa vor der Hochzeit schon tot. Und dann muss ich auch noch in fünf Tagen zurück nach Afrika – es war einfach alles zu viel. Ich saß das ganze Essen hindurch an meiner Seite des Tisches und weinte vor mich hin. Ich habe keine Ahnung, wie wir diese Hochzeit morgen durchziehen sollen, wenn schon die Probe so unerträglich war.

Als ich nach Hause kam, rannte ich schnell nach oben, um ein Zimmer zu finden, in dem ich allein sein konnte. Ich glaube, ich habe ein bisschen gehofft, dass Dave nach mir sehen würde, aber eigentlich wollte ich nicht einmal ihn wissen lassen, wie schlecht es mir ging. Ich finde es immer noch sehr schwer zuzugeben, dass ich den Trost irgendeines anderen Menschen brauche, besonders euren oder Daves.

Ich muss wohl eine Weile geweint haben. In Gedanken bin ich wieder all die Gründe durchgegangen, warum ich wieder nach Liberia gehen sollte; schließlich hatte Gott mich dahin berufen, und es waren ja auch alle meine fünf Geschwister da, um dir zu helfen. Aber zum Schluss musste ich mir eine neue und ziemlich überraschende Tatsache eingestehen: Ich muss *meinetwegen* bleiben, nicht für irgendjemand anderen oder weil ich mich hier noch nützlich machen könnte. Ich brauche gar keine weitere Rechtfertigung. Ich muss hier bleiben, weil es für *mich* wichtig ist – und meine Bedürfnisse sind genauso wichtig wie die von irgendeinem der Menschen, zu denen mich Gott gesandt hat, um ihnen zu dienen. Diese Entscheidung hat mir die enorme Last von den Schultern genommen, unter der ich zu zerbrechen drohte. Ich habe Dave gesucht und ihm gesagt, dass er möglicherweise ohne mich wird zurückgehen müssen. Ich muss einfach hier bleiben, bis alles vorbei ist. Dann werde ich nachkommen. Als er Verständnis dafür hatte und mir keine Vorwürfe machte, dass ich so schwach sei, wurde mir klar, dass ich so langsam etwas begreife, was Gott mir schon seit St Louis beizubringen versucht: Ich verlange von mir selbst viel mehr Dienst und Pflichterfüllung, als ich von irgendeinem anderem erwarten würde. Ich glaube, ich verlange sogar mehr von mir als Gott.

Liebe Grüße,
Ruth Ellen

Juni 1978

Liebe Mama,
ich bin froh, dass Papa noch bis nach der Hochzeit gelebt hat, auch wenn es nur zwei Tage waren. Manche Leute glauben ja, dass Sterbende nicht „gehen können", bis eine bestimmte Sache abgeschlossen ist; vielleicht hat er Alices Hochzeit abgewartet.
Es tut mir so Leid, dass du ihn verloren hast, wo ihr euch doch immer so nahe gewesen seid. Aber ich habe bei dir wie auch bei Tante Lois beobachtet, dass eure Trauer nicht von Bedauern, von „Wäre doch ..." oder „Hätte ich doch ..." durchzogen ist. Ihr beide habt das Leben mit euren Männern gut gelebt.
Danke, dass du mich gestern Abend weinen ließest, als ich dir sagte, dass es mir einfach zu schwer schien, zurückzugehen. Und danke, dass du mitgeweint hast.

Liebe Grüße,
Ruth Ellen

16. Zurück in Liberia

Juli 1978

Liebe Mama,
wir sind nur eine Woche später nach Liberia zurückgekehrt, als wir ursprünglich geplant hatten. Von den neuen Ärzten, die einen Kurzzeit-Einsatz hier gemacht haben, sind noch einige da, und so ist hier alles in Ordnung.
Ich fühle mich immer noch sehr ausgelaugt nach all den Ereignissen, die mich emotional sehr mitgenommen haben. Und trotzdem kann ich gleichzeitig sagen, dass ich viel Frieden empfinde. Es ist so ein bisschen, wie wenn man während eines Sturms in einer Berghütte eingeschlossen ist – bei jedem Blitz und bei jedem Donnerkrachen denkt man, dass man ihn nicht überlebt – und dann überlebt man es doch, und es kommt noch einer und noch einer ... Wenn dann alles vorbei ist, erlebt man die Stille umso intensiver und ist richtig erstaunt darüber. Und erst in dieser Stille wird einem dann bewusst, in was für einer Anspannung man die ganze Zeit gewesen ist. Ich stecke meinen Kopf ganz vorsichtig zur Tür heraus, um zu sehen, was der neue Einsatz bringt. Ob ich wohl darauf hoffen kann, dass er etwas weniger stürmisch wird?

Liebe Grüße,
Ruth

Juli 1978

Liebe Mama,
es sieht so aus, als würde dieser Mehrjahreseinsatz genauso schlimm werden wie der letzte. Wir sind gerade erst seit drei Wochen zurück – und schon wieder sind wir beraubt worden. Ich war nur mit Ruth Clark, meiner Freundin, los-

gezogen, um ein paar Einkäufe zu erledigen. Ich habe extra große Mengen gekauft, weil das Geld bei uns demnächst ein bisschen knapp wird; wir müssen viel in unser neues Haus stecken. (Hatte ich dir erzählt, dass wir für ein anderes Haus vorgemerkt worden sind? Wir ziehen um, sobald wir da ein bisschen dran renoviert haben.)
Wir mussten nach dem Einkaufen noch schnell etwas erledigen, und als wir zum Auto zurückkamen, waren all unsere Taschen mit den Lebensmitteln verschwunden. Ruth meinte lakonisch: „Naja, was wir haben, gehört sowieso Gott. Wenn er beschließt, es uns wieder wegzunehmen, wird das wohl in Ordnung sein."
Ich dachte nur: Na hör mal, das ist eigentlich mein Lebensmotto, und ich habe es gründlich satt. Für dich ist das hier das erste Mal – ich habe das schon fünf- oder sechsmal hinter mir. Aber gesagt habe ich nichts. Ich fand meine Gedanken zu ungeistlich.
Als wir zu Hause ankamen, ging Ruth nach drinnen, um ihrem Mann zu erzählen, was passiert war. Er sagte: „Kommt mal her und seht, was wir hier haben." Im Flur standen vier große Kisten mit Lebensmitteln – viel mehr, als uns geraubt worden war. Einige ihrer Freunde, die für *Voice of America* gearbeitet hatten, waren ausgereist. Sie hatten alles, was sie noch in ihrer Vorratskammer fanden, in diese Kisten gepackt und sie auf dem Weg zum Flughafen bei den Clarks vorbeigebracht. Ruth war völlig aus dem Häuschen, wie gut Gott für sie sorgte, und teilte alles großzügig zwischen uns auf.
Ich habe mich gefühlt, als hätte mir jemand eine Tracht Prügel verpasst. Wenn ich genauso wie Ruth diesen Raub hingenommen und Gott vertraut hätte, hätte ich jetzt auch Freude empfunden und das Gefühl gehabt, auf der Siegerseite zu stehen. Aber ich hatte nur mürrisch vor mich hingebrummelt. Gott hatte mir nicht einmal genug Zeit gege-

ben, das Selbstmitleid richtig auszukosten, von dem ich dachte, dass es mir wirklich endlich einmal zustand.
Ich freue mich natürlich über diese Lebensmittel, aber ich habe eigentlich keine Lust, Gott zu loben und zu preisen. Diesmal nicht! Ich möchte mich lieber noch eine Weile ärgern.

Liebe Grüße,
Ruth

August 1978

Liebe Mama,
meine Depressionen sind zurückgekehrt. Ich weiß noch nicht so ganz warum, aber ich bin jedenfalls ziemlich frustriert darüber. Ich bin noch zusätzlich verärgert, weil ich eigentlich gedacht hatte, dass ich das alles mit Gottes Hilfe hinter mir gelassen hätte.
Ich versuche mich abzulenken, indem ich mich auf das neue Haus stürze. Deine unkünstlerische Tochter hat noch nie so viele Tapeten geklebt oder sich in allen möglichen Dekokram verbissen. Ich will einfach keinen Besuch hier haben und möglichst niemanden sehen. Das Haus ist eine großartige Entschuldigung – und ein herrliches Versteck.

Liebe Grüße,
Ruth

November 1978

Liebe Mama,
ich lebe jetzt schon seit vier Monaten unter dieser dunklen Wolke. Nach außen funktioniere ich natürlich irgendwie, aber innerlich drückt mich ein schweres Gewicht zu Boden. Ich bete viel dafür, aber nichts ändert sich. Mittlerweile bin

ich als Ehefrau, Mutter und Missionarin nur noch zu wenig zu gebrauchen.
Heute gab es in der Gemeinde Abendmahl, aber bin nicht mit nach vorne gegangen. Ich habe Gott gesagt, dass er mich, wenn er nicht vor dem Abendmahlsgottesdienst nächsten Monat irgendetwas tut, lieber sterben lassen soll. So, wie ich jetzt bin, bin ich zu gar nichts nütze, und ich halte das Leben mit mir selbst nicht mehr aus.

Liebe Grüße,
Ruth

November 1978

Liebe Mama,
heute habe ich Gott wieder einmal gefragt, was eigentlich mit mir los ist, und er hat mich in Gedanken wieder nach Portsmouth zurückgeführt und zu allem, was ich dort gelernt habe: Meine Depressionen entstehen, wenn ich meinen Ärger verdränge. So weit, so gut. Aber worüber habe ich mich denn diesmal geärgert?
Ich habe an all die Trennungen denken müssen, die mein Leben geprägt haben, aber sie scheinen längst nicht mehr so wehzutun wie früher. Ich habe an dich und Papa gedacht, aber da habe ich mehr liebevolle Gefühle empfunden und nicht die Wut, die mich damals in St Louis aufgefressen hat. Und obwohl ich sehr traurig bin, dass Onkel Ell und Papa gestorben sind, sehe ich auch hier keinen Ärger in mir, selbst wenn ich ganz genau hinschaue. Also auf wen oder auf was bin ich bloß diesmal wütend?
Dann kam die Antwort: „Du bist wütend auf mich, Ruth."
„Aber Gott, das würde mir doch nicht im Traum einfallen. Du bist schließlich Gott!"
„Trotzdem bist du wütend auf mich."

„Gott, ich hänge doch mit allem, was ich habe und bin, von dir ab. Wie könnte ich auf dich je wütend sein?"
„Gib's doch einfach zu. Du bist wütend auf mich."
„Aber ich weiß doch, dass du mir nie etwas antun würdest, das mir schaden könnte. Ich kenne doch alle Bibelverse darüber, wie groß du bist und wie gut du es mit mir meinst. Ich könnte nie wütend auf dich sein. Ich habe dich doch lieb!"
„Du kannst jemanden lieb haben und trotzdem wütend auf ihn sein. Was du weißt und was du tatsächlich fühlst, muss nicht immer übereinstimmen. Deine Depressionen kommen daher, dass du versuchst, deine Gefühle an deinen Verstand anzupassen, ohne überhaupt zuzugeben, dass du diese Gefühle hast."
Ich musste schließlich einsehen, dass er mit dem, was er mir hier sagte, Recht hatte. All diese Jahre hindurch richtete sich mein Ärger immer auf bestimmte Dinge oder Leute, auf die häufigen Trennungen zum Beispiel oder auf euch. Aber wenn ich ganz ehrlich bin, bin ich unglaublich wütend auf Gott. Warum mussten wir schließlich diese ganzen Trennungen erleben? Nur weil er es wollte. Wer hätte all die schlimmen Dinge, die mir in den letzten beiden Jahren passiert sind, verhindern können? Er schon! Als ich mir das endlich eingestand, rechnete ich damit, dass ich auf der Stelle vom Blitz erschlagen würde. Wer war ich denn, Gott in Frage zu stellen?
„Ruth, ich weiß ja, dass *dich* der Gedanke schockiert – aber mich nicht. Ich habe doch all die Jahre gesehen, dass du diesen Ärger gegen mich in dir trägst, auch wenn du ihn dir selbst nicht eingestanden hast. Ich für mein Teil bin nicht überrascht."
Ich konnte kaum glauben, dass Gott jetzt nicht seinerseits wütend auf mich war – er war sogar groß genug, mit meinem Ärger fertig zu werden. Das hat mir Mut gemacht, noch

ein bisschen tiefer zu graben, und dabei wurde mir klar, dass ich mit dieser speziellen Depression seit dem Tag zu kämpfen habe, als unsere Einkäufe gestohlen wurden. Natürlich war das mit den paar Lebensmitteln an sich keine große Sache, und Gott hatte sie uns schließlich ersetzt. Aber ich kann mich noch genau erinnern, was ich damals dachte: „Warum lässt du mich nicht endlich in Ruhe? Seit ich nach Liberia gegangen bin, um dir zu dienen, hast du nichts Besseres zu tun gehabt, als mich zu ärgern und mir wehzutun. Mir reicht's jetzt. Ich hab die Nase voll."

Solche Gedanken kamen nicht einmal mir angemessen vor, und so vergrub ich sie tief in meinem Innern. Aber natürlich war ich immer noch wütend. Ich habe Gott all das, was geschehen war, nie „vergeben". Es war so ähnlich wie beim ersten Mal, als ich sah, wie viel Wut eigentlich in mir steckt – nur geht es diesmal noch tiefer. Wie beim letzten Mal, so weiß ich auch diesmal nicht, was ich mit meiner Wut machen soll. Aber immerhin konnte ich sie zugeben. Gott wird die Heilung selbst übernehmen müssen.

Also warte ich ab, was als Nächstes passiert. Ich habe heute einen schrecklichen Dorn in meinem Herzen freigelegt, von dem ich nicht einmal gewusst hatte, dass er so viel Schmerzen verursacht.

Liebe Grüße,
Ruth

November 1978

Liebe Mama,

vor ein paar Tagen habe ich ein Buch in unserem Regal gefunden, das da bestimmt schon seit einigen Jahren steht: *The Release of the Spirit* von Watchman Nee. Als ich das las, wusste ich, dass das Gottes Antwort war.

Nee sagt, dass wir Gott bitten, uns zu gebrauchen, aber da

ist so viel Unrat in unserem Herzen, dass Gott erst in uns aufräumen muss. Er will alles wegnehmen, was uns davon abhält, das zu sein, was wir so gerne sein möchten: Menschen, die für ihn wirklich brauchbar sind. Diese Hindernisse können Dinge sein, die wir nicht einmal bemerken, wie z. B. Stolz oder die Sicherheit, die uns unser Beruf gibt, Wut und Ärger und so weiter und so fort. Weil diese Dinge alle zum „äußeren Menschen" gehören und nicht zum „inneren", geistlichen, benutzt Gott auch äußere Umstände, um sie aus dem Weg zu räumen.

Nee denkt, dass wir diesen Prozess, den Gott in uns anstößt und zu Ende bringt, nicht abkürzen können. Aber wir können ihn in die Länge ziehen, indem wir uns ihm widersetzen und ständig aufbegehren, weil wir seinen Weg mit uns nicht akzeptieren. Menschen, die nie zulassen, dass Gott sie durch die Umstände in ihrem Leben formt und lehrt, werden bitter und unzugänglich.

Das Buch hat mir sehr geholfen, weil es die unbequeme Wahrheit nicht ausspart: Es tut manchmal weh, wenn Gott an uns arbeitet. Irgendwer muss mir eingeredet haben, dass ich nur dann eine gute Christin sein kann, wenn ich nichts anderes empfinde als Freude und Begeisterung. Aber jetzt sehe ich so viele andere Facetten meines Glaubens: Dass das Weizenkorn in die Erde fallen und sterben muss, um Frucht zu bringen. Und dass auf die Todesqualen, die Christus erleiden musste, die Herrlichkeit seiner Auferstehung folgte. Ich bin all diese Jahre von Gott „bearbeitet" worden – und werde es weiter. Das ist gut, aber es geht nicht ohne Schmerzen ab.

Ich muss an all das denken, was Gott mir in diesen letzten Jahren beigebracht hat. Es stimmt ja, dass ich dann, wenn alles glatt ging, eigentlich nie viel weiter gekommen bin. Manche der harten Zeiten wären sonst vielleicht gar nicht nötig gewesen. Aber dann frage ich mich auch wieder, ob

ich Gott wohl je so gut kennen gelernt hätte, wenn ich nicht gezwungen gewesen wäre, mich ganz an ihm festzuhalten. Ich weiß nur, dass sein Versprechen immer noch steht: Er kann alles zum Guten benutzen, dazu, dass ich verwandelt werde in das Bild Jesu Christi.
Diese schweren Erfahrungen sind wohl ein bisschen wie Abschlussprüfungen: Man büffelt jahrelang wie wild, um Gott kennen zu lernen – aber man weiß eigentlich nie, wie viel davon man wirklich verstanden hat, bis man in der Prüfung sitzt.

Liebe Grüße,
Ruth

Mai 1979

Liebe Mama,
je mehr ich über diesen Ärger auf Gott nachdenke, desto mehr sehe ich, wie auch andere sich damit herumschlagen. Ich stelle plötzlich fest, dass mir schon seit langem eine ganze Reihe depressiver Christen über den Weg gelaufen sind. Wir haben sogar ein paar hier auf dem Missionsfeld. Wenn ich ihnen so zuhöre, merke ich, dass sie meistens irgendeiner Situation die Schuld geben. „Wenn mein Mann doch nur mehr Zeit mit mir und den Kindern verbringen könnte." – „Wenn ich doch nur mehr Anerkennung für das bekäme, was ich hier tue." – „Wenn ich doch nur verheiratet wäre." – „Wenn Afrika doch nur nicht so weit von zu Hause weg wäre." Wenn, wenn, wenn – irgendwie reden wir uns ein, dass wir, wenn sich „Was-auch-immer" änderte, „bestimmt nicht so mit Depressionen zu kämpfen" hätten.
Ich glaube, dass außer mir noch ganz viele Christen auf Gott wütend sind. Und vielleicht ist es für sie genauso schwer, das zuzugeben, wie es für mich war. Wenn wir auf irgendeine Situation wütend sind (und wenn es nur eine kleine

Unannehmlichkeit ist) und gleichzeitig glauben, dass Gott alles in der Hand hält, ärgern wir uns in Wirklichkeit eigentlich über ihn. Schließlich hätte er es so einrichten können, dass alles ganz anders kommt – aber das hat er nicht. Als „gute Christen“ können wir solche Gedanken und Gefühle natürlich nicht zugeben, also vergraben wir sie. Und wir werden depressiv und machen alles und jeden um uns herum für unsere miese Lage verantwortlich.

Unsere wahren Gefühle verbergen wir vor uns selbst und voreinander. Und wir denken auch noch, dass wir sie vor Gott verbergen können. Aber Gott ist groß genug, all unsere Gefühle auszuhalten, egal wie „schlecht“ oder ungerechtfertigt sie sind. Unsere Heilung liegt in Bekenntnis und Vergebung.

Liebe Grüße,
Ruth

Juli 1979

Liebe Mama,
jetzt sind wir schon seit fast einem Jahr wieder in Liberia. Abgesehen von den schlimmen ersten Monaten ist die Zeit eigentlich ziemlich gut gewesen.

Gott hat mir immer noch keine „große Aufgabe“ gegeben. Immer noch kommen ständig Kinder an meine Tür und bitten um Wasser. Viele der allein stehenden Missionarinnen oder Medizinstudenten, die hier einen Kurzzeiteinsatz machen, kommen auf eine Tasse Tee und ein bisschen Gesellschaft vorbei. Es hat mir Spaß gemacht, zu versuchen, ihnen ein bisschen von all der Ermutigung, die wir von anderen erhalten haben, weiterzugeben.

Ich merke auch, wie Gott meine einsamen Zeiten in St Louis gebraucht. Weil ich jetzt merke, wie wichtig Lindas Gastfreundschaft damals für mich war, macht es mir jetzt selbst viel Freude, mein Haus für andere zu öffnen. Jedes Mal, wenn ich für jemanden da bin, der Hilfe braucht, vervielfältigt sich ihr Dienst. Das ist wohl die Art, wie Gottes Reich wächst.

Eine der größten Überraschungen für mich war die Entdeckung, dass ich unabhängig von Daves unerfreulichen Arbeitszeiten sehr viel Erfüllung finden kann. Wenn Dave viele Stunden lang weg ist, benutzt Gott meine freie Zeit, damit ich anderen dienen kann. Und während ich das tue, wird gleichzeitig mein Bedürfnis nach Freundschaft gestillt. Dieser Redner in Virginia hatte Recht: Wenn man Gott das gibt, von dem man meint, man könne am wenigsten darauf verzichten, kann er genau das benutzen, um großen Segen zu wirken.

Ich muss auch an etwas denken, was Papa gesagt hat, bevor wir hierher kamen: „Ruth, du wirst sehr viele Obstbäume pflanzen. Manchmal sieht es vielleicht so aus, als ginge deine Saat gar nicht auf. Aber lege einfach weiter deine Kerne in die Erde. Wenn du eines Tages zurücksiehst, wirst du einige Bäume sehen. Du weißt nur nie, während du säst, aus welchen deiner Kerne Gott Bäume machen wird."

Irgendwie hat all das dazu beigetragen, dass es mir Spaß macht, das Gewöhnliche zu tun und darauf zu vertrauen, dass Gott etwas Außergewöhnliches daraus macht, wie es ihm gefällt.

Liebe Grüße,
Ruth

Februar 1980

Liebe Mama,
immer wenn ich denke, dass ich jetzt endlich geistlich aus dem Gröbsten raus bin und mein Leben im Griff habe, passiert wieder irgendetwas, das alles über den Haufen wirft.

Das Haus, in dem wir gerade wohnen, ist das erste, in das ich auf unbestimmte Zeit eingezogen bin – mein erstes „eigenes" Haus sozusagen. Es ist wirklich sehr hübsch, schließlich habe ich während meiner letzten Depression sehr viel Arbeit hineingesteckt!

Jetzt hat Dave den Eindruck, dass Gott ihn möglicherweise ruft, einen anderen Kurs einzuschlagen. Die Mission hat ihn in der letzten Zeit vormittags in der medizinischen Hochschule unterrichten lassen, die von der Regierung getragen wird. Nachmittags und abends arbeitet er dann im Missionskrankenhaus wie bisher. Er hat überlegt, dass er sich während unseres nächsten Einsatzes besser auf eine Sache konzentrieren sollte, anstatt sich in so verschiedenen Bereichen zu engagieren. Er hat schon darüber nachgedacht, wie es wäre, ganz für die Regierung zu arbeiten, aber andererseits möchten wir auch nicht aus der Mission aussteigen; wir denken immer noch, dass wir in dieses Team hineinberufen worden sind. Neuerdings interessiert sich Dave auch sehr für den Bereich „Dorfgesundheit", wo es darum geht, die Bevölkerung über grundlegende Hygiene- und Vorbeugemaßnahmen aufzuklären. Er merkt einfach, dass die meisten der Krankheiten, mit denen er als Kinderarzt zu tun hat, sich von vornherein vermeiden lassen würden. Andererseits könnte er natürlich auch vollzeitlich im Missionskrankenhaus einsteigen – aber dann würde er den Unterricht nicht mehr halten können, den er so liebt.

Es läuft jedenfalls auf Folgendes hinaus: Wenn er sich nicht gerade ganz für das Missionskrankenhaus entscheidet, werden wir wieder umziehen müssen. Der Gedanke scheint mir unerträglich, nachdem ich es mir hier gerade so schön eingerichtet habe. Und dann wiederum habe ich Papas Rat im Ohr, dass ich keine Sorge haben soll, auch dort Obstbäume zu pflanzen, wo ich vielleicht gar nicht lange genug sein werde, um sie wachsen zu sehen. Ich werde ihre Früchte

möglicherweise nicht mehr zu essen bekommen, aber jemand anderes erhält sie als Geschenk von Gott und kann sich darüber freuen.
Ich glaube, am wenigsten würde mir die Lösung mit der Dorfgesundheit gefallen. Ich habe mich schon als Kind nie für „den Busch" begeistern können. Ich kann mir einfach nicht vorstellen, meinen Kühlschrank mit Gas zu betreiben; diese Dinger scheinen immer in den ungünstigsten Momenten in die Luft zu fliegen. Und noch viel schwerer wiegt die Frage: Was sollen wir bloß mit den Kindern machen?

Liebe Grüße,
Ruth

März 1980

Liebe Mama,
Dave und ich sind seit einiger Zeit in Kenia: auf einer Medizinerkonferenz speziell für Missionsärzte. Bis jetzt ist es eine unheimlich herausfordernde Zeit gewesen, in der wir auch die Gemeinschaft sehr genossen haben – uns ist bisher nie bewusst gewesen, dass eine ganze Armee von Leuten genau das Gleiche tut wie wir!
Leider wird das Thema Dorfgesundheit hier viel diskutiert und Dave erwärmt sich immer mehr für den Gedanken, in diesen Bereich einzusteigen. Obwohl seine große Liebe eigentlich dem Unterrichten gilt, denkt er trotzdem nicht, dass es richtig wäre, die Mission zu verlassen und ganz bei der Regierung einzusteigen. In der Dorfgesundheit dagegen hätte er die Möglichkeit zu unterrichten – und er würde dabei den Leuten helfen, einige schwere Krankheiten zu vermeiden.
Während eines Vortrags saß ich die ganze Zeit nur da und kämpfte mit mir. Obwohl ich in Afrika aufgewachsen bin,

habe ich mich immer für einen Stadtmenschen gehalten. Aber noch mehr als die Frage, wie ich wohl im Busch zurechtkommen würde, bewegt mich die andere: Wie könnte ich je meine Kinder aufs Internat schicken?
Ich habe immer das Gefühl gehabt, dass Gott weiß, dass ich eine Trennung so „nach beiden Seiten hin" nicht verkraften würde und dass er deswegen dafür gesorgt hat, dass wir auf einer Missionsstation wohnen; so können die Mädchen jeden Morgen zu einer guten Missionsschule laufen. Und jetzt das! Ob Gott wirklich von mir verlangt, dass ich die Mädchen wegschicke? Ich werde mich darauf verlassen müssen, dass er uns nie mehr abverlangt, als wir ertragen können. Wenn er will, dass wir mehr ins Landesinnere ziehen, wird er uns seine Gnade zur rechten Zeit geben müssen.

Liebe Grüße,
Ruth

März 1980

Liebe Mama,
die Bibelarbeit in unserem Frauenhauskreis ging heute über Lukas 14. Da waren sie wieder, diese schwierigen Verse, die schon vor Jahren über meinem Leben standen: „Wenn jemand zu mir kommt und hasst nicht Vater, Mutter, Frau, Kinder, Brüder, Schwestern und dazu sich selbst, der kann nicht mein Jünger sein."
Meine Kinder, Herr? Bist du wirklich wichtiger als meine Kinder?
„... und dazu sich selbst." Mich selbst, Herr? Mein Leben? All die Annehmlichkeiten, ohne die ich nicht leben und auf die ich im Busch nur schwer verzichten kann? Bist du wirklich wichtiger als all die?
In dem Kapitel geht es dann weiter darum, dass man die Kosten von einem Projekt überschlagen soll, bevor man es

beginnt. Wie dumm ist es, mit dem Bau eines Gebäudes zu beginnen und es dann nicht zu Ende bringen zu können. Es gibt kein Entrinnen mehr; ich habe schon begonnen zu bauen. Gott hat mich zu seinem großen wunderbaren Fest gerufen und mir Anteil an all dem Segen gegeben, der denen verheißen ist, die ihm aus ganzem Herzen nachfolgen. Und jetzt will ich mich heimlich aus dem Staub machen? Soll ich vielleicht plötzlich sagen, dass ich es mir anders überlegt habe und dass andere Dinge auf einmal wichtiger sind? Werde ich auf halber Strecke einfach stehen bleiben? Ich weiß, was ich zu Ende bringen möchte. Gott helfe mir, all das anzunehmen, was dazu nötig ist.

Liebe Grüße,
Ruth

April 1980

Liebe Mama,
gestern Morgen klingelte um viertel vor sieben das Telefon. Es war die Frau, mit der ich immer joggen gehe. *Ach du liebe Zeit*, dachte ich bloß, *doch nicht am Samstag!*
Louisa sagte: „Ruth, falls du heute zufällig joggen wolltest – davon würde ich dir eher abraten. Es sind eine Menge Soldaten unterwegs. Es sieht so aus, als hätte es einen Putsch gegeben."
Ich war sofort hellwach. Dieser Lärm, den ich im Schlaf nur halb gehört hatte, kam tatsächlich von Maschinengewehren!
Ich habe nie behauptet, besonders mutig zu sein. Leute wie Corrie ten Boom und Helen Roseveare[1] waren ganz bestimmt

[1] Corrie ten Boom versteckte in den Niederlanden Juden vor den Nazis und kam dafür ins Konzentrationslager; Helen Roseveare war eine amerikanische Missionarin, die 1964 im Kongo blieb, als die meisten anderen Weißen wegen der Unruhen längst das Land verlassen hatten. (Anm. der ÜS)

aus einem anderen Holz geschnitzt als Ruth, das Angsthäschen. Aber es ließ sich nicht leugnen; was wir hier hörten, waren richtige, echte Maschinengewehre.

Wir schalteten das Radio ein, aber beide Sender blieben stumm. Wie sehr wünschte ich mir in diesem Moment eine anständige informative Live-Reportage, wie ich sie aus Amerika kannte. Was war überhaupt los? Wer schoss auf wen? Wir konnten nichts tun als warten. Dave beschloss, zum Krankenhaus zu gehen und nachzufragen, ob sie dort Hilfe gebrauchen konnten. Weil das Krankenhaus ganz am anderen Ende des großen Geländes liegt, war ich von der Idee nicht besonders begeistert. Ich bat ihn, mich anzurufen, wenn er sicher dort angekommen war.

Während ich auf seinen Anruf wartete, hatte ich eine Menge Zeit zum Nachdenken. Was würde ich bloß machen, wenn dieses Maschinengewehr plötzlich in meiner Haustür stand? Ich war mit meinen drei kleinen Mädchen ganz alleine! Und wenn sie Dave längst unterwegs erschossen hatten? Und dann ging mir plötzlich auf, dass die Verse, mit denen ich mich beschäftigt hatte, sich nicht nur auf den Busch bezogen. Konnte ich Gott auch jetzt meine Kinder anvertrauen? Und „dazu sich selbst“? Wir konnten gar nicht im Vorfeld überlegen, was wir tun würden, wenn tatsächlich Soldaten zu unserem Haus kämen; aber konnte ich – und würde ich – auch dann auf Gottes Gnade hoffen, wenn sie plötzlich da wären?

In diesem Moment sah ich klar, was ich schon vor vielen, vielen Jahren hätte begreifen müssen: Unsere Kinder, unser Leben sind uns von Gott geschenkt. Entweder man kann ihm hundertprozentig vertrauen, egal was passiert – oder man kann es nicht.

Während wir so warteten, kehrte in meiner Seele ein tiefer Frieden ein. Aber etwas muss ich doch gestehen: Mein Körper bekam von diesem Frieden wenig mit – ich hatte den ganzen Tag über mit üblen Kopfschmerzen zu kämpfen.

Liebe Grüße,
Ruth

August 1980

Liebe Mama,
nach dem Putsch ist alles ziemlich ruhig geblieben und das Leben geht weiter wie zuvor.
Du wirst kaum glauben, welche Aufgabe Dave für den nächsten Mehrjahreseinsatz zugeteilt worden ist! Unser Direktor ist vom Vorstandstreffen zurückgekehrt und hat uns erzählt, dass die Mission neue Wege gehen möchte: Jetzt dürfen Vollzeit-Missionare auch in Institutionen der Regierung arbeiten; das wird als ihr missionarischer Auftrag anerkannt. Das heißt, dass Dave vollzeitlich im Krankenhaus der Regierung und an der medizinischen Hochschule arbeiten kann, wenn wir von unserem Heimaturlaub zurückkommen. Das bedeutet auch, dass wir in die Stadt ziehen, in ein Haus, das uns dort zur Verfügung gestellt wird. Aber die Mädchen können jeden Morgen zur Schule gefahren werden. Dass ich das Haus verliere, das ich so schrecklich gerne habe, ist nur ein kleiner Wermutstropfen angesichts dieser großartigen Lösung.
Ich freue mich sehr darauf, dich bald zu sehen und wieder einen längeren Heimaturlaub zu haben. Wir haben beschlossen, in Chicago ein Quartier zu beziehen, weil Sheri, Rachel und Stephanie dort noch nie gelebt haben. Wir hatten das Gefühl, dass wir ihnen wenigstens ein bisschen vermitteln sollten, wo ihre Wurzeln liegen.
Es ist so gut, dass die Mission dich im Heimatdienst ein-

setzt, seit Papa gestorben ist. New Jersey ist nur einen Anruf weit entfernt – und keinen ganzen Ozean!

Liebe Grüße,
Ruth

17. Eine Atempause

Dezember 1980

Liebe Mama,
dieser Heimaturlaub ist ganz besonders schön. Es tut so gut, den ganz gewöhnlichen Alltag mit all seinen Höhen und Tiefen hier zu erleben. Auch unsere Besuche sind nicht so stressig, weil wir die Leute nicht „nur dieses eine Mal“ während des Heimaturlaubs besuchen; die Erwartungen sind von beiden Seiten dann nicht so hoch.
Inzwischen hat auch Daves Bruder geheiratet; wir haben die Hochzeit sehr genossen.
Es war auch gut, Chuck und Doreen oft besuchen zu können; gerade in der letzten Zeit ist Melissa wieder viel im Krankenhaus gewesen.
Mit Tom kann ich manchmal Mittagessen gehen und mit dir, Mae Beth und Alice kann ich telefonieren.
Nur Marj ist in Nigeria und deswegen nicht so leicht zu erreichen, aber sie wird zurückkommen, bevor wir abreisen.
Was ich mit am tollsten finde, ist, wie nahe wir an Daves Familie wohnen. Ich habe seine Leute ja schon immer alle sehr lieb gehabt, aber jetzt, wo ich mit meiner eigenen Familie mehr im Reinen bin, muss ich mich nicht mehr schlecht fühlen, wenn ich mich bei ihnen wohl fühle. Ich kann einfach beide Seiten lieb haben – und keiner verliert dabei. Irgendwie ist die alte eifersüchtige Sorge, dass meine Mädchen unsere Familie nie so gut kennen werden wie Daves, verschwunden. Es ist nicht mehr wichtig; es ist schließlich genug Liebe für alle da. Liebe scheint am besten wachsen zu können, wenn man nicht krampfhaft bemüht ist, sie festzuhalten.
Ja, es ist ein schönes Jahr. Ein glückliches Jahr, in dem ich

wieder zu Kräften kommen kann. Ich bin froh, dass Gott von denen auch ein paar in mein Leben eingebaut hat!

Liebe Grüße,
Ruth

März 1981

Liebe Mama,
wir haben die Mädchen bei Mama Van Reken in Chicago gelassen und sind wieder einmal zur Missionskonferenz unserer alten Gemeinde in Virginia gefahren. Auf dem Rückweg haben wir verschiedene Freunde und Leute vom Unterstützerkreis besucht.
Als wir eines Abends gegen neun bei Jim und Kathy Ohlson ankamen, empfing uns Jim schon mit der Nachricht, dass Stephanie in der Schule einen Unfall gehabt hatte: Sie war in der Pause vom Klettergerüst gefallen und hatte sich einen Arm gebrochen.
Natürlich tat mir das Leid, aber von einem gebrochenen Arm geht die Welt schließlich nicht unter. Ich rief zu Hause an, um nachzuhören, wie es so ging, und Rachel und Sheri erzählten mir, dass Oma immer noch mit Stephanie im Krankenhaus war. Nanu! Was machten sie denn immer noch da, wenn der Unfall schon am Nachmittag passiert war?
Es stellte sich heraus, dass Stephanie am nächsten Morgen operiert werden sollte. Sie war auf dem Ellbogen aufgekommen; dabei war ein Stück vom Knochen abgebrochen, das nun mit Draht wieder befestigt werden musste.
Ich konnte einfach nicht glauben, dass meine Kleine operiert werden sollte – und ich war nicht dabei! Ich versuchte herauszufinden, wie ich es noch bis sieben Uhr morgens dorthin schaffen könnte, aber es gab um diese Zeit keine Flüge mehr. Ich wollte sofort ins Auto steigen und losfahren, aber Dave erklärte mir, dass wir bis zum Morgen niemals

über tausendfünfhundert Kilometer schaffen würden. Was natürlich logisch war.
Mir war aber nicht nach Logik zumute. Ich wollte immer noch sofort aufbrechen, aber Dave gab einfach nicht nach. So müde, wie wir waren, sagte er, würden wir glatt selbst einen Unfall bauen, wenn wir die Nacht durchfahren würden. Stephanie war in guten Händen, und es machte überhaupt keinen Unterschied, ob wir jetzt fuhren oder erst am Morgen.
Ich wusste ja, dass er mit allem, was er sagte, Recht hatte, aber ich fühlte mich trotzdem furchtbar. Ich behielt meine Missionarsfrauen-Maske lange genug auf, um die Leute, die wir in den nächsten Tagen eigentlich noch besuchen wollten, anzurufen und ihnen zu erklären, warum wir nicht kommen konnten. Dave spielte mit Jim in aller Seelenruhe Schach auf dem Computer und amüsierte sich anscheinend großartig, während ich auf dem Sofa vor mich hinschmollte. Wie konnte er sich nur unterstehen, das alles so leicht zu nehmen?
Ich sorgte dafür, dass wir gegen fünf am nächsten Morgen aufbrachen. Es war mir ein bisschen peinlich, vor Kathy und Jim ein so klägliches Bild einer Missionarin abzugeben, aber ich konnte einfach nicht anders.
Wir stiegen ins Auto und waren noch nicht besonders weit gekommen, als Dave mich fragte, was in aller Welt denn eigentlich mit mir los wäre. Ich fing einfach nur an zu weinen, ich verstand ja selbst nicht, was los war. Aber je mehr ich weinte, desto mehr Erinnerungen brachen über mir zusammen: All die Male, wo ich krank oder verletzt war oder mit irgendetwas zu kämpfen hatte und mir nichts mehr gewünscht hätte, als dass meine Mama mich in den Arm nahm und tröstete. Das hatte immer jemand anderes übernommen – oder gar niemand. Jetzt konnte ich aus dem gleichen Grund – unserem Auftrag als Missionare – nicht da sein,

um meine kleine, sechs Jahre alte Tochter zu trösten, die zum ersten Mal im Krankenhaus war.
Anfangs war ich richtig wütend: Gott hatte mich schon wieder hereingelegt. Aber dann weinte ich weiter und merkte, dass es eigentlich gar kein Ärger war, den ich empfand: Es war Trauer. Gott hatte zugelassen, dass das hier passierte, damit ich mich an Dinge, von denen ich gar nicht mehr wusste, dass sie noch in mir verborgen lagen, erinnern und sie neu durchleben konnte. In seiner Liebe wusste er, dass es immer noch Wunden in mir gab, die geheilt werden mussten. Weil ich mich – wenn auch zwei oder drei Jahrzehnte später – erinnern und darüber weinen konnte, brach auch in diese Dunkelheit sein Licht durch.
Ich erzähle dir das alles nicht, um dir nun meinerseits wehzutun. Ich weiß ja, dass du all die Jahre hindurch gerne da gewesen wärst, wenn du gekonnt hättest. Es war mir nur wichtig, dir einmal zu schreiben, dass ich dich manchmal ganz schön vermisst habe. Ich hab dich lieb.

Ruth Ellen

Als wir zu Stephanie kamen, saß sie mit einem dicken Gipsarm vor dem großen Farbfernseher im Krankenhaus. Alle erzählten, wie tapfer sie gewesen war, und so war alles in Ordnung. Sie war ein bisschen weinerlich, als wir kamen, aber das war sicher nur die Erleichterung.
Nachdem wir schon wieder eine Woche zu Hause waren, klingelte es plötzlich an der Tür. Draußen stand eine junge Frau, die ich noch nie gesehen hatte, und sie hielt einen Teller mit Plätzchen in der Hand.
„Wohnt hier Stephanie Van Reken?“, fragte sie.
„Ja. Kann ich Ihnen irgendwie helfen?“
„Ich bin eine von den Krankenpflegehelferinnen auf der

Kinderstation, auf der Stephanie war. Ich habe ihr gesagt, dass ich mal nachsehen würde, wie's ihr geht."

Ich bat sie herein. Es stellte sich heraus, dass sie diejenige war, die Stephanie aus der Notaufnahme zur Kinderstation gebracht hatte. Als sie hörte, dass die Eltern dieses kleinen Mädchens gut fünfzehnhundert Kilometer weit weg waren, wurde ihr bewusst, wie schwer das für das Mädchen und die Eltern sein musste, also begann sie für uns zu beten. Sie hatte an dem Tag, an dem Stephanie operiert wurde, frei, und so hatte sie den Tag zu Hause verbracht, um für unsere Familie zu fasten und zu beten.

Ich war wieder einmal sehr bewegt, wie gut Gott in seiner Liebe für uns sorgte. Er bewegte eine junge Frau, die uns noch nie zuvor gesehen hatte, dazu, sich in diesem Gebetsdienst für uns einzusetzen – und er hatte ihre Gebete ganz eindeutig erhört. Es war wieder ein wunderschöner Beweis von Gottes Fürsorge. Ich konnte ihm meine Kinder getrost anvertrauen.

18. Ein Kreis schließt sich

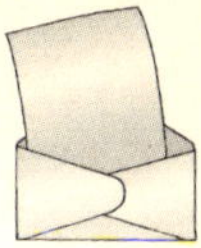

Juli 1981

Liebe Mama,
wir sind richtig begeistert von unserem neuen Haus in der Stadt. Es ist doppelt so groß wie das andere – irgendwie ist es fast zu groß, um von einer „armen“ Missionarsfamilie bewohnt zu werden.
Ich finde es immer noch schwierig, ohne Schuldgefühle anzunehmen, was Gott uns so großzügig schenkt. Vor einer Weile ist mir bewusst geworden, dass es genauso verkehrt ist, sich über das Gedanken zu machen, was er uns gibt, wie über das, was er uns *nicht* gibt – immer noch ist man viel zu sehr mit äußerlichen, materiellen Dingen beschäftigt. Der Apostel Paulus schreibt, dass er den Überfluss genauso kennt wie den Mangel. Und manchmal kommt es mir so vor, als käme ich mit dem Überfluss noch schwerer zurecht als mit dem Mangel.
Rachel hat dafür gesorgt, dass wir uns in der Nachbarschaft schnell einlebten: Sie hat alle Babys eingesammelt, die irgendwie krank aussahen, und hat sie in unser Haus gebracht, um sie wieder aufzupäppeln! Alle drei Mädchen sprechen fließend das Englisch der Einheimischen, was in dieser rein liberianischen Nachbarschaft natürlich eine enorme Hilfe ist.
Mir macht es Freude, den Menschen aus diesem Land näher zu sein. Als ich beobachtete, wie die Mädchen mit ihren neuen Freunden spielten, fiel mir wieder ein, dass in meiner eigenen Kinderzeit die meisten meiner Freunde Nigerianer waren; es gab ja auch, vor allem in den neun Monaten Schulzeit, keine anderen Kinder, mit denen man hätte spielen können.
Vielleicht haben wir es euch damit auch ein bisschen einfa-

cher gemacht, Kontakt zu den einheimischen Nachbarn aufzunehmen?

Liebe Grüße,
Ruth

März 1983

Liebe Mama,
dieser Einsatz ist wirklich sehr gut gelaufen. Das Leben in der Stadt gefällt mir sehr, und mit das Spannendste daran war, dass ich zu den anderen ausländischen Frauen hier einen guten Draht habe. Eine Frau, die letztes Jahr immer zur Bibelstunde auf dem Missionsgelände ging, hat mich gefragt, ob ich nicht eine eigene Gruppe in ihrem Haus beginnen möchte – mit einigen ihrer Freundinnen, mit denen sie sich schon länger trifft.
Mit dieser Gruppe von Frauen habe ich mehr Freude erlebt, als ich beschreiben könnte. Gott hat auf ihr Suchen und Fragen gehört, und wir merken, wie wir alle immer weiter von ihm verändert werden. Kürzlich habe ich irgendwo gelesen, dass der Dienst an anderen Menschen einen Preis hat: Man muss sich die schwierigen Lektionen erst selbst erarbeiten – man kann nicht weitergeben, was man selbst nicht erfahren hat.
Jahrelang habe ich gedacht, dass die Leute zu Jesus kommen würden, wenn sie meine Stärke sehen. Jetzt merke ich, dass sie vor allem dann zu Jesus hingezogen werden, wenn sie seine Stärke in meiner Schwachheit bemerken. Wie könnte ich ihnen vermitteln, was er alles für mich getan hat, ohne ihnen gleichzeitig zu berichten, warum ich ihn überhaupt nötig habe? Natürlich könnte ich ihnen rein verstandesmäßig erklären, worum es geht – aber in meinem Herzen würde ich immer noch auf ihre Schwachheit herunterblicken, so

wie ich es immer gemacht habe, bevor mir meine eigene Unzulänglichkeit bewusst wurde.
Die Erfahrungen, die die Frauen in dieser Gruppe gemacht haben, sind so unterschiedlich, wie es nur geht. Wir alle haben einiges an Freude erlebt und einiges an Schmerz. Aber wenn wir darüber zu reden beginnen, wer wir in Christus sind, werden wir auf einer ganz tiefen geistlichen Ebene miteinander verbunden, und Christus, der in uns ist, wird uns immer größer. Und egal, wo wir herkommen: Wir alle haben Gottes Heilung für Dinge erfahren, die uns in der Vergangenheit belasten, wir haben erlebt, wie zerbrochene oder zerbrechliche Beziehungen wiederhergestellt und gestärkt wurden und wie wir immer mehr dazu befreit wurden, dass wir es Gott recht machen wollen und nicht den Menschen.
In dieser Gruppe habe ich auch wieder neu zu danken gelernt für das geistliche Erbe, das ich durch meine Familie mitbekommen habe und durch das ich so gesegnet worden bin. Wenn ich mir allein überlassen geblieben wäre, hätte ich so ziemlich jede Sünde begehen können, aber ich bin davor bewahrt worden – und auch vor all den schlimmen Folgen, die die Sünde mit sich bringt –, weil ich schon früh gelernt habe, was Gottes Wille ist. Und ich glaube auch, dass ich durch meinen internationalen Hintergrund diese Vielfalt von Kulturen und Traditionen, wie sie sich in unseren wöchentlichen Treffen ausdrückt, erst richtig schätzen kann. Vor ein paar Wochen waren siebzehn Frauen aus dreizehn Ländern da!
Ich glaube, ich bin endlich mit mir ins Reine gekommen: Ich bin ein Missionarskind, ich bin Missionarin und – was viel wichtiger ist als alles andere – ich bin eine Persönlichkeit, wie Gott keine zweite geschaffen hat. Und ich bin gerne ich!

Liebe Grüße,
Ruth

September 1983

Liebe Mama,
der letzte Heimaturlaub war auch wieder ganz schön turbulent. Es ist schon schön, drei Monate in Amerika zu sein, weil wir dich dann auch öfter sehen können, aber am Ende bin ich immer ziemlich aus der Puste.

In einem Abendgottesdienst in unserer alten Kirche in Virginia habe ich voller Freude erzählt, wie sehr mich Gott in verschiedenen Bereichen gebraucht. Hinterher kam eine ganz niedliche ältere Dame auf mich zu.

„Sagen Sie mal, sind Sie nicht die, die immer weint, wenn sie etwas sagen möchte?"

Ich musste lachen. „Ja, das bin wohl ich."

„Also wissen Sie, Herzchen, als ich Sie heute Abend so glücklich da vorne auf der Bühne gesehen habe, habe ich gedacht: *Wenn Gott diese junge Frau durchträgt, dann kann er mit jedem Menschen zu seinem Ziel kommen.*"

Und das stimmt wohl. Gott heilt an allen Ecken und Enden und stellt wieder her, was verwundet und zerbrochen ist. Die Verletzungen meines Lebens mögen klein und unbedeutend erscheinen im Vergleich zu dem, was andere Menschen erleben. Aber sie sind trotzdem sehr real für mich gewesen. Es ist so überwältigend zu sehen, wie Satan etwas zu benutzen versucht, um mich zu zerstören – und Gott genau das dann umdreht und dazu benutzt, dass ich mehr über ihn, über mich und über andere lerne. Und das macht mich zuversichtlich, dass er die gleiche Heilung und Wiederherstellung auch anderen Menschen zukommen lassen kann.

Jesus hat gesagt: „Ihr werdet die Wahrheit erkennen, und die Wahrheit wird euch frei machen." Wenn ich vor meinen Gefühlen nicht mehr weglaufen und sie nicht mehr verstecken muss, sondern mit Jesus – und mit anderen – darüber reden kann, lebe ich in der Wahrheit dessen, was ich bin

und wer ich bin. Und das wiederum setzt mich frei, noch mehr von Gottes Wahrheit zu erkennen.
Es gibt totale Freiheit in Jesus. Die Freiheit, ich selbst zu sein, wie Gott mich will.

Liebe Grüße,
Ruth

März 1984

Liebe Mama,
wir hatten einen ziemlich unaufregenden Rückflug nach Liberia, aber rate mal, mit was ich mich jetzt herumschlage. Ich bin all die Jahre davon ausgegangen, dass Sheri hier in der Stadt die amerikanische Highschool besuchen würde. Plötzlich reden sie und Dave davon, dass sie lieber auf ein Missionsinternat an der Elfenbeinküste gehen möchte. All ihre Freunde werden dorthin gehen, und deswegen denkt sie, sie möchte es auch.
Das hat wieder alte Gefühle in mir hochkommen lassen, von denen ich längst gedacht hatte, dass Gott sie geheilt hätte. Rein verstandestechnisch hatte ich ja begriffen, dass Internate möglicherweise Gottes Wille für manche Kinder sein könnten – aber meine eigenen hatte ich da immer ausgenommen.
Ich habe Dave und Sheri gesagt, dass ich diese Entscheidung nicht treffen kann; sie müssen das unter sich ausmachen. Ich weiß, dass ich mich da ein bisschen feige aus der Verantwortung gestohlen habe; aber trotz all der Heilung, die Gott mir in den letzten Jahren geschenkt hat, merke ich, dass ich bei diesem Thema immer noch gegen eine Mauer laufe. Diese Mauer wird fallen müssen, bevor ich in dieser Frage klar sehen kann – aber ich weiß noch nicht, wie ich sie zum Einsturz bringen soll.
Liebe Grüße,
Ruth

April 1984

Liebe Mama,

heute hatten wir eine Gastrednerin in unserem Bibelkreis. Sie hat darüber gesprochen, dass wir uns den schmerzhaften Erinnerungen aus der Vergangenheit stellen und Gottes Heilung in Anspruch nehmen müssen. Sie hat das, was ich selbst in den letzten Jahren erfahren habe, ganz toll in Worte gefasst, und am Ende fragte sie, ob jemand zu dem Thema besonders Gebet wünscht. Es war mir ein bisschen peinlich, mich zu melden, weil ich doch schließlich diese Gruppe leite, aber ich spürte deutlich, dass Gott mir hier eine Gelegenheit bot, diese vollständige Heilung zu erfahren, nach der ich mich so sehne. Obwohl ich schon in vielen Bereichen meines Lebens seine heilende Hand erlebt habe, hat mir Sheris Entscheidung doch wieder bewusst gemacht, dass es noch ein paar dunkle Stellen in meiner Erinnerung gibt. Während die anderen Frauen für mich beteten, kamen viele meiner alten, längst vergrabenen Gefühle zurück, und ich begann zu weinen. Das Erste, was ich empfand, war diese unbeschreibliche Sehnsucht nach Trost, wenn ich allein oder traurig bin. Es war das gleiche Gefühl, das vor einigen Jahren, als Stephanie ihren Unfall hatte, ja schon einmal hochgekommen war. Allzu oft war niemand da gewesen, um mich zu trösten, wenn ich es dringend nötig gehabt hätte.

Dann ging ich nach Hause und betete alleine weiter. Es kam mir so vor, als würde all die Traurigkeit meines Lebens über mir zusammenbrechen wie eine riesige Wasserwoge. Warum war so schrecklich, so furchtbar oft niemand für mich da gewesen?

Da sprach Jesus wieder zu mir: „Ruth Ellen, ich war immer da. Jedes einzelne Mal, wenn du jemanden brauchtest."

„Aber Jesus, davon habe ich gar nichts gemerkt. Ich wollte, dass mich mal jemand in den Arm nimmt. Das hast du nicht gemacht."

„Erinnerst du dich noch an die Nacht, bevor Onkel Ell starb? So real kann meine Gegenwart sein. Mein Kind, es hat keine einzige Sekunde in deinem Leben gegeben, in der du ganz allein warst. Ich habe dich mit ewiger Liebe geliebt, ich habe dich die ganze Zeit in meinen Armen gehalten und nie, nie losgelassen."

Als es vorbei war, empfand ich einen tiefen Frieden. Ich war erschöpft, aber Gottes Liebe war mir ganz besonders und ganz persönlich deutlich geworden.

Liebe Grüße,
Ruth

„Und was jetzt, Herr?", war meine nächste Frage. In mir sah ich dieses riesige Loch, in dem sich der Schmerz und die Sehnsucht nach Trost angesammelt hatte. Ich merkte, wie Jesus mir zeigen wollte, dass er die ganze Zeit über bei mir gewesen war. Aber irgendetwas schien noch zu fehlen. Als ich betete, wurde mir bewusst, dass ich meiner Mutter von dem erzählen musste, was in mir vorging.

Aber wie sollte ich das bloß machen? All diese Jahre hindurch hatte ich diese Dinge mit mir herumgeschleppt, ohne mir dessen überhaupt bewusst zu sein. Und nun ging mir auf, wie viel ich eigentlich sagen musste – aber ich konnte es nicht. Ob es wohl irgendeinen Weg zurück in die Vergangenheit gab? Oder war sie für immer verloren?

Irgendwo tief in mir entstand das Verlangen, Christus zu bitten, mit mir zu all diesen lange vergessenen Stationen meines Lebens zurückzugehen. Ich musste sie wieder neu erleben, um sie verstehen und um meiner Mutter das berichten zu können, was ich noch gar nicht klar formulieren konnte. Es war nicht einfach, diese Briefe zu schreiben. Mehr als einmal war ich drauf und dran, das ganze Vorhaben abzubrechen, weil die Erinnerungen so schrecklich wehtaten. Ich

musste mich Gefühlen stellen, die ich über Jahre verdrängt hatte.
Dass ich die Briefe schrieb, war nur ein Teil eines umfangreicheren Prozesses, sie waren weder der Anfang noch der Abschluss. Aber etwas ging mir beim Schreiben auf und begeisterte mich immer mehr: wie klar ich in allem, was ich erlebt hatte, Gottes Führung und Vorsorge erkennen konnte. Schon bevor mir überhaupt bewusst wurde, dass ich Heilung brauchte, begann er langsam, aber sicher an mir zu arbeiten. Jede Station in meinem Leben benutzte er, um mir seine Erlösung näher zu bringen. Ich hätte es nie verkraftet, wenn all die verborgenen Gefühle auf einmal ans Licht gekommen wären, aber dazu ließ es Gott gar nicht kommen. Ich konnte in meinem Leben die Spuren seiner beständigen Liebe erkennen, die mich Schritt für Schritt umgestaltete.
Und noch etwas wurde mir in dieser Zeit deutlich: Er schenkte mir Tränen, um den Schmerz wegzuwaschen. Nachdem ich so lange versucht hatte, mutig und stark zu sein und den Schmerz insbesondere der „kleinen Ruth" zu leugnen, tat es einfach gut, zu weinen. Es war zwar nicht besonders schön, wenn die Tränen flossen und ich das Gefühl hatte, an meinem Schmerz ersticken zu müssen, aber wenn ich mich ausgeweint hatte, fühlte ich mich befreiter.

Juni 1984

Liebe Mama,
wenn ich meine Briefe jetzt lese, kommen sie mir fast vor wie alte Freunde. Ich kann dem kleinen Mädchen vergeben, das ich damals war. Ich kann mir vergeben, dass ich nicht das gewesen bin, was ich glaubte, sein zu müssen. Aber am großartigsten war es eigentlich, zum ersten Mal in meinem Leben den „Gott allen Trostes" spürbar zu erfahren. Mir war nie klar gewesen, was das bedeutete, bis ich merkte, wie sehr ich auf seinen Trost angewiesen war.

Ich bete, dass du das hier annehmen kannst; ich schenke mich dir sozusagen selbst. Ich hoffe, du kannst mich immer noch lieb haben, wenn du weißt, wer ich wirklich bin.

Liebe Grüße,
Ruth

Juli 1984

Nachdem mir meine ganze Sehnsucht nach Trost auf so wunderbare Weise klar geworden war, beschloss ich, mich mit diesem Begriff mehr auseinander zu setzen. Zuerst einmal versuchte ich zu definieren, was Trost überhaupt ist. Mein Lexikon klärte mich auf, Trost sei „die Beseitigung oder Linderung von Schmerz sowie alles, was zu dieser Linderung mit beiträgt". Ich fand es bemerkenswert, dass Trost nicht unbedingt bedeuten muss, dass der Getröstete keinen Schmerz oder keinen Kummer mehr verspürt; es geht mehr darum, sein Leid zu lindern oder erträglicher zu machen. In einem Bibellexikon fand ich eine schöne Umschreibung: jemanden zu trösten, hieß dort, „mit ihm zu seufzen".
Eine andere wunderschöne Definition, was Trost bedeutete, steuerte eine gute Freundin bei, die über Jahre an schlimmsten Depressionen gelitten hatte. Sie war sogar in der Psychiatrie gewesen und hatte Elektroschocks und alle möglichen Behandlungen und Medikamente über sich ergehen lassen. Nichts davon hielt je besonders lange vor, bis sie den Trost kennen lernte, den Jesus geben kann. Und so beschrieb sie, was Trost ist:

1. Nicht allein gelassen zu werden, wenn man eine schwere Zeit durchmacht,
2. Ein Freund, der einen weinen lässt und nicht behauptet, alles würde wieder gut,
3. Jemand, der in besonderen Stresszeiten einfach da ist,

4. Jemand, der merkt, was der Familie fehlt, und sich in aller Stille daran macht, diese Mängel auszugleichen,
5. Ein Freund, der für einen betet, wenn man selbst nicht mehr in der Lage dazu ist,
6. Ein Freund, der sagt: „Ich bin immer da, wenn du mich brauchst. Du kannst dich jederzeit an mich wenden",
7. Fürsorge, in welcher Form auch immer.

Als Nächstes sah ich nach, was die Bibel zum Thema Trost zu sagen hat. Ich war total überwältigt, wie viel in der ganzen Bibel dazu zu lesen war. Wie war mir das nur all die Jahre entgangen?
Prediger 4,1-2 macht eine bemerkenswerte Aussage: „Wiederum sah ich alles Unrecht an, das unter der Sonne geschieht, und siehe, da waren Tränen derer, die Unrecht litten und keinen Tröster hatten. Und die ihnen Gewalt antaten, waren zu mächtig, so dass sie keinen Tröster hatten. Da pries ich die Toten, die schon gestorben waren, mehr als die Lebendigen, die noch das Leben haben." Trost musste ja ziemlich wichtig sein, wenn man besser tot war als ungetröstet!
In Matthäus 5,4 wird Trost als ein Segen beschrieben: „Selig sind, die da Leid tragen, denn sie sollen getröstet werden." Der Segen lag also nicht im Trauern an sich, sondern im Getröstet-Werden.
Und es kommt noch besser; in der Bibel wird der Trost als Gottes besonderer Dienst am Menschen dargestellt. In Jesaja 61,1-3 finde ich das wunderschön formuliert: „Der Geist Gottes des Herrn ist auf mir, weil der Herr mich gesalbt hat. Er hat mich gesandt, den Elenden gute Botschaft zu bringen, die gebrochenen Herzen zu verbinden, zu verkündigen den Gefangenen die Freiheit, den Gebundenen, dass sie frei und ledig sein sollen; zu verkündigen ein gnädiges Jahr des Herrn und einen Tag der Vergeltung unseres Gottes, zu trösten alle Trauernden."

Gott tröstet nicht nur die, die körperlich „gebunden", sondern auch die, die emotional gefangen sind. Gefangenschaft muss keine sichtbare, materielle Form annehmen; manche Leute sind auch, wie ich, gefangen in Erinnerungen an Gefühle, von denen sie denken, dass sie sie gar nicht haben dürften!

Wie sieht also Gottes Trost aus? Manchmal spricht er uns seinen Trost durch sein Wort zu. Manchmal schenkt er uns auch eine Erfahrung, wie ich sie beim Tod von Onkel Ell machen durfte: dass seine Gegenwart und Fürsorge so ganz spürbar wird. Aber ganz oft benutzt der Heilige Geist andere Leute, um uns beizustehen und Trost zu spenden. In 2. Korinther 1,3-4 wird das so ausgedrückt: „Gelobt sei Gott, der Vater unseres Herrn Jesus Christus, der Vater der Barmherzigkeit und Gott allen Trostes, der uns tröstet in aller unserer Trübsal, damit wir auch trösten können, die in allerlei Trübsal sind, mit dem Trost, mit dem wir selber getröstet werden von Gott."

Daraus lässt sich ganz praktisch ableiten: Wir können nur weitergeben, was wir selbst auch empfangen haben. Wenn wir Gottes Trost nie kennen gelernt haben – wie können wir ihn dann an andere weitervermitteln? Vielleicht finden sich deswegen so wenige Menschen in unseren Gemeinden, die sich auf den Dienst des Tröstens verstehen. Wir versuchen ja alle, stark zu sein, wir geben weder Fehler noch Versagen oder Schwachheit zu, und so lassen wir gar nicht erst zu, dass Gott dieses Werk des Tröstens in uns beginnt. Weil wir selbst leer sind, haben wir auch nichts, was wir anderen weitergeben könnten.

Ich las auch das Buch Hiob. Am Beispiel von Hiobs Freunden entdeckte ich vor allem, was Trost nicht ist: Die erste Woche über waren sie wirklich hilfreich, weil sie einfach nur dasaßen und schwiegen. Aber als sie versuchten, auf Hiobs Leid eine Antwort zu finden, und ihm zu erläutern began-

nen, was Gott hier mit ihm vorhatte, machten sie es ihm nur noch schwerer. Mit all den Erklärungen und Ermahnungen, die sie auf ihn niederprasseln ließen, trieben sie Hiob immer weiter in die Defensive.

Gott dagegen ließ Hiob Zeit. Er wartete einfach ab, bis Hiob all seine Gefühle und Fragen losgeworden war. Er wartete und unterbrach Hiob nie. Und erst nachdem Hiob all seinen Schmerz, seine Enttäuschung und Wut, seinen Kummer und die vielen Fragen vor Gott ausgebreitet hatte, antwortete Gott endlich. Das Erste, was er vernehmen ließ, war eine herbe Schelte an Hiobs Freunde, weil sie sich Erklärungsversuche über etwas angemaßt hatten, von dem sie absolut nichts verstanden. (Und wie schnell sind auch wir mit frommen Antworten zur Hand und versuchen Gott zu erklären – dabei sind wir doch selbst oft auch nur auf Vermutungen angewiesen!)

Dann wandte sich Gott an Hiob. Er erklärte nie den Grund für Hiobs Leid; er erinnerte ihn einfach nur daran, mit wem er es hier zu tun hatte. Und in Gottes Gegenwart kam Hiobs Herz wieder zur Ruhe. Einem Gott, der so groß ist wie der, der sich hier Hiob offenbarte, kann man bedingungslos vertrauen, auch wenn man die Antwort auf die vielen Fragen nach dem Warum noch nicht kennt. Hiob war getröstet, und Gott stellte ihn wieder her.

Gott schenkte mir einen neuen, viel weiteren Blick dafür, wie sehr ihm seine Kinder wirklich am Herzen liegen und wie sehr er auch von uns erwartet, dass wir aufeinander achten und füreinander sorgen.

August 1984

Liebe Mama,

heute hat Sheri Afrika verlassen. Sie hat beschlossen, bei Oma und Opa Van Reken zu wohnen und in den USA die Highschool zu besuchen, damit sie nicht nächstes Jahr, wenn wir

auf Heimaturlaub kommen, wieder die Schule wechseln muss. Ich merke, dass sich irgendwie der Kreis meines Lebens schließt.
Am Flughafen gab es einige Momente, in denen der Schmerz so unerträglich schien, dass ich auf meine alten Abwehrmechanismen zurückgreifen musste. Als Sheri nach draußen zum Flugzeug ging, hatte ich das gleiche Gefühl wie damals an meinem ersten Abend im Internat. Ich glaubte ersticken zu müssen. Sie sah so unglaublich erwachsen aus, als sie ganz alleine über das Rollfeld ging, und dann drehte sie sich um und winkte uns zum Abschied zu. Ich konnte meine Große nicht mehr zurückrufen.
Als ich den Flughafen verließ, fühlte ich mich, als wäre ich gerade von einer Beerdigung gekommen. Es ging mir so ähnlich wie damals in der Highschool, als ihr mich auf dem Flughafen zurückließt und ich mit Tante Jeanette nach Hause ging. Wieder einmal war etwas passiert, vor dem ich Angst gehabt hatte, und es ließ sich nicht mehr rückgängig machen. Aber einen Unterschied gibt es: Diesmal kann ich meine Trauer über den Verlust direkt zulassen und abgeben. Ich wusste, dass ich nach Hause kommen und all meinen Kummer vor Gott ausschütten konnte. Dann kann er mit der Heilung sofort beginnen – und nicht erst in zehn Jahren.
Also habe ich heute das gemacht, von dem ich dachte, dass ich es nie würde tun können. Es ging nur, weil ich in den letzten Jahren schon so viel Heilung erlebt habe. Ich vermute, dass alle Eltern irgendwann an den Punkt kommen, an dem sie Gott vertrauen und ihre Kinder loslassen müssen.
Ich bin dir und Papa so unglaublich dankbar und habe euch sehr, sehr lieb.

Liebe Grüße,
Ruth

Zwei Jahrzehnte später: Ein Exklusivinterview mit der Autorin zur deutschen Ausgabe

Etwa zwanzig Jahre, nachdem *Briefe, die ich niemals schrieb* auf Englisch veröffentlicht wurde, liegt nun auch die deutsche Fassung vor. In einem Exklusivinterview, das Priscilla Elsäßer, Koordinatorin von MK-Care Deutschland, mit der Autorin führte, spricht Ruth Van Reken über ihre Erfahrungen mit dem Buch.

1. Wenn Sie Briefe, die ich niemals schrieb *jetzt noch einmal schreiben würden – würden Sie irgendetwas anders machen? Würden Sie einiges weglassen, anderes umformulieren oder etwas hinzufügen?*

Diese Frage lässt sich nicht ganz einfach beantworten. Im Moment könnte ich das Buch nicht so schreiben wie damals, weil mir beim Schreiben natürlich sehr vieles klar geworden ist. Ich muss das, was ich durch die *Briefe* gelernt habe, nicht noch einmal lernen, sondern kann darauf aufbauen. Aber als das Buch vor zwanzig Jahren entstand, konnte ich es einfach nicht anders schreiben. Ich schrieb ja nicht mit dem Kopf, sondern mit dem Herzen; ich wollte mich selbst kennen lernen und nicht rein akademisch über ein Thema schreiben.

Damals ging es mir darum, zu verstehen und zu verarbeiten, was ich an meiner Lebensgeschichte nie richtig verstanden hatte. Ich hatte mich die ganze Zeit über gefragt, wie in jemandem, der in so vieler Hinsicht ein so wunderbares Leben hatte wie ich, trotzdem eine Depression schlummern konnte, die immer wieder zum Vorschein kam. Schließlich war ich als Kind nicht vergewaltigt worden, meine Eltern waren keine Alkoholiker oder so etwas, und irgendwie schien es keinen vernünftigen „Grund“ für diese Zeiten der Depression zu geben. Aber als unsere Tochter in die Staaten flog, um dort zur Schule zu gehen, merkte ich, dass irgendetwas ganz tief in mir erschüttert wurde. Es schien irgendetwas damit zu tun haben, dass ich selbst als Kind von meinen Eltern getrennt gewesen war.

Als diese Gastrednerin in unserem Frauenbibelkreis in Liberia über „innere Heilung“ sprach, bat ich deswegen meine Freundinnen, dass sie für mich beten sollten. Ich wünschte mir so, das Gott mir dieses verborgene, unerkannte Etwas tief in mir deutlicher zeigen würde. Ein paar Wochen später kam mir der Gedanke, dass es wohl damit zu tun hatte, dass ich als Kind auf eine Schule geschickt wurde, die Hunderte Kilometer von meinen Eltern entfernt war. Damals kam mir die Idee, im Rückblick Briefe an meine Eltern zu schreiben. *Briefe, die ich niemals schrieb* sollte gar kein Buch werden, sondern entstand als eine Art rückblickendes Tagebuch. Während ich meine *Briefe* schrieb, merkte ich, dass die gleichen Gefühle wie damals in mir hochkamen; aber was ich als Kind nie begriffen hatte, konnte ich nun versuchen, in Worte zu fassen.

Irgendwann in dieser Zeit fiel mir in Liberia eine Broschüre in die Hand, in der zur ersten Internationalen Konferenz für Missionarskinder eingeladen wurde. Sie fand 1984 auf den Philippinen statt. Ich sah mir das Programm an und füllte einen Fragebogen aus, bei dem es um unsere Erfahrungen sozusagen als Eltern von Missionarskindern ging, und dann schrieb ich an David Pollock, der das Ganze organisierte. Ich fragte ihn, was die Konferenz eigentlich für mittlerweile erwachsene Missionarskinder böte. Ich erwähnte, dass ich gerade dabei war, meine eigene Geschichte aufzuarbeiten. Gerade deswegen war mir aufgefallen, dass es auf der ganzen Konferenz kein Forum gab, in dem meine

Fragen und Erfahrungen einen Platz gehabt hätten. David Pollock las daraufhin in mein Tagebuch hinein, bat SIM, meine Missionsgesellschaft, mich zu dieser Konferenz zu schicken, und machte mir Mut, meine *Briefe* zu veröffentlichen. Er hatte den Eindruck, dass es viele Menschen geben würde, die sich mit meinen Erfahrungen identifizieren konnten.

Bevor meine *Briefe* als Buch veröffentlicht wurden, beschloss ich, eine ganze Reihe von Erlebnissen aus meiner zweijährigen Internatszeit wegzulassen. Ich wollte vermeiden, dass mein Buch zu einer Art Abrechnung mit Internaten wurde. Jedes Mal, wenn ich eine Geschichte herausstrich, war das eine gute Gelegenheit, einzelnen der Beteiligten verschiedene der Dinge zu vergeben, die damals geschehen waren. Ich ließ alles weg, was mich nicht direkt persönlich betraf und von dem ich nur wusste, dass es anderen passiert war. Aber einiges von dem, was ich selbst erlebt hatte, beließ ich in dem Buch, weil es einfach Teil meiner Geschichte ist – wenn auch nicht die ganze Geschichte.

Irgendjemand hat mir, bevor das Buch in Druck ging, vorgeschlagen, dass ich mehr von meinen schönen Erfahrungen einbauen sollte. Und natürlich habe ich eine Menge Schönes erlebt. Aber im Zusammenhang meines Buchs schienen sie irgendwie „falsch", so als würde ich versuchen, Gott zu entschuldigen oder meine Eltern oder sonst irgendjemanden. Ich hatte den Eindruck, dass Gott mir durch das Schreiben an diesen Briefen deutlich machte, dass der Schmerz in meinem Leben nicht im Widerspruch zu meinem Glauben stand. Mir wurde schließlich bewusst, dass andere Leute nur meine fröhliche Seite kannten; sie dachten, dass ich wirklich so eine fröhliche Person wäre, und ich dachte das von mir selbst ja auch. Aber Gott brauchte ich eigentlich am meisten für die verborgenen Bereiche in meinem Innern – eben jene, an denen ich mit Verletzungen zu kämpfen hatte, die ich alleine nie verarbeiten konnte. Jesus hat gesagt, dass die Wahrheit uns frei machen wird, und mir wurde klar, dass ich Gottes Trost und Heilung finden konnte, wenn ich mich mit diesen wunden Punkten auseinander setzte, die ja auch „wahr" waren. Ich musste mir und anderen nichts vormachen. Ich habe eine Weile mit dem Gedanken gespielt, meine *Briefe* anonym zu veröffentlichen, aber dann merkte ich, dass das eigentlich ein Verrat an der Sache wäre, die Gott mir hier anbot – der Möglichkeit, mich mit meinen Erfahrungen auseinander zu setzen und mich nicht zu schämen für das, womit ich zu kämpfen hatte.

Um es noch einmal zusammenzufassen: Die *Briefe, die ich niemals schrieb* sind das Ergebnis einer ganz besonderen Zeit in meinem Leben, in der Gott ganz in den Tiefen meiner Seele an mir arbeitete. Und genau über diesen Prozess habe ich schreiben wollen. Deswegen tut es mir nicht Leid, dass ich das Buch so geschrieben habe, wie es ist. Auch weil ich so viel höre, wie Gott es seither benutzt hat, bin ich überzeugt, dass es ihm hier nicht nur um meine Geschichte ging, sondern auch um die vieler anderer Menschen. Ich hatte keine schnellen und glatten Antworten, um diesen Prozess irgendwie zu „rechtfertigen". Das hat anderen offensichtlich Mut gemacht, sich die Stellen herauszupicken, mit denen sie sich identifizieren können, und um eigene Antworten zu ringen. Sie haben meine Erfahrungen nicht zum Maßstab gemacht, so nach dem Motto: „Wenn ich das alles nicht genauso erlebe wie Ruth, stimmt mit meinem Glauben bestimmt etwas nicht." Oder so etwas in der Art. Deswegen bin ich mit Gott und den Menschen im Reinen, wie mein Buch geschrieben wurde und bis heute verkauft wird. Ich glaube, er wollte einfach, dass es zu einer Art Katalysator wurde, der es anderen ermöglichte, sich mit ihrer Geschichte auseinander zu setzen und nach Gottes Antworten zu fragen. Und ich glaube, auf diese Weise hat er die *Briefe, die ich niemals schrieb* im Leben ganz vieler Menschen benutzt.

Aber eines würde ich doch gerne irgendwann noch tun: Ich würde gerne eine Fortsetzung meiner *Briefe* schreiben, in denen es um all die Dinge geht, die Gott mir seit meinem ersten Buch klar gemacht hat. Ich konnte mich damals mit dem scheinbaren Widerspruch von Glauben und Schmerz auseinander setzen und lernen, dass ich mit meinem Wunsch nach Heilung zu Gott kommen konnte. Ich musste vor meinem Schmerz nicht mehr davonlaufen, und ich musste ihn nicht durch immerwährende Beschäftigung und meinen Dienst für Gott oder was auch immer zu verdrängen versuchen. Seither sind mir noch so viele andere Bereiche in meinem Leben klar geworden, in denen dieselben Grundsätze zum Tragen kommen. Als zum Beispiel vor ein paar Jahren bei mir Brustkrebs diagnostiziert wurde, dämmerte mir, dass mein Kummer weit über die bloße Angst vor dem Sterben hinausging. Mir wurde immer deutlicher, dass es eine Art „verborgenen Verlust" gab, den ich nicht greifen und erst recht nicht in Worte fassen konnte. Weil ich durch die Auseinandersetzung mit meiner Missionarskind-Vergangenheit schon einiges gelernt hatte, setzte ich mich also wieder mit Gott hin und schrieb Tagebuch. Ich wollte einfach wissen, was hinter diesem Schmerz und dieser unsäglichen Trauer stand ... und ich wollte es nicht erst in dreißig Jahren herausfinden. Gott machte mir bewusst, was in der nächsten Zeit alles an Verlusten auf mich zukommen würde, und ließ mich in dieser Zeit immer wieder bei ihm Zuflucht finden. Ich konnte mich immer wieder zu einem Ja zu Gottes Willen und Weg mit mir durchringen. Ich glaube, das ist die Art von „doch nicht, wie ich will", wie es auch Jesus im Garten Gethsemane erlebt hat.

Was ich für mich erkannt hatte, habe ich auch anderen weitervermitteln können. Vielleicht wird es diese Fortsetzung der *Briefe, die ich niemals schrieb* nie geben, aber einige der Dinge, die ich in den letzten Jahren begriffen habe, sind in meine Bibelauslegungen geflossen, andere in Artikel, die in christlichen Zeitschriften veröffentlicht wurden, oder in Bibelstunden und Vorträge auf Frauenfreizeiten. Es scheint, dass das, was ich durch die Arbeit an den *Briefen* gelernt habe, meinem Leben ganz neue Horizonte eröffnet hat; ich habe Gott und andere Menschen auf eine ganz neue Art und Weise kennen gelernt, wie ich das vorher nie gekonnt hätte.

Das ist wohl die Antwort auf die Frage, ob ich irgendetwas anders machen würde. Es tut mir nicht Leid, dass ich das Buch so geschrieben habe, wie es jetzt ist, weil ich damals wie heute glaube, dass Gott mich dazu bewegt hat – um meinetwillen, aber auch um anderer Menschen willen, die er dadurch ansprechen wollte. Andererseits würde ich es heute natürlich nicht noch einmal genauso schreiben – einfach, weil ich jetzt, rund zwanzig Jahre später, an einem ganz anderen Punkt in meinem Leben angekommen bin.

2. Hat Ihr Buch Ihre Tochter beeinflusst, die auf dem Missionsfeld ist/war?

Jetzt bin ich mir nicht ganz sicher, ob Sie die Tochter meinen, die uns zu der Zeit verließ, als ich meine *Briefe* begann, oder die Tochter, die später mit ihrem Mann nach Ghana ging und dort in der Musikbranche missionarisch tätig war.

Ich weiß auch nicht so ganz, welche Art von Einfluss Sie meinen. Ich muss zugeben, dass ich hinter Ihrer Frage die leise Sorge höre, ob meine Kinder in irgendeiner Form gegen Mission oder gegen Internate sind. Ich glaube eigentlich nicht, dass meine *Briefe* irgendwie besondere oder direkt greifbare Auswirkungen auf meine Töchter oder ihren Dienst hatten. Ihnen war immer klar, dass es mir mit meinem Buch nie darum ging, irgendwelchen Leuten oder Einrichtungen Vorwürfe zu machen. Ich wollte nur meine eigenen Erfahrungen besser einordnen und verstehen, um daran wachsen zu können. Wir waren zu der Zeit, als ich es schrieb, gerade auf dem Missionsfeld, und ich glaube schon, dass unsere Kinder gespürt haben, dass wir mit Gottes Weg mit uns grundsätzlich sehr glücklich waren. Ich glaube, das Wertvollste, was ich ihnen als AMK[1] mitgeben konnte, ist das, was mein Vater mir auch vermittelt hat: eine Liebe zu anderen Kulturen und die Fähigkeit, sich mit Menschen aus verschiedenen Ländern und kulturellen Hintergründen zu Hause zu fühlen.

Unsere Töchter lieben alle drei den Herrn und dienen ihm da, wo er sie hingestellt hat. Rachel, die mit ihrem Mann zwei Jahre in Ghana war, lebt jetzt in Amerika. Sie haben dort gemeinsam eine Organisation gegründet, bei der junge Leute angeleitet werden, ihrem Lobpreis durch Musik und Kunst Ausdruck zu geben. Sie haben dazu extra ein eigenes Studio in ihrem Keller eingerichtet, und sie senden auch junge Leute aus, um Gemeindegründungsprojekte in Afrika zu unterstützen. Das alles läuft neben der vollen Stelle, die ihr Mann als Lobpreisleiter seiner Gemeinde hat. Sheri, die als Erste meiner Töchter in die Staaten zurückkehrte, hat ein ATCK[2] geheiratet. Ihr Mann arbeitet im Bereich Medizin in einer Gruppe mit, die Missionaren finanziell unter die Arme greift; die Leute in dieser Gruppe haben ihre Gehälter bewusst nach einem eigens entwickelten System so eingeteilt, dass sie Missionare möglichst effektiv unterstützen können. Sheri und ihr Mann haben ein Kind aus Russland adoptiert, sie unterstützen Missionare sehr großzügig und sind offen für die Möglichkeit, dass Gott sie eines Tages selbst in der Außenmission einsetzt. Unsere dritte Tochter und ihr Mann sind auch aktive Christen. Sie leben in Indianapolis und Stephanie ist sehr engagiert in ihrer Gemeinde; sie erarbeitet dort gerade ein Konzept, wie die Gemeinde junge Mütter mit dem Evangelium erreichen kann.

Ich glaube, meine Arbeit an den *Briefen* hat sie auf eine Art am meisten beeinflusst: Weil ich vor meiner eigenen Geschichte nicht weglaufen musste, konnte ich auch für ihre Erfahrungen mehr Verständnis aufbringen und sie trösten, wo es nötig war. Als wir aus Liberia weggingen und sie die Trauer erlebten, die unser Wegzug mit sich brachte, musste ich nicht vor ihrem Kummer weglaufen, nur um mich meinem eigenen Schmerz nicht stellen zu müssen. Wir konnten zusammen weinen. Weil wir offen über Gefühle reden können, können sie, glaube ich, besser in den Bereichen mit Gott ringen, in denen sie in ihrem eigenen Leben Schmerz erleben (Kinderlosigkeit zum Beispiel), und trotzdem an ihrem Glauben festhalten. Weil ich meine Geschichte aufgearbeitet und selbst gelernt hatte, enge Beziehungen zu riskieren, kann ich nun auch die Freude genießen, die diese Beziehungen mit sich bringen – mit meinen Töchtern und ihren Männern, aber auch mit ihren Kindern, meinen Enkeln. Wir stehen uns als Familie alle sehr nahe, obwohl sie alle längst ihr eigenes Leben leben. Und ich habe in jeder Hinsicht meine Freude an ihnen.

3. Wie hat Ihre Missionsgesellschaft reagiert, als Ihr Buch herauskam?

Als es erschien, bat mich Larry Fehl, der Leiter unserer Organisation in den USA, es an alle AMKs zu schicken, die zu diesem Zeitpunkt über dreißig waren. Es war ihm wichtig, dass sie sich nicht allein gelassen fühlten, wenn sie selbst mit ähnlichen Problemen zu kämpfen hatten wie ich. Er meinte, dass mein Buch ihnen vielleicht die Freiheit und auch die Worte geben würde, sich mit ihrer eigenen Geschichte auseinander zu setzen.

Die Reaktionen darauf waren ganz unterschiedlich. Ich hörte von unzähligen AMKs und konnte schon fast deren

Alter daran ablesen, in welchem Stadium des Verarbeitungsprozesses sie sich gerade befanden. Viele glaubten auch, dass sie die Einzigen wären, die Einsamkeit und Verlust ähnlich schlimm erlebt hatten wie ich. Sie waren so erleichtert, dass es jemanden gab, der sie verstand. Ich wies sie immer darauf hin, dass es nicht schlimm ist, diesen Schmerz zu empfinden, denn wir betrauern nur das, was wir lieben. Wenn wir etwas verlieren, an dem uns nichts liegt, empfinden wir keine Trauer – nur Erleichterung. Es war für mich unglaublich schön zu erleben, wie viele der Leute, die mir Briefe schrieben, mich anriefen oder mich besuchen kamen, selbst Heilung und eine bis dahin ungeahnte Freiheit erfuhren. Sie nahmen Gott zunehmend als den wahr, der sie unendlich liebte – und nicht als jemanden, der immer und immer mehr von ihnen forderte. Darüber freue ich mich sehr.

Gleichzeitig gab es eine Reaktion in die entgegengesetzte Richtung. Manche Eltern, die nur die ersten ein, zwei Seiten gelesen hatten, waren unglaublich wütend. Sie hatten ganz offensichtlich den Eindruck, dass es mir hier darum ging, Internate schlecht zu machen, obwohl ich mich sehr bemüht hatte, genau das zu vermeiden. Es war wirklich ein bisschen verrückt, weil ich mich mein ganzes Leben lang eigentlich immer sehr *für* Internate ausgesprochen hatte. Gerade deswegen hatte ich vermutlich auch nie so recht wahrhaben wollen, wie sich die frühe Trennung von den Eltern auf ein Kind auswirkt. Aber anfangs war ich über den Ärger dieser Eltern einfach nur verwirrt; es ging mir doch überhaupt nicht um Internate! Und auch manche AMKs, die selbst aufs Internat gegangen waren, fühlten sich angegriffen. Das tat mir weh und es überraschte mich auch sehr, denn ich hatte doch nur über Ereignisse in meinem Leben berichtet, nicht ein allgemeines Urteil über Internate ausgesprochen. Mir war einfach nicht bewusst, dass Internate zu der Zeit gerade die „heiligen Kühe“ der Missionsgesellschaften waren. Ich ging oft zu Jesus, um ihn wieder und wieder zu fragen, ob er mir wirklich diesen Auftrag gegeben hatte, ob er irgendwie wütend auf mich war und ob meine Erkenntnis, dass Schmerz und Glaube sich nicht ausschließen, tatsächlich von ihm kam. Das alles fügte sich in meine eigene Geschichte mit Gott ein, denn mir war vorher nicht bewusst gewesen, wie sehr ich Ablehnung verabscheute und wie viel Angst ich davor hatte. Ich lernte ganz neu, mich als von Gott geliebt und angenommen zu begreifen.

Ich denke, dass viele Missionare in jener Zeit nicht damit umgehen konnten, dass ich ganz offensichtlich und ganz unabsichtlich das Schweigen gebrochen hatte: Es hat seinen Preis, Jesus zu folgen, und gerade als Missionarskind bekommt man einiges davon zu spüren. Interessanterweise hat sich nach diesem ersten Sturm der Entrüstung meine Missionsgesellschaft zum Vorreiter für die Belange von AMKs entwickelt. Ich kann kaum in Worte fassen, wie sehr mich die Arbeit berührt, die Larry Fehl unter AMKs und ihren Eltern begonnen hat; Menschen erleben dadurch Heilung und Versöhnung. Das ist eine ganze andere Geschichte, aber seit gut fünf Jahren bin ich, zusammen mit anderen AMKs, in einem Ausschuss, der die Missionsgesellschaft in dieser Arbeit unterstützen soll. Es geht einerseits darum, den Leuten zu helfen, die in der Vergangenheit Verletzungen erfahren haben, und andererseits darum, Strategien für die Zukunft zu entwickeln, damit jetzige MKs aus ihren Erfahrungen das Beste machen können. Ich bin regelrecht überwältigt, wie viele Menschen durch Larry Fehl und seinen klaren Blick in diesem Bereich wirklich weitergebracht worden sind.

4. Haben auch andere Missionsgesellschaften auf die eine oder andere Art reagiert?

Oh ja, auf ganz verschiedene Art und Weise. Die Lutheraner luden mich ein, bei einem Treffen ihrer Missionare auf Heimaturlaub über das Thema MKs zu sprechen. Die OMS bat mich, auf verschiedenen Vorbereitungskursen für ihre Missionare mitzuwirken; dabei ging es nicht nur um Missionarskinder im engeren Sinn, sondern auch darum, was sie als Erwachsene beschäftigt. Andererseits gab es auch andere Missionsgesellschaften, die mich mieden und regelrecht Angst vor mir hatten. Ich habe gehört, dass einige sogar befürchteten, dass die Leute, die mein Buch gelesen hatten, ihre Kinder nicht mehr auf Internate schicken würden. Mission, so war ihre Sorge, würde dann nicht mehr in dem Maß möglich sein wie bis dahin. Das hat mich dann doch erstaunt. Und aus meiner Sicht ging es in dem Buch ja auch überhaupt nicht um Internate – es ist ja doch interessant, dass ich nur zwei Jahre aufs Internat gegangen bin, dagegen aber vier Jahre von meiner Mutter unterrichtet wurde, aber das scheint gar kein Thema zu sein! Mittlerweile bin ich aber, nach viel Rücksprache mit Gott, zu einer gewissen Gelassenheit gekommen; ich muss mich nicht gegen diesen Vorwurf wehren, die *Briefe, die ich niemals schrieb* seien eine Abrechnung mit Internaten.

Ich bin immer wieder von vielen Missionsgesellschaften für verschiedene Veranstaltungen angefragt worden und werde es heute noch, unter anderem von der Gruppe „Mental Health and Missions“, die Leute aus therapeutischen und psychosozialen Berufen für die Belange von Missionaren sensibilisieren möchte. Auf deren Konferenz werde ich in Kürze zwei Veranstaltungen übernehmen. Ich arbeite auch mit Bruce Narramore zusammen, der jeden Sommer ein Seminar für MKs anbietet, die gerade in die USA zurückkehren. Ich glaube, mittlerweile haben sich die meisten irgendwie an mich gewöhnt. Sie merken ja auch, dass es mir nicht darum geht, irgendjemanden fertig zu machen, dass ich Gott sehr lieb habe, dass mir Mission außerordentlich wichtig ist und dass es mir nicht egal ist, wenn der Feind unsere Unwissenheit oder Unbedachtheit dazu benutzt, um Gottes Werk zu verderben.

5. Ist Ihr Buch auch von Leuten gelesen worden, die mit Mission nicht direkt zu tun haben? Und wie haben sie reagiert?
Oh ja, es ist auch außerhalb der „Missionarswelt“ von vielen gelesen worden. Es wurde zwei Jahre lang vom Verlag aus als „normales“, also nicht irgendeinem Spezialgebiet zugeordnetes Buch vertrieben, und so haben es auch Leute aus ganz verschiedenen Hintergründen gelesen – und witzigerweise haben sie es viel eher so verstanden, wie ich es eigentlich vorgesehen hatte: als meine persönliche Geschichte mit Gott und als ein Modell, wie sie sich mit ihrer eigenen Geschichte stärker auseinander setzen können, auch wenn die Umstände ganz anders waren als meine. Ich bekam Briefe von Leuten, die durch mein Buch zum Glauben gekommen waren; ihnen war vorher nie bewusst gewesen, dass man eine so enge Beziehung zu Gott haben kann. Ich hörte von Leuten, deren Eltern Alkoholiker waren; sie berichteten mir, dass sie sich mit meinen Erfahrungen sehr gut identifizieren konnten. Während ich von meinen Eltern räumlich getrennt gewesen war, hatten sie ihren Eltern emotional nie nahe kommen können, und so waren ihnen die Gefühle von Einsamkeit und Verlust sehr vertraut. Und ungezählte TCKs, darunter viele Nichtchristen, haben das Buch auch gelesen und sich mit meinen Erfahrungen identifiziert, wenn auch nicht mit der Entwicklung, die mein Glaube durch all das nahm. Es war wirklich erstaunlich!

Was ich besonders bemerkenswert fand, war, dass Leute, die mit Mission nichts zu tun haben und sich deswegen auch keine Gedanken darüber machen, was ich über Internate sage oder auch nicht, gar keine Probleme mit meiner Geschichte haben ... Wenn ich sie frage, was sie von dem ganzen Thema Internate halten, sagen sie einfach: „Ach ja, einige von Ihren Kämpfen hatten damit zu tun, nicht wahr? Meine kamen von diesem oder jenem, aber ich habe das Gleiche empfunden wie Sie.“ Und dann reden wir über die Gemeinsamkeiten und bleiben nicht an den Details meiner Lebensgeschichte hängen.

6. Was war die bewegendste oder dramatischste Erfahrung, die andere Leute mit Ihrem Buch gemacht haben – die Ihnen bekannt ist?

Bitte vergessen Sie nicht, dass alles, was ich hier schreibe, zu Gottes Ehre sein soll. Ich komme bis heute aus dem Staunen nicht heraus, wie Gott den ganzen Müll meines Lebens, gerade meine Schwachheit, zu seiner Ehre und Verherrlichung hat beitragen lassen. Es gibt unheimlich viele Geschichten darüber. Ich habe eine ganze Schublade mit Briefen, in denen mir Menschen erzählen, wie Gott das Buch benutzt hat, um in ihr Leben einzugreifen. Und dann bekomme ich regelmäßig E-Mails, in denen mir weitere Details berichtet werden.

Im Moment maile ich einer Missionarin, selbst ein AMK, mehrmals die Woche. Sie schrieb mir, als sie mitten in einer schweren Depression steckte, und inzwischen hat Gott auf wundersame Weise ihre Seele und ihr Leben wiederhergestellt.

Eine andere Frau, die Tochter eines Diplomaten, schreibt mir auch schon seit einiger Zeit. Sie wollte wissen, wie ich mit meiner Depression fertig geworden bin, denn sie erlebt jetzt mit vierzig Jahren selbst eine. Sie ist nicht gläubig, und so habe ich ihr erzählt, dass mein Fundament in Gott liegt und dass er meine Zuflucht und meine Hoffnung ist.

Gerade vor zwei Tagen hat sie mir geschrieben, dass sie ihre alte Bibel wieder hervorkramen möchte, um die Verse nachzuschlagen, die ich erwähnt hatte.

Und vor ein paar Jahren habe ich in einer Radiosendung über verborgene Verluste und unbewältigte Trauer gesprochen; daraufhin meldete sich auch eine Menge Leute. Eine Hörerin war als Jugendliche mit ein paar Freunden in den Appalachen zelten gewesen und dabei von einer ganzen Gruppe Männer vergewaltigt worden. Das alles war zwanzig Jahre her, und nun erlebte sie auf ganz wunderbare Weise, wie Gott ihr zunehmend Heilung schenkte.

Eine andere Frau, die das Buch gelesen hatte, bat mich, mit ihr zusammen die Bibel zu lesen; sie war ihr ganzes Leben lang zur Kirche gegangen, aber nun war ihr plötzlich deutlich geworden, dass sie keine Beziehung mit Gott hatte, die ihr helfen würde, ihren Alltag zu bewältigen ...

Ich habe sehen dürfen, wie Gott das, was er mir klar gemacht hat, benutzt und in die Erfahrungswelt dieser Menschen aus ganz anderen Hintergründen als meinem überträgt – und dazu kommen ja noch die ungezählten AMKs und ATCKs, von denen ich in den letzten Jahren gehört habe. Mir ist dadurch immer deutlicher bewusst geworden, was für ein Wunder Gott bewirkt, wenn er uns in unserer Schwachheit und durch unsere Schwachheit benutzt, um zu seinem Ziel zu kommen. Und auch, dass wir den Trost, den er uns so nachhaltig gibt, an andere Menschen weitergeben können.

7. Was möchten Sie heutigen Missionaren sagen, die immer noch keine Alternative haben und ihre Kinder aufs Internat schicken müssen?

Wenn ich zu den Eltern von Missionarskindern spreche, ist meine erste Aussage immer: „Es ist kein Fehler, dass Ihre Kinder MKs sind. Wenn Gott Sie in seinen Dienst in der

Mission gerufen hat, ist es auch Gottes Plan mit Ihren Kindern, dass sie als MKs aufwachsen. Er wird das mit dazu benutzen, dass sie ihm da dienen können, wo er sie haben möchte – genau, wie er es in meinem Leben getan hat und noch tut." Hinter dieser Aussage stehe ich hundertprozentig.

Wenn ich das klargestellt habe, weise ich andererseits aber auch darauf hin, dass man eine Verantwortung für seine Kinder hat – ob man nun Missionar ist oder nicht. Gott führt verschiedene Menschen – und sogar die gleichen Menschen – manchmal auf ganz verschiedene Weise. Einmal sollte Mose den Felsen schlagen, das nächste Mal sollte er zu ihm reden ... und sein Problem war, dass er an der altbewährten Methode festhielt, nachdem Gott ihm eine neue befohlen hatte. Wenn ein Missionar nicht gerade für eine Missionsgesellschaft arbeitet, die ausdrücklich verlangt, dass er seine Kinder aufs Internat schickt, hat er heutzutage eine Menge Alternativen: Es gibt Kurse über das Internet, Unterricht zu Hause oder in kleinen Gruppen, und natürlich wie schon immer Internate, internationale Schulen oder einfach die Schulen vor Ort. Ich rate den Eltern immer, dass sie Gott ganz ernsthaft um Weisheit bitten, dass sie für ihr Kind oder ihre Kinder die beste Wahl treffen – und vielleicht ergeben sich dabei für verschiedene Kinder innerhalb derselben Familie verschiedene Wege. Nur Gott weiß, was er in jedes spezielle Kind hineingelegt hat, wie es in welcher Situation zurechtkommt, inwieweit sich die Eltern oder andere Erwachsene in Heim- oder Kleingruppenunterricht einbringen können, was finanziell am günstigsten ist ... Aber es kann nicht darum gehen, dass wir einfach weitermachen wie schon immer und unsere Kinder gedankenlos auf dem Altar unserer missionarischen Arbeit opfern. Wir müssen nicht mehr Mustern folgen, die vielleicht vor Jahrzehnten einmal die einzig sinnvollen waren, wenn es inzwischen Alternativen gibt ... und die Frage ist auch nicht wirklich, ob wir Missionare sein ODER uns um unsere Kinder kümmern wollen. Auf der ganzen Welt wachsen Kinder zwischen verschiedenen Kulturen auf, deren Eltern mit Mission rein gar nichts zu tun haben, und auch diese Eltern finden Mittel und Wege, ihre eigene Arbeit nicht zu vernachlässigen. Das können wir als Missionare auch.

Als ich die *Briefe* damals schrieb, ging es mir, wie schon erwähnt, gar nicht um Internate. Aber je mehr Menschen – auch sehr „erfolgreiche" Menschen – mir in den letzten Jahren ihre Geschichte erzählt haben, desto mehr komme ich zu der Überzeugung, dass, wenn es auch nur irgendeine andere Möglichkeit gibt, eigentlich alles besser ist, als ein Kind mit sechs Jahren von zu Hause fortzuschicken; es ist einfach in punkto Bindungen und Beziehungsfähigkeit ein sehr entscheidendes Alter. Ich glaube, dass Missionsgesellschaften ihre Mitarbeiter auch anleiten sollten, wie sie ihre Arbeit gut machen und trotzdem für ihre Kinder da sein können. Es gibt dafür unzählige Beispiele, die ich hier anführen könnte. Ich denke andererseits auch, dass es Zeiten gibt, vor allem, wenn die Kinder ein bisschen älter sind, in denen Missionare in ganz abgelegenen Gebieten vielleicht besser daran tun, wenn sie ihre Kinder mit Gleichaltrigen aufs Internat gehen lassen, anstatt sie alleine zu Hause zu unterrichten ... aber ich möchte vor allem immer wieder betonen, dass es zum Thema Schulbildung von Missionarskindern kein Patentrezept gibt, das auf jede Situation passt. Gott allein weiß, was er für jedes Kind vorgesehen hat. Wenn wir glauben, dass uns sein Heiliger Geist in die ganze Wahrheit leitet und dass er uns führt, können wir darauf vertrauen, dass er, der die Zukunft kennt, auch am besten weiß, wie er jedes Kind auf diese Zukunft vorbereiten kann. Ich sage Eltern immer wieder, dass ich Sprüche 3,5-6 ganz wörtlich nehme ... dass wir uns nicht auf unseren eigenen Verstand verlassen, sondern ihm von ganzem Herzen in allem vertrauen sollen, und dann wird er uns richtig leiten. Er wird uns in Bezug auf unsere Kinder zeigen, was gut für die Familie und gleichzeitig gut für die Arbeit am Reich Gottes ist; und manchmal benutzt er einfach die Bedürfnisse der Kinder, um Familien in die richtige Richtung zu weisen. Um es zusammenzufassen: Ich beantworte Eltern ihre Fragen nach der „richtigen" Schulbildung nie, sondern verweise sie immer auf den, der den Weg kennt, weil er der Weg IST.

8. Haben Ihre Briefe *Ihre Beziehung zu Ihrer Mutter, Ihren Geschwistern oder Ihrem Mann irgendwie verändert? Und wenn ja, inwiefern? (Diese Frage ist wahrscheinlich ein bisschen persönlich; Sie müssen Sie nicht beantworten, wenn Sie nicht wollen ...)*
Ich habe überhaupt keine Schwierigkeiten mit dieser Frage. Wenn mein Buch irgendetwas bewirkt hat, dann vermutlich, dass es einfach keine „verbotenen Bereiche" mehr gibt, die wir in unseren Beziehungen nicht betreten könnten. Was meine Mutter betrifft, so wären die *Briefe* nie veröffentlicht worden, wenn sie mir nicht so ausdrücklich Mut dazu gemacht hätte. Als ich ihr das Manuskript eines Tages so schickte, wie es möglicherweise gedruckt werden würde, legte ich ihr einen Brief bei, in dem ich schrieb, dass es mir nicht darum ging, jemandem Vorwürfe zu machen, sondern nur darum, meine eigene Geschichte besser zu verstehen. Sie schrieb mir einen wunderbaren Brief zurück: „Danke, dass du mir deine Briefe zugeschickt hast ... Ich habe sie gelesen und ich habe natürlich dabei geweint und mir gewünscht, dass ich dich einfach ganz fest in den Arm nehmen könnte. Wenn wir damals gewusst hätten, wie es dir wirklich ging, hätten wir vielleicht manche Entscheidungen anders gefällt, aber du hast es wirklich gut geschafft, deine Gefühle so aus-

zudrücken, dass man sie nicht als Vorwürfe versteht. Möge Gott sie so gebrauchen, wie es sein Wille ist. Ich habe dich sehr lieb."

Ich habe ihr gesagt, sie sollte auch einmal ein Buch schreiben – darüber, wie Eltern reagieren sollten, deren Kinder sich mit meinem Buch und ihrer eigenen Geschichte auseinander zu setzen beginnen ... Es war für mich so wichtig, dass sie sich nicht angegriffen fühlte oder sich Vorwürfe zu machen begann, sondern mir einfach zugestand, dass ich bestimmte Gefühle hatte/habe. Als meine Mutter wollte sie wissen, was in mir vorging. Wir können über all das sehr offen miteinander reden, wir stehen uns sehr nahe und haben viel Freude miteinander. Sie ist jetzt fünfundachtzig; sie ist immer noch sehr rüstig und eine große Stütze für mich.

Meine Geschwister stehen auch voll hinter mir, obwohl meine Brüder mich immer aufziehen wegen meines Buchs. Es heißt im Englischen *Letters never Sent*, also übersetzt: „Briefe, die nie abgeschickt wurden", und sie machen ständig Witzchen über „Mahlzeiten, die nie gekocht wurden" oder „Witze, die nie verstanden wurden" und so weiter. Ich glaube, meine ältere Schwester war ganz schön betroffen, als sie im ersten Brief las, „dass Mae Beth sowieso nie weint". Sie merkte, dass das tatsächlich zutraf, und es brachte sie sehr zum Nachdenken. Ich bot ihr an, den Satz zu streichen, aber sie meinte, dass er ja schließlich stimmte. Es ist in den letzten Jahren sehr spannend gewesen, zu erleben, dass sie als Frau, Mutter, Großmutter immer mehr Gefühle zugab; sie hat sich mit Gottes Hilfe der Wirklichkeit und den verborgenen Bereichen ihrer Seele nach und nach stellen können. Meine beiden jüngeren Schwestern haben sich in meinem Schmerz über die ständigen Trennungen von Anfang an wiedergefunden. Sie hatten immer gedacht, dass wir älteren Brüder und Schwestern in den Staaten sie lange nicht so vermissten wie sie uns, und es war für sie sehr heilsam und gut, zu erfahren, dass wir uns durchaus nach ihnen gesehnt hatten. Wir sind einander als Geschwister immer sehr verbunden geblieben, obwohl wir mittlerweile auch alle nicht mehr die Jüngsten sind. Vor ein paar Jahren haben wir Geschwister uns einmal für ein Wochenende getroffen, ganz ohne Ehepartner und Kinder; wir haben viel Spaß gehabt, als wir uns an Ereignisse unserer Familiengeschichte zurückerinnerten, und haben bei der Gelegenheit auch einige Tränen vergossen. Es war einfach großartig. Wir folgen alle bis heute dem Herrn, und das erfüllt uns mit großem Dank.

Auch das Verhältnis zu meinem Mann hat sich sehr verbessert. Ich muss ihn nicht mehr aus der Angst heraus, dass ich ihn verlieren könnte, krampfhaft auf Abstand zu halten versuchen. Er unterstützt mich sehr in dem, was ich tue, er versteht und schätzt es, dass ich nicht mehr in ständiger Alarmbereitschaft bin, um mich meinem Innersten nicht stellen zu müssen. Innerhalb meiner Familie sehe ich eigentlich nichts als Gutes, das sich aus meinem Buch ergeben hat.

Und eines möchte ich doch noch hinzufügen ...:
Das Großartigste an der ganzen Sache ist für mich weiterhin, wie Gott dieses Buch benutzen kann und benutzt hat, um Menschen auf der ganzen Welt zu erreichen. Wenn wir keine Angst mehr haben, uns ehrlich mit allen Facetten unseres Missionarslebens auseinander zu setzen, werden wir dazu befreit, auch auf die vielen anderen Menschen in einem internationalen Umfeld zuzugehen und ihnen weiterzuhelfen. Ich habe inzwischen auf Konferenzen in über dreißig Ländern gesprochen, oft vor einer nichtchristlichen Zuhörerschaft. Das Thema bringt mich Menschen mit ganz verschiedenen Hintergründen näher, beispielsweise auch der Königsfamilie in Jemen, wo ich einmal auf einer Konferenz sprach. Wir, die wir auf irgendeine Weise in der Außen-

mission stehen, sollten uns diesem besonderen Lebensstil mit all seinen Vorteilen und auch Herausforderungen stellen, anstatt irgendetwas auszublenden. Damit hat uns Gott eines der brauchbarsten Werkzeuge an die Hand gegeben, um in einer immer stärker globalisierten Welt ungezählte Menschen in ganz unterschiedlichen Lebenssituationen zu erreichen.

Gott leite Sie in Ihren Entscheidungen und segne Sie alle in dem, was Sie für ihn tun.

Herzliche Segenswünsche,
Ruth E. Van Reken

Fußnoten

[1] ein AMK (= Adult Missionary Kid) ist ein mittlerweile erwachsenes, also sozusagen „ehemaliges“ Missionarskind

[2] ein ATCK (= Adult Third Culture Kid) ist ein inzwischen erwachsener Mensch, der „zwischen den Kulturen“ aufgewachsen ist

Schlussbemerkungen der Autorin

Alle Menschen brauchen für die eine oder andere Verletzung in ihrem Leben Heilung, und viele der Grundsätze, die ich im Folgenden erläutere, treffen auch auf Leute ohne internationalen Hintergrund zu. Trotzdem möchte ich einige Worte speziell über TCKs sagen.

Eine Erfahrung haben sie alle gemeinsam: Ihr Leben ist ein nie endender Kreislauf von Trennungen und Verlusten. Man wird nicht nur von den Eltern getrennt, sondern auch von Freunden und Bekannten. Wenn man nicht selber geht, geht garantiert jemand anderes. Und eine ganze Welt verliert man, wenn die Familie an einen anderen Ort oder sogar in ein anderes Land umsiedelt. Natürlich erleben auch Nicht-TCKs Verluste und Trennungen, aber bei TCKs beginnen sie sehr früh und machen das Leben zu einem großen Teil aus. Es ist für das Kind entscheidend, wie es mit dem Schmerz umgeht, den all diese Trennungen mit sich bringen.

Dieser Schmerz versteckt sich gerne hinter so verschiedenen Masken wie Wut, Rückzug, Widerstand, Fügsamkeit, Niedergeschlagenheit, einer Ist-mir-doch-egal-Haltung oder Sprücheklopferei. Ganz oft ist er der eigentliche Grund, warum manche Kinder besonders „zäh" und betont unabhängig wirken. Und ganz oft bestrafen oder verurteilen wir Leute aufgrund dessen, wie sie sich geben – wir machen uns nicht die Mühe, hinter die Maske zu blicken. Wer mit Kindern zu tun hat, sollte Gott um ganz besonders viel Einfühlungsvermögen und Weisheit bitten.

Whitney Hugh Missildine führt in dem Buch *In dir lebt das Kind, das du warst* mehrere Phasen auf, die Kinder durchleben, wenn sie – aus welchem Grund auch immer – für längere Zeit von ihren Eltern getrennt werden. Die erste

Phase ist lautstarker Protest. Kinder weinen viel und wünschen die Eltern zurück. Diese Phase kann einige Tage andauern, manchmal aber viel länger.

Der Protest wandelt sich dann zur Verzweiflung. Das ist die zweite Phase. Es wird immer klarer, dass die Eltern nicht zurückkommen, und es gibt nichts, was das Kind tun könnte, um daran etwas zu ändern. Eine Zeit lang sind Kinder zwischen Auflehnung und Verzweiflung hin- und hergerissen.

Die dritte Phase ist dann die Absonderung. Dem Kind scheint die Trennung von den Eltern egal zu sein. Es sieht fast so aus, als hätte es sie total vergessen. Wenn sie dann doch wieder auftauchen, benimmt sich das Kind, als würde es die Eltern kaum wiedererkennen.

Absonderung ist einer der grundlegenden Abwehrmechanismen, um sich gegen emotionalen Schmerz zu schützen. Sie ist eine ganz normale Reaktion auf kürzere oder längere Trennungszeiten, und besonders gut lässt sie sich in Sommerfreizeiten beobachten. Am ersten Tag wollen viele Kinder wieder nach Hause zu ihren Eltern, aber wenn die Woche vorbei ist, kann man sie fast nicht dazu bewegen, wieder mit nach Hause zu kommen. Eine solche Art der Absonderung ist normal und gehört zu einer gesunden Entwicklung, dass ein Kind sich als eigenständige Person begreift, einfach dazu. Allerdings ist dazu auch wichtig, dass das Kind nach seinem Ausflug in die Unabhängigkeit wieder in die vertraute Welt des Elternhauses zurückkehren kann.

Wenn ein Kind allerdings körperlich oder emotional sehr lange von seinen Eltern getrennt wird, kann diese Absonderung zum Dauerzustand werden. Möglicherweise findet das Kind es dann schwer, überhaupt wieder Zuneigung zu den Eltern zu empfinden.

Manche TCKs sind in dieser Phase stecken geblieben und haben nie einen Weg nach draußen gefunden. Sie hatten einfach keine andere Möglichkeit, sich gegen den Schmerz zu schützen. Und wir haben in ihrem Verhalten oft fälschlicherweise „Unabhängigkeit“ gesehen.

Die Ablösung kann ganz verschiedene Formen annehmen. Manche Kinder ziehen das Internat dem Elternhaus vor. Wenn ein Kind in den Ferien den halben Ort besucht, aber für die Eltern zu Hause keine Zeit hat, ist das möglicherweise kein Zeichen von Beziehungsfähigkeit, sondern von einer ungesunden Form von Absonderung.

Als Erwachsene legen manche TCKs eine offene Feindschaft ihren Eltern gegenüber an den Tag und lehnen sich auf, wo sie nur können – andere dagegen geben sich unbeteiligt: „Wenn meine Leute hier sind, ist das gut. Wenn nicht, ist das auch egal. Es macht mir nichts aus, ich bin's ja gewohnt.“ Man besucht dann eher alle Freunde, die man noch vom Internat kennt, als den Hörer abzunehmen und die eigene Familie anzurufen. Briefe werden selten oder bleiben ganz aus. Und auf Familientreffen gibt es immer so viel zu tun, dass keine Zeit zum Reden bleibt.

Als Christen müssen wir uns mit zwei Grundfragen auseinander setzen. Die erste ist: Wie können wir Menschen weiterhelfen, deren Leben bisher von schweren Verlusten und Trennungen geprägt war? Und die zweite ist: Wie können wir es anderen für die Zukunft leichter machen?

Zunächst einmal sollten wir uns bewusst machen, dass auch solche Trennungen problematisch sind, die um Jesu willen geschehen. Wir haben viel zu oft so getan, als wären solche Trennungen weniger schlimm oder als würde unser Glaube uns gegen den Schmerz immun machen. Aber dem ist nicht so, und erst wenn wir das einsehen, kann Heilung beginnen.

Die häufigen Trennungen haben zweierlei Seiten. Auf der einen Seite steht das ganz positive Selbstvertrauen, auch in schwierigen Situationen alleine zurechtzukommen, weil man das schließlich nicht anders gewohnt ist.

Die Kehrseite der Medaille ist die Überheblichkeit, die sich aus diesem Selbstvertrauen ergeben kann. Ich denke, dass ich niemanden nötig habe. Ich halte andere Menschen auf Distanz. Es ist allzu leicht, die Hilfe abzulehnen, die andere mir gerne zukommen lassen würden. Das steht im krassen Widerspruch zu allem, was Gott vorgesehen hat: dass wir als Glieder am Leib Christi aufeinander angewiesen sind.

TCKs gehen mit den immer wiederkehrenden Verlust- und Trennungserfahrungen unterschiedlich um. Manche gestehen sich ihren Kummer ein, weinen sich aus, wenn ein Abschied ansteht, und bleiben mit Freunden und Verwandten eng verbunden. Sie bleiben seelisch gesund, sind glücklich und kommen gut im Leben zurecht.

Und dann gibt es TCKs wie mich, die sich dem Glauben und den Grundsätzen ihrer Kinderzeit auch weiter verpflichtet fühlen, aber dennoch die schwierigen Kämpfe erleben, wie ich sie in meinen Briefen beschrieben habe. Wir kommen schon zurecht und leisten viel, aber tief in uns verborgen liegt ein Schmerz, an den wir lieber erst gar nicht rühren wollen. Wir denken, dass wir die Einzigen sind, die ihn überhaupt wahrnehmen. Manche von uns treibt die Verzweiflung in den Selbstmord. Andere lehnen sich gegen den Gott ihrer Kindheit auf, den sie für all ihre Verluste verantwortlich machen. Und wieder andere rächen sich an ihren Eltern und dem ganzen „System", indem sie all deren Wertmaßstäbe über Bord werfen.

Manche Eltern können sich freuen über die emotionale Stabilität, die sie an ihren Kindern beobachten. Andere schütten schon seit Jahren ihr Herz bei Gott aus und weinen um ein Kind (oder mehrere), das die vielen Trennungen und Verluste nicht verkraftet hat.

Wenn Sie zu den Lesern zählen, die selbst – in welcher Form auch immer – Verletzungen erlebt haben, möchte ich Ihnen Mut machen: Es ist nie zu spät, sich den Wunden der

Vergangenheit zu stellen. Jesus ist der wahre Heiland und kann sich dieser Wunden auch noch nach Jahren annehmen. Vielleicht empfinden Sie immer noch Wut oder Bitterkeit gegenüber den Menschen, von denen Sie verletzt worden sind – selbst wenn das unabsichtlich oder unbewusst geschah. Gehen Sie zu Gott und schreien Sie, wenn es Ihnen hilft, all Ihren Kummer heraus. Trauern Sie über die Verluste, die Sie erlitten haben; man kann den Trauerprozess auch noch nach vielen Jahren abschließen. Und wenn Sie alles vor ihm ausgebreitet haben, lassen Sie zu, dass er Sie heilt. Er wird Ihnen durch seinen Heiligen Geist zeigen, dass er Ihren Ärger aushält – selbst wenn er sich direkt gegen ihn persönlich richtet. Er ist nicht nur der Heiland, sondern auch der große Tröster.

Vielleicht schenkt er Ihnen auch Versöhnung mit den Menschen, die Ihnen diese Wunden zugefügt haben – mit Eltern, Lehrern, Freunden ... Ich wünsche Ihnen, dass Sie es erleben, wie diese Menschen Ihre Offenheit zu schätzen wissen und sie nicht als Schuldzuweisungen interpretieren. Dieses Buch wäre nie veröffentlicht worden, wenn meine Mutter das Gefühl gehabt hätte, in die Ecke gedrängt und für mein Versagen verantwortlich gemacht zu werden. Ich bin Gott dankbar, dass sie, als ich ihr meine *Briefe* schickte, mit Liebe, Anteilnahme und Verständnis reagierte. Sie erkannte, dass es mir nicht darum ging, ihr Vorwürfe zu machen, sondern dass ich ihr vermitteln wollte, wer und was ich war. Das trug entscheidend zu meiner Heilung bei.

Diejenigen von Ihnen, die mit den Themen dieses Buches nichts anfangen können oder die selbst schon genügend Heilung erlebt haben, möchte ich um Barmherzigkeit mit denen bitten, die noch nicht so weit sind. Es hat mir oft wehgetan, wenn Leute mich bei meinen Vorträgen gefragt haben, warum ich mich nicht „auf die fünfundneunzig Prozent der TCKs, die gut zurechtkommen“, konzentrieren könne. Das kommt mir so vor, als schäme man sich für die fünf Prozent mit den Kämpfen und Schwierigkeiten und wollte sie am liebsten vor der Öffentlichkeit verstecken.

Ich streite gar nicht ab, dass sehr, sehr viele TCKs erfolgreich und glücklich sind. Gott sei Dank dafür! Aber als der Hirte in dem Gleichnis, das Jesus erzählte, neunundneunzig Schafe sicher im Stall untergebracht hatte, ging er dem einen nach, das sich verirrt hatte. Unser guter Hirte wird es uns bestimmt ebenso aufs Herz legen, uns liebevoll um dieses eine Schaf zu kümmern, das sich verlaufen oder an den Dornen verletzt hat.

Eltern und TCKs, die sich gerade mitten in diesem Kreislauf der ständigen Trennungen und Verluste befinden, möchte ich noch einmal versichern: Es ist nicht an sich falsch oder ungeistlich, diese Trennungen in Kauf zu nehmen. Gott führt alle unsere Familien auf unterschiedliche Weise. Ich habe schon als Kind geglaubt, dass Verluste und Trennungen Teil seines Wegs mit uns sein können, und ich glaube das auch noch heute als Mutter.

Aber es ist wichtig, in den Abschiedszeiten der Trauer angemessen Raum zu geben. Machen Sie sich bewusst, dass die Wutanfälle oder häufigen Rückzüge, die Sie an Ihrem Kind beobachten, vielleicht seine Reaktionen auf den Schmerz sind, und wenn es sich total danebenbenimmt, deutet das möglicherweise auf Angst oder Kummer hin.

Ich kann mich gut an wunderschöne Ausflüge erinnern, die wir als Familie in den Schulferien unternahmen. Sobald mir bewusst wurde, dass ich mich eigentlich prächtig amüsierte, beschloss ich, diese positiven Gefühle gar nicht erst zuzulassen. Ich zog mich also zurück und schmollte, und der ganze Tag war für alle verdorben. Ich erlaubte mir einfach nicht, glücklich zu sein, wenn die schöne Zeit doch viel zu schnell wieder vorbei sein würde.

Und machen Sie sich als Eltern auch Ihre eigene Neigung zum inneren Rückzug bewusst. „Ich kann kaum erwarten, dass die Kinder wieder in der Schule sind und wieder Ruhe im Haus einkehrt.“ Ist es Ihnen denn wirklich lieber, wenn die Kinder weit weg sind? Oder ist das vielleicht Ihre Art, den kommenden Abschied besser ertragen zu können? Achten Sie auch darauf, Ihren Kindern nicht das Gefühl zu geben, Ihnen fiele der Abschied sehr leicht – auch wenn es sich vielleicht nur in scherzhaften Bemerkungen ausdrückt, wie ruhig es erst ohne sie sein wird.

Und noch wichtiger ist das Folgende: Wenn Ihr Kind Ihnen tatsächlich erzählt, dass ihm das Weggehen schwer fällt, versuchen Sie es nicht sofort aufzumuntern. Lassen Sie zu, dass es dem Kummer und Schmerz Ausdruck verleiht. Fragen Sie ein bisschen nach, um Ihre Anteilnahme zu zeigen. Und versuchen Sie die Angst hinter vielen dieser Gefühlsäußerungen zu erspüren. Machen Sie sich bewusst, dass die Trennungsangst sich auch hinter anderen Ängsten verstecken kann, hinter Aufsässigkeit, einer „Ist-mir-doch-egal“-Haltung oder ähnlichen Verhaltensweisen. Ersparen Sie sich und Ihrem Kind glatte Antworten und Beschwichtigungsversuche und nehmen Sie stattdessen wirklich Anteil an dem, was es erlebt und empfindet. Machen Sie es Ihrem Kind nicht zu schwer, auch in Zukunft mit seinen Nöten und Ängsten zu Ihnen zu kommen.

Machen Sie Ihrem Kind klar, dass es für das, was es empfindet, keine Schuldgefühle haben muss. „Ich weiß, dass es schwer ist, wegzugehen, und es ist in Ordnung, wenn du deswegen weinst. Manchmal ist das Leben ganz schön hart. Aber denk immer daran: Jesus weiß, wie schwer es für dich ist, und wir wissen es auch. Schreib uns immer, wie's dir geht – ob du dich gerade gut fühlst oder nicht. Wir wollen das wirklich wissen. Wir haben uns alle so lieb, dass wir auch über die große Entfernung hinweg ganz fest zusammenhalten.“

Eltern sind allerdings nicht die einzigen Bezugspersonen, die TCKs helfen können, über Trennungen und Verluste hinwegzukommen. Verständnisvolle Lehrer, Hauseltern oder andere Ansprechpartner sollten ihren Teil dazu beitragen, dass die Kinder ihre Gefühle zugeben und anschließend auch Gottes Trost erleben können.

Immer mehr Organisationen und Institutionen beginnen in diesem Punkt umzudenken und Rahmenbedingungen zu schaffen, in denen Trennungen nicht mehr so häufig oder langfristig sind. Es gibt alternative Bildungsmodelle, und man siedelt Familien auch nicht mehr ohne weiteres um. Es werden mehr Gelder bereitgestellt, damit TCKs auch in kürzeren Ferien ihre Familie besuchen oder damit Eltern mehr Zeit in der Nähe der Schule verbringen können.

All diese Dinge können, wenn außerdem bei Trennungen und Verlusten gute Trauerarbeit geleistet wird, mit dazu beitragen, dass TCKs verstärkt die positiven Seiten ihrer besonderen Situation erleben. Wir sind meistens mit einem weiten Horizont gesegnet, mit der Fähigkeit, uns relativ mühelos zwischen verschiedenen Kulturen zu bewegen, und mit einem internationalen Freundeskreis. All diese Dinge kann Gott sehr für seine Ziele benutzen. Satan möchte dieses Potential zurückhalten. Jesus will es – und uns dazu – freisetzen.

Möge unsere Liebe von unserem großen Heiland und Tröster erzählen! Wir brauchen seine Liebe, um selbst heil zu werden. Und wir dürfen sie weitergeben an andere Menschen in dieser gefallenen Welt, in der sich Schmerz und Kummer nicht vermeiden lassen.

Ruth Van Reken

Nachwort eines Therapeuten

Ich habe in meiner Praxis als Ehe- und Familienberater schon so manche Ruth Ellens kennen gelernt. Ihre Erfahrungen sind nicht nur ein „Missionarsproblem", sondern werden von vielen Christen geteilt. Wir reden alle davon, dass wir einander Lasten abnehmen sollen, und doch erleben Christen immer wieder, wie sie mit ihren Verletzungen und „unangemessenen" Gefühlen nicht ernst genommen werden. Sie finden einfach niemanden, der sie so annimmt wie Gott. Es ist eine traurige Realität, dass viele Menschen die Gemeinde als einen Ort erleben, in dem Menschen vor allem gut dastehen möchten – und nicht als einen Ort, an dem man mit allen Kämpfen und Schwachheiten willkommen ist.

Ruth berichtet offen und ehrlich, wie der Glaube, den man ihr als Kind vermittelt hatte, zu einem Glauben wurde, den sie selbst erfasste und der in ihrem Leben immer mehr Gestalt annahm. Als ich ihre Geschichte las, war ich von ihrem Mut beeindruckt: Sie ließ zu, dass die Grundlagen ihres Glaubens erschüttert wurden – um nur an dem festzuhalten, was sich auch in Schwierigkeiten bewährte. Wie schon viele Menschen vor ihr durfte Ruth erkennen, dass Gott weder mit ihr überfordert war noch hinterhältig auf jede Gelegenheit wartete, ihr „eins auswischen" zu können. Der Gott, der Hiobs Fragen genauso aushielt wie die Verzweiflung des Psalmisten, die faulen Ausreden Jonas oder die Niedergeschlagenheit Elias, begegnete auch Ruth Ellen Van Reken mit ewiger Geduld, mit Mitgefühl und Verständnis.

„Briefe, die ich niemals schrieb" macht deutlich, dass sich Gefühle nicht folgenlos ignorieren, verdrängen oder leugnen lassen. Es hat mich oft erstaunt, wie wir als Christen einerseits die geistliche und geistige Seite unserer Persönlichkeit so wertschätzen, andererseits unsere emotionale Seite komplett ausblenden können – als hätte Gott, als er den Menschen schuf, nur zwei Drittel wirklich gut hinbekommen. Wir sollten uns an den Gedanken gewöhnen, dass auch unser Gefühlsleben von Gott geschaffen wurde und dass es uns helfen kann, vor uns selbst, voreinander und vor Gott ehrlicher zu werden. Ruths Erfahrungen veranschaulichen gut, wie sehr die Auseinandersetzung mit unseren wirklichen Gefühlen zu geistlichem Wachstum führen kann.

Aber wohin sollen wir uns mit unseren Gefühlen wenden? Wir haben Schulen, die unsere geistigen Fähigkeiten weiterentwickeln, und Kirchen, die uns geistlich wachsen helfen, aber wenn es um unsere Gefühle geht, sind wir oft etwas ratlos. Als Ruth sich an Gott wandte, um Heilung zu erleben, brachte er sie mit Menschen zusammen, die ihr halfen, seine Wahrheit zu erkennen. Da gab es Linda, die Frau aus St Louis, die Ruth zum ersten Mal auf ihren Ärger aufmerksam machte. Dann waren da die Veranstalter des Ehebegegnungs-Wochenendes, die Ruth lehrten, dass Gefühle ihre Berechtigung hatten. Und schließlich war da die Gastrednerin in ihrem Frauenbibelkreis, die über die Heilung von Verletzungen in der Vergangenheit sprach. Obwohl Ruth viel Zeit in der Stille vor Gott verbrachte und ihm ihr Herz ausschüttete und obwohl selbstverständlich er derjenige war, der ihr letzten Endes Heilung schenkte, gebrauchte er immer wieder andere Menschen, um sie zum nächsten Schritt zu ermutigen.

Als Seelsorger ist mir bewusst, dass schon die Vorstellung, mit einem anderen Menschen an den eigenen Gefühlen und Beziehungsmustern zu arbeiten, verpönt ist. Dass Ärzte uns körperlich und Pastoren und Missionare uns geistlich helfen, akzeptieren wir offensichtlich sehr viel eher, als dass Seelsorger oder andere anteilnehmende Christen Heilung in unser Gefühlsleben und unsere Beziehungen bringen.

„Briefe, die ich niemals schrieb" ist eine Herausforderung an uns alle: Wir sollten den Mut zu einem offenen Umgang mit unseren Verletzungen und Kämpfen haben. Dann werden wir eine Gemeinschaft erleben, wie Gott sie vorgesehen hat. Wie Christus für die Gemeinde betete: „... damit sie vollkommen eins seien und die Welt erkenne, dass du mich gesandt hast und sie liebst, wie du mich liebst." (Johannes 17,23)

Dr. David Norton, Illinois, USA

Geheimnisvolles Afrika

Anne de Graaf
Und es wird keine Nacht mehr sein
Bestell-Nr. 330 692
ISBN 3-86122-692-8
496 Seiten, gebunden

Ein Traumurlaub sollte es werden im Herzen von Afrika. Doch Miriam Vree findet sich in einem Alptraum wieder, als eine brutale Bande von Rebellen ihr alles raubt, was ihr Leben ausmacht: ihren Mann, ihren Sohn, ihre Freiheit und ihre Identität.

Ausgerechnet Kindersoldaten, die im Lager ihrer Peiniger zum Töten erzogen werden, ermöglichen ihr die Flucht aus der Gefangenschaft. Doch nicht nur ihr nacktes Leben rettet sie auf ihrer Odyssee von den Diamantenminen Namibias zu den Flüchtlingslagern Tansanias, es wird für sie auch eine Reise ans Licht. Der schlichte Glaube ihrer kindlichen Retter entzündet in ihr einen Hoffnungsschimmer für das Leben ihrer Familie.
Als die hellen Stimmen der Kinder ihre Seele an den Ort führen, wo kein Dunkel mehr ist, findet sie die Freiheit, an den Ort zurückzukehren, wo ihr altes Leben zerbrach. Auf der Suche nach den Menschen, die sie liebt, in die Höhle des Löwen ...

Basierend auf athentischen Berichten afrikanischer Kindersoldaten.

Stephen Lungu/Anne Coomes
Der aus dem Schatten trat
Vom Bombenleger zum Missionar
Bestell-Nr. 330 684
ISBN 3-86122-684-7
256 Seiten, Paperback

Stephens Mutter ist 14, als sie ihn zur Welt bringt, verheiratet mit einem vierzig Jahre älteren Mann. Als Stephen mit sieben Jahren ein Alter erreicht hat, in dem andere Kinder beginnen, die Welt zu erobern, verlässt sie ihn und seine beiden kleinen Geschwister und schickt ihn auf einen Weg durch die Hölle.
Fortan füllt er seinen Magen mit dem Müll der Weißen und schläft unter den Brücken der Hauptstadt. Sein letztes Mittel im täglichen Überlebenskampf ist die Gewalt. Nur bei seinen Waffenbrüdern in der Gang der „Schwarzen Schatten“ findet er Annahme, Treue und eine Religion: die Revolution. Und bald auch eine besondere Aufgabe, das Bombenwerfen. Als ein Evangelist in die Stadt kommt, hat er endlich ein spektakuläres Ziel. Ein Inferno bahnt sich an, als er mit seinen Benzinbomben das Zelt betritt ...
Was dann kommt, ist fesselnder als ein Thriller.

In Auszügen als Hörbuch erhältlich:

Der aus dem Schatten trat
Bestell-Nr. 330 691
ISBN 3-86122-691-X
CD mit 74 Minuten Laufzeit

Produkte

Folgende Titel wurden von der* Deutschen Fernschule *mit herausgegeben – erhältlich über den Buchhandel:

In der Reihe edition *TCK*

Reise nach Jerusalem Margit Pflüger

Wie ein Kind den Wechsel zwischen Kulturen erlebt

Benito ist 5 Jahre alt und ziemlich aufgeregt. Mit Mama, Papa und seinen beiden kleinen Geschwistern fährt er nach Israel. Nicht zum Urlaub, nein, im Johanniterhospiz in der Jerusalemer Altstadt übernehmen sie die Gästearbeit.
Vier Jahre lang genießt er mit seiner Familie den Zauber Israels. Bald fühlen sie sich zu Hause – mittendrin im Gewühl des Jerusalemer Basars, zwischen all den Religionen und Kulturen eines Landes, das keinen Frieden kennt.
Es macht riesig Spaß, seine Geschichten zu lesen, weil sie uns hineinnehmen in Bibel und Geschichte und Gegenwart des Heiligen Landes.

ISBN 3-86122-655-3 | 7,95 €

Third Culture Kids – Aufwachsen in mehreren Kulturen

David Pollock | Ruth van Reken | Georg Pflüger

Ob in der Auslands-Niederlassung einer Firma oder auf einer Missionsstation, ob in einer diplomatischen Vertretung oder im Tross des Militärs - jährlich steigt die Zahl der Kinder, die in unterschiedlichen Kulturkreisen aufwachsen. Authentisch, detailliert und sorgfältig recherchiert beschreibt dieses Buch, was das Leben dieser so genannten „Third Culture Kids" ausmacht, welchen besonderen Problememen sie begegnen und welche speziellen Chancen sich ihnen eröffnen. Für Eltern, Erzieher, Verantwortliche in internationalen Organisationen und die vielen Tausend TCKs rund um den Globus zeichnet dieses wertvolle Buch eine Landkarte der psychischen, physischen, kulturellen und geografischen Höhen und Tiefen im Leben eines globalen Nomaden.

ISBN 3-86122-632-4 |14,95 €

»Ich bin Susi« Eine Lesefibel der Deutschen Fernschule

Die Fibel, die positive Akzente setzt: Kindgemäß und familiär, informativ und verspielt, sachlich und doch emotional, ortsbezogen und doch weltoffen.

ISBN 3–927009–00–8 | 19,80 €

»Auf der Suche nach dem Schatz der Gedankenpiraten«

Kinderhörspiel mit Abenteuern unseres Lehrbriefhelden Globulus von Oliver Wolf

Folge 1: »Im falschen Land« **ISBN: 3-7655-8458-4 | 13,95 €**
Folge 2: »Auf der Trompeteninsel« **ISBN: 3-7655-8459-2 | 13,95 €**
Folge 3: »Das Tal von Iden – Der Schatz der Gedankenpiraten«
ISBN: 3-7655-8460-3 | 13,95 €

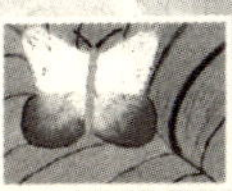

NEU! – 3. Internationaler Kinder-Malwettbewerb
Drei Postkartensets – Wunderschöne Kindermotive unter www.deutsche-fernschule.de bestellen.

Produkte

Entdeckungsflug »Farben«
Lange schon haben wir überlegt, wie wir gutes Material für die ganz jungen Lerner (3 bis 6 Jahre) erstellen können. Dabei wollten wir in erster Linie mit dem bei Kindern ganz natürlich vorhandenen Wissensdurst arbeiten und so ihre Kreativität und Selbstständigkeit fördern. Die Anregung der Sprachentwicklung, der motorischen und feinmotorischen Fähigkeiten, der visuellen Wahrnehmung – all das lag uns am Herzen …
ISBN 3–927009–02–4 | 25,00 € | inkl. CD

Entdeckungsflug »Hören und Fühlen«
Dieses Modul wird Ihrem Kind eine ganz neue Welt eröffnen! Denn wer die Welt entdecken will, muss seine Sinne trainieren. Deshalb dreht sich hier alles um Wahrnehmung – Hören und Fühlen. Dadurch werden auch soziale Kompetenzen geschult, insbesondere Empathie und Perspektivenübernahme …
ISBN 3–927009–03–2 | 25 ,00 € | inkl. CD

»Lernen als Lebensstil« Georg Pflüger
Soll ich als Mutter, als Vater meine Kinder zu Hause unterrichten? Lohnt es sich? Die Homeschool-Bewegung wirft herausfordernde Fragen auf - für die Eltern, ihre Kinder, Lehrkräfte, Didaktiker und Bildungsplaner.
Das Buch führt zehn Gründe für eine solche flexible, aber strukturierte und zielorientierte Unterrichtsform an und diskutiert sie kritisch aus pädagogischer und juristischer Sicht. Einige Erfahrungsberichte aus den USA, unter anderem von prominenten Vertretern der Homeschool-Bewegung wie Michael Farris und Christopher Klicka, runden das Bild ab.
ISBN 3-927009-01-6 | 11,80 €

»Mein Kind hat ADHS« Dirk Wolkewitz
Betroffene Kinder verstehen und besser mit ihnen umgehen lernen

Das Begleitbuch für Eltern zum ADHS-Fernschulkonzept
ISBN 3-86122-647-2 | 4,95 €

»Lernen leicht gemacht« Dirk Wolkewitz
10 Schritte zum erfolgreichen und selbstständigen Aufgabenlöser

Lernen ist wie Detektivarbeit: Fehler müssen aufgespürt, Regeln eingehalten und Aufgaben gelöst werden. In Form eines Detektivtrainings erwirbt das Kind Basiskompetenzen für effektives Lernen. Die "Hilfsmittel" für die Detektivarbeit werden auf einer Schreibunterlage befestigt und beim Lernen immer wieder angewandt. So macht Lernen Spaß und motiviert zur lebenslangen "Spurensuche".
ISBN 3-927009-04-0 | 24,95 €

»Elterntraining« Dirk Wolkewitz
Arbeitsmaterialien zum Buch „Mein Kind hat ADHS"

Erziehungsstrategien müssen sich in der Praxis bewähren. Die leicht umsetzbaren und ansprechenden Arbeitsmaterialien helfen Ihnen, die Ratschläge aus dem Buch "Mein Kind hat ADHS" kompetent und auf das Kind zugeschnitten in die Tat umzusetzen. Der Ratgeber über ADS/ADHS ist nicht im Lieferumfang enthalten.
ISBN 3-927009-05-9 | 20,00 €